AUTODEFESA LEGAL
Resolvendo seus problemas sem um advogado

Editora Appris Ltda.
1.ª Edição - Copyright© 2022 do autor
Direitos de Edição Reservados à Editora Appris Ltda.

Nenhuma parte desta obra poderá ser utilizada indevidamente, sem estar de acordo com a Lei nº 9.610/98. Se incorreções forem encontradas, serão de exclusiva responsabilidade de seus organizadores. Foi realizado o Depósito Legal na Fundação Biblioteca Nacional, de acordo com as Leis nos 10.994, de 14/12/2004, e 12.192, de 14/01/2010.

Catalogação na Fonte
Elaborado por: Josefina A. S. Guedes
Bibliotecária CRB 9/870

G934a
2022
	Guerra, Alberto
	    Autodefesa legal : resolvendo seus problemas sem um advogado / Alberto Guerra. - 1. ed. - Curitiba : Appris, 2022.
	    386 p. ; 23 cm.
	
	    ISBN 978-65-250-2903-0
	
	    1. Defesa (Direito). 2. Defesa do consumidor. 3. Cidadania. I. Título.
	
	                                                                               CDD – 347

Livro de acordo com a normalização técnica da ABNT

Editora e Livraria Appris Ltda.
Av. Manoel Ribas, 2265 – Mercês
Curitiba/PR – CEP: 80810-002
Tel. (41) 3156 - 4731
www.editoraappris.com.br

Printed in Brazil
Impresso no Brasil

Alberto Guerra

AUTODEFESA LEGAL
Resolvendo seus problemas sem um advogado

FICHA TÉCNICA

EDITORIAL	Augusto V. de A. Coelho
	Marli Caetano
	Sara C. de Andrade Coelho
COMITÊ EDITORIAL	Andréa Barbosa Gouveia (UFPR)
	Jacques de Lima Ferreira (UP)
	Marilda Aparecida Behrens (PUCPR)
	Ana El Achkar (UNIVERSO/RJ)
	Conrado Moreira Mendes (PUC-MG)
	Eliete Correia dos Santos (UEPB)
	Fabiano Santos (UERJ/IESP)
	Francinete Fernandes de Sousa (UEPB)
	Francisco Carlos Duarte (PUCPR)
	Francisco de Assis (Fiam-Faam, SP, Brasil)
	Juliana Reichert Assunção Tonelli (UEL)
	Maria Aparecida Barbosa (USP)
	Maria Helena Zamora (PUC-Rio)
	Maria Margarida de Andrade (Umack)
	Roque Ismael da Costa Güllich (UFFS)
	Toni Reis (UFPR)
	Valdomiro de Oliveira (UFPR)
	Valério Brusamolin (IFPR)
ASSESSORIA EDITORIAL	Manuella Marquetti
REVISÃO	Bruna Fernanda Martins
PRODUÇÃO EDITORIAL	William Rodrigues
DIAGRAMAÇÃO	Daniela Baumguertner
CAPA	Renata Fortunato
REVISÃO DE PROVA	William Rodrigues
	Bianca Silva Semeguini
COMUNICAÇÃO	Carlos Eduardo Pereira
	Karla Pipolo Olegário
LIVRARIAS E EVENTOS	Estevão Misael
GERÊNCIA DE FINANÇAS	Selma Maria Fernandes do Valle

PREFÁCIO

Ano após ano o Brasil segue capitaneando a lista dos países mais complexos e burocráticos para se fazer negócios no mundo. O quadro que motiva essa triste notícia se dá em razão da imensa quantidade de atos normativos produzidos no país; das inúmeras ingerências públicas sobre o exercício da atividade privada; da necessidade de requerimentos e pedidos de autorizações concomitantes na esfera federal, estadual e municipal; da complexidade da preparação dos documentos fiscais e da pesada carga tributária incidente sobre as pessoas e empresas e, finalmente, em razão da complexa legislação trabalhista brasileira.

É importante mencionar que não é apenas na esfera pública que existe um grande descompasso com os anseios da população, uma vez que várias empresas no âmbito da iniciativa privada seguem caminho semelhante ao desrespeitar as normas de proteção ao consumidor.

Para tanto, deve ser destacada a pesquisa realizada pelo Instituto de Defesa do Consumidor (Idec)[1], que ouviu 1.140 moradores de 436 cidades e que apontou que a maioria da população brasileira se sente desrespeitada nas relações de consumo. Conforme a pesquisa, 67% das pessoas já sentiram seus direitos de consumidor desrespeitados, com destaque para a dificuldade de cancelar um serviço e de devolver ou trocar um produto, bem como de receber cobranças indevidas ou adquirir produtos danificados. Aliás, as situações de desrespeito ao consumidor pioraram durante a pandemia, conforme apontado por 64% dos consultados.

Outros dados da pesquisa também chamam atenção: 41% dos entrevistados se classificaram como atentos em relação a seus direitos no dia a dia, ao mesmo tempo que 15% se classificaram como "incapazes" de resolver seus problemas. Aliás, salta aos olhos o fato de que 65% dos consultados revelou já ter tido problemas, ao mesmo tempo que 67% dos que foram atrás de seus direitos tiveram soluções adequadas.

Além do quadro geral de insatisfação, deve ser relembrado o crescimento da indústria do desrespeito ao consumidor, com situações que têm

---

[1] IDEC – Instituto de Defesa do Consumidor. Conhecimento e valorização dos direitos do consumidor. **Pesquisa do consumidor**, fev. 2021. Disponível em: https://idec.org.br/pdf/idec_pesquisa-consumidor-2021.pdf. Acesso em: 13 fev. 2021.

se tornado cada vez mais comuns. A título de exemplo, tem-se os atrasos nas entregas de produtos, especialmente de presentes, os quais costumam chegar após as datas comemorativas; as ligações de celulares que são derrubadas pelas operadoras; as cobranças indevidas e negativas injustas de atendimento por parte de planos de saúde; as cobranças abusivas por meio de ligações telefônicas e outras incontáveis situações vivenciadas no cotidiano.

Não obstante tais considerações, as reclamações nos órgãos de defesa dos consumidores são ainda pequenas. Já o número de ações judiciais é ainda menos relevante. E é exatamente nesse ponto que o livro escrito por Alberto Guerra se torna uma leitura essencial.

Não apenas como excelente manual para solução de problemas do cotidiano, mas também como grande indicar de novas oportunidades de negócios ao permitir que pessoas sem formação ou ainda em estágios iniciais de formação ou atuação jurídica possam propor ações judiciais para transformar expectativa de observância de direitos em resultados econômicos palpáveis.

Sob essa perspectiva, os capítulos 1 e 2 apresentam os elementos essenciais para o acesso aos direitos do consumidor, com destaque para a compreensão dos principais instrumentos de proteção contra práticas abusivas. Ademais, é possível compreender de maneira objetiva e didática todos os estágios do processo no âmbito do juizado especial, por meio de explicações que permitem não só a compreensão de cada um dos institutos, mas a sua utilização por pessoas sem formação jurídica.

O capítulo 3 inaugura as grandes oportunidades de negócios no âmbito dos juizados especiais. Tais oportunidades permitem aos leitores ter acesso a um mercado em que as indenizações são fixadas em valor médio de R$ 5.000,00 para as falhas na prestação de serviço ou fornecimento de produtos, mas que podem superar o montante de R$ 20.000,00[2].

Os capítulos 4, 5 e 6 oportunizam o acesso ao milionário mercado de dívidas e de crédito no Brasil. Nesse ponto, aliás, as oportunidades são infinitas. Isso porque o endividamento da população brasileira tem registrado recordes históricos, com média de 70,9% das famílias brasileiras com mais de R$ 253 bilhões de dívidas, conforme aponta a Pesquisa de

---

[2] SCOCUGLIA, Livia. Conheça as 28 causas mais comuns de danos morais. **Jota**, 2017. Disponível em: https://www.jota.info/justica/conheca-28-causas-mais-comuns-de-danos-morais-12012017?utm_source=JOTA+-Full+List&utm_campaign=df8de9a2e3-EMAIL_CAMPAIGN_2017_01_12&utm_medium=email&utm_term=0_5e71fd639b-df8de9a2e3-380201709. Acesso em: 13 fev. 2021.

Endividamento e Inadimplência do Consumidor, divulgada Confederação Nacional do Comércio de Bens, Serviços e Turismo. Nesse ponto, o livro permite não apenas a autodefesa contra a indústria do endividamento como também auxilia na atuação em favor da recuperação de créditos próprios ou de terceiros por meio da execução no âmbito dos juizados.

O capítulo 7 traz informações relevantes para o exercício dos direitos contra o Estado, que é o maior litigante do Brasil. Já o capítulo 8 esclarece as principais características do acesso à Justiça do Trabalho, a qual tem sido cada vez mais demandada pela população brasileira. Por fim, o capítulo 9 inova ao enunciar de maneira prática a utilização do *habeas corpus* como instrumento essencial à defesa da liberdade a ser manejado por qualquer pessoa interessada.

Com essas breves considerações, encaminho o necessário reconhecimento dos méritos do autor: tornar o direito acessível a todas as pessoas e oportunizar infindáveis possibilidades de negócios àqueles que não possuem formação jurídica. Tais características certamente tornarão o livro não apenas uma leitura relevante, mas um manual de oportunidades para todas as pessoas e empresas que enfrentam os desafios da complexa realidade brasileira.

Boa leitura e ótimos negócios.

Philippe Dall' Agnol

Doutorando em Direito

É advogado e empreendedor, graduado em Direito e Relações Internacionais, mestre e doutorando em Direito pelo Centro Universitário de Brasília (UniCEUB). Foi procurador do estado do Pará e atualmente exerce o cargo de procurador do estado de Goiás, Chefe da Advocacia Setorial da Agência Goiana de Regulação (AGR). Possui experiência na área de contencioso e consultivo de Direito Público, Relações Internacionais, Processos Estruturais, Inovação e Análise Econômica do Direito.

SUMÁRIO

INTRODUÇÃO 15
   POR QUE AUTODEFESA LEGAL? 17
   POR QUE VOCÊ ESTÁ ME CONTANDO ISSO? 20
   A REGRA SE TRANSFORMA EM EXCEÇÃO 22
   COMO LER ESTE LIVRO? 28

CAPÍTULO 1
SEJA UM CONSUMIDOR INTELIGENTE 29
   O QUE É UM CONSUMIDOR? 31
   QUAIS SÃO OS DIREITOS DO CONSUMIDOR? (Artigo 6.º) ... 33
   PRÁTICAS ABUSIVAS CONTRA O CONSUMIDOR (Artigo 39) ... 37
   OS CONTRATOS DE CONSUMO 39
   GARANTIAS DOS PRODUTOS E SERVIÇOS 47
   COMO COBRAR UM CONSUMIDOR QUE ESTÁ DEVENDO? O QUE PODE E O QUE NÃO PODE (Artigos 42 e 42-A) ... 60
   SERVIÇO DE ATENDIMENTO AO CONSUMIDOR (SAC, *CALL CENTER* OU TELEATENDIMENTO) ... 65
   COMPRAS PELA INTERNET (COMÉRCIO ELETRÔNICO) ... 68
   AONDE DEVO IR PARA RESOLVER UM PROBLEMA DE CONSUMO? ... 72

CAPÍTULO 2
COMO OS JUIZADOS FUNCIONAM 77
   JÁ SEI QUE TENHO DIREITOS! COMO FAÇO PARA EXIGIR QUE SEJAM CUMPRIDOS? ... 79
   CERTO! MAS O QUE SÃO OS JUIZADOS, AFINAL? 79
   O QUE É UM PROCESSO E COMO ELE FUNCIONA NOS JUIZADOS? ... 80
   QUEM SÃO E O QUE FAZEM AS PESSOAS QUE TRABALHAM EM UM JUIZADO? ... 82
   COMO É O LOCAL ONDE FUNCIONA UM JUIZADO? ... 83
   QUAIS CAUSAS EU POSSO LEVAR AOS JUIZADOS? 83
   EXEMPLOS DE CAUSAS QUE SÃO ACEITAS NOS JUIZADOS ... 91
   CAUSAS QUE NÃO SÃO ACEITAS NOS JUIZADOS 93
   ONDE DEVO ABRIR O PROCESSO? 94
   QUEM PODE PARTICIPAR DE UM PROCESSO NO JUIZADO? ... 95

PASSO A PASSO DO PROCESSO 98
SOBRE OS ATOS E PRAZOS DO PROCESSO 100
O PEDIDO INICIAL (PETIÇÃO INICIAL) 101
AS COMUNICAÇÕES DO PROCESSO – CITAÇÃO E INTIMAÇÕES 112
AUDIÊNCIA DE CONCILIAÇÃO 114
DEFESA 118
RÉPLICA 124
PEDIDOS INTERMEDIÁRIOS (PETIÇÕES INTERLOCUTÓRIAS) 124
PROVAS 126
AUDIÊNCIA DE INSTRUÇÃO 135
SENTENÇA 139
DUAS QUESTÕES RELEVANTES SOBRE O PROCESSO NOS JUIZADOS . . . 143

CAPÍTULO 3
NÃO FIQUE NO PREJUÍZO, PEÇA INDENIZAÇÃO! 145
QUANDO AS COISAS NÃO SAEM COMO PLANEJADO 147
RESPONSABILIDADE 147
ATO CULPOSO OU DOLOSO 148
DANO 150
NEXO OU RELAÇÃO DE CAUSALIDADE 157
DEFESAS 158
RESPONSABILIDADE POR ATOS DE TERCEIROS 162
COMO CALCULAR O VALOR DA INDENIZAÇÃO? 163

CAPÍTULO 4
COBRANDO SUAS DÍVIDAS 167
SERÁ QUE VOU RECUPERAR MEU DINHEIRO? 169
INFORME-SE ANTES DE EMPRESTAR (PRÉ-CONTRATO) 170
FAÇA UM CONTRATO POR ESCRITO 177
O QUE PRECISO COLOCAR NO CONTRATO? (CLÁUSULAS E OBRIGAÇÕES) 178
CLÁUSULAS ESPECIAIS CONTRA INADIMPLÊNCIA 181
OS ATALHOS DA COBRANÇA (TÍTULOS DE CRÉDITO) 191
COBRANÇA 194

CAPÍTULO 5
ZERANDO SUAS DÍVIDAS E LIMPANDO SEU NOME 201
- MANTENHA O EQUILÍBRIO FINANCEIRO 203
- ERRO NA COBRANÇA, COBRANÇA INDEVIDA E DEVOLUÇÃO EM DOBRO 203
- JUROS ABUSIVOS 206
- MULTA! COMO ME DEFENDER DELA? 208
- PRESCRIÇÃO, COMO USAR A MEU FAVOR? 209
- COBRANÇA ABUSIVA 209
- CADASTROS DE DEVEDORES E NEGATIVAÇÃO INDEVIDA 210

CAPÍTULO 6
EXECUÇÃO 213
- A SEGUNDA ETAPA DO PROCESSO 215
- QUAIS SÃO OS TIPOS DE EXECUÇÃO? 215
- TIPO 1: EXECUÇÃO DE SENTENÇA (CUMPRIMENTO DE SENTENÇA) 216
- TIPO 2: EXECUÇÃO DE TÍTULO EXTRAJUDICIAL 217
- PASSO A PASSO DA EXECUÇÃO 221
- 1.º CAMINHO: EXECUÇÃO DE OBRIGAÇÃO DE FAZER, NÃO FAZER OU ENTREGAR ALGUMA COISA 221
- 2.º CAMINHO: EXECUÇÃO PARA PAGAMENTO EM DINHEIRO 223
- DIFERENÇAS DA EXECUÇÃO DE TÍTULO EXTRAJUDICIAL 235
- OBSERVAÇÕES FINAIS SOBRE A EXECUÇÃO 238

CAPÍTULO 7
JUIZADOS DO GOVERNO: LEIS 10.259 E 12.153 241
- OS JUIZADOS DO GOVERNO E SUAS PARTICULARIDADES 243
- PARTES 244
- POSSO ABRIR UM PROCESSO SEM ADVOGADO NOS JUIZADOS DO GOVERNO? 245
- QUAIS CAUSAS EU POSSO LEVAR AOS JUIZADOS DO GOVERNO? .. 246
- AS PROVAS NOS JUIZADOS GOVERNAMENTAIS 249
- EXECUÇÃO DA SENTENÇA NOS JUIZADOS DO GOVERNO 251

CAPÍTULO 8
QUESTÕES TRABALHISTAS 257

PRIMEIRA PARTE
OS DIREITOS TRABALHISTAS 259
- ASSINATURA DA CARTEIRA DE TRABALHO (RECONHECIMENTO DO VÍNCULO DE EMPREGO) 262
- CUMPRIMENTO DO CONTRATO E DAS NORMAS TRABALHISTAS ... 265
- JORNADA DE TRABALHO, INTERVALOS, HORAS EXTRAS E ADICIONAL NOTURNO 268
- SALÁRIO 274
- DÉCIMO TERCEIRO SALÁRIO 283
- FÉRIAS 283
- FGTS (FUNDO DE GARANTIA DO TEMPO DE SERVIÇO) 285
- CÁLCULO DOS DIREITOS TRABALHISTAS 287
- ESTABILIDADE NO EMPREGO 290
- ACIDENTE E DOENÇA DE TRABALHO 292
- DANO MORAL NA JUSTIÇA DO TRABALHO 293
- FIM DO CONTRATO DE TRABALHO 295

SEGUNDA PARTE
PROCESSO NA JUSTIÇA DO TRABALHO 303
- O QUE MUDA DO FUNCIONAMENTO DO PROCESSO NOS JUIZADOS PARA O PROCESSO NA JUSTIÇA DO TRABALHO 305
- PASSO A PASSO DO PROCESSO 309
- ELABORANDO O PEDIDO INICIAL PARA ABRIR O PROCESSO TRABALHISTA (RECLAMAÇÃO TRABALHISTA) 311

CAPÍTULO 9
HABEAS CORPUS: EM DEFESA DA LIBERDADE 321
- O QUE VOCÊ FARIA? 323
- A PROTEÇÃO DA LIBERDADE 324
- O QUE É UM CRIME? 326
- COMO FUNCIONA O PROCESSAMENTO DE UM CRIME? 333
- O QUE É O HABEAS CORPUS? 337
- TIPOS DE PRISÃO 340
- HABEAS CORPUS PARA DEFESA CONTRA PRISÃO EM FLAGRANTE . 341
- HABEAS CORPUS DURANTE A INVESTIGAÇÃO 346

HABEAS CORPUS NA PRISÃO PREVENTIVA 351
DEFESA CONTRA ILEGALIDADES NO CUMPRIMENTO DA PENA. 361
FAZENDO UM HABEAS CORPUS NA PRÁTICA 368

POSFÁCIO
COMO SABER SE VOU GANHAR OU PERDER? 377
COMO SABER O QUE ESTÁ ACONTECENDO NO MEU PROCESSO? . . 380
COMO FAZER UM ACORDO? 381
OK, MAS VOU PRECISAR DE UM ADVOGADO MESMO ASSIM. COMO ESCOLHER UM BOM PROFISSIONAL? 383
MAS ISSO É JUSTO? 384
E QUEM É VOCÊ, AFINAL? (SOBRE O AUTOR) 385
MUITO OBRIGADO PELA COMPANHIA! 386

INTRODUÇÃO

POR QUE AUTODEFESA LEGAL?

Se você está lendo este livro, provavelmente já teve algum problema que chegou à Justiça, ou conhece alguém que tenha, e sentiu a necessidade de buscar conhecimento a respeito da melhor solução possível.

Por mais que tentemos viver tranquilamente, às vezes acabamos entrando em algum conflito. Quando não conseguimos resolver de maneira amigável, a única solução possível numa sociedade civilizada é recorrermos à Lei.

Agora vamos começar com uma pergunta simples: quando surge um desses problemas, como você sabe se precisa de um advogado?

Para que você consiga me responder corretamente terá que responder antes a outras duas questões:

1ª Você sabe quais são seus direitos?

Essa pergunta é importante porque você só pensará em procurar um advogado se souber, ou pelo menos se supor, que algum direito seu foi ferido. A grande maioria não sabe.

Mesmo assim, atualmente, na era da informação, alguns poucos já começaram a identificar melhor as situações em que foram enganados ou lesados do ponto de vista legal. *Sites* como o *Reclame Aqui* ou as próprias redes sociais já servem como um alerta se aquela empresa X é idônea ou se devemos ter cuidado ao fazer negócio com ela.

2ª Se você perceber que foi lesado, sabe dizer se esse problema pode ser resolvido sem ter que gastar uma fortuna com advogados?

Aqui a coisa é diferente. Mesmo aquelas pessoas que estão sempre antenadas sobre seus direitos não sabem que, muitas vezes, elas conseguiriam solucionar seus problemas sem ter que contratar um advogado.

Se você procurar na internet, não vai encontrar quase nenhuma informação sobre isso; quando encontrar, serão um ou dois pequenos artigos superficiais, que não te explicarão passo a passo o que você precisa fazer.

No fim a insegurança vai te afastar de buscar por seus direitos de forma independente.

Imagine que você vai a um advogado e pergunta: "eu preciso mesmo contratar você para resolver esse problema?". Não é difícil visualizar qual seria a resposta.

O bilionário e megainvestidor Warren Buffett disse certa vez: "Nunca pergunte a um barbeiro se você está precisando de um corte de cabelo".

Sejamos francos, advogados não têm lá uma fama muito boa. Digo isso sendo um deles, mas essa é a verdade.

Muito dessa má reputação acontece justamente porque alguns profissionais se aproveitam do desconhecimento que os clientes têm das leis para tirar vantagem deles. Certamente você já ouviu alguma história de um amigo ou conhecido que teve prejuízo por ter escolhido um advogado ruim.

Se você já precisou se consultar com um profissional da advocacia, tenho certeza de que não deve ter se sentido muito confortável, que se sentiu um pouco intimidado por ele ter usado algum vocabulário jurídico que você não entendeu ou por não saber ao certo se o preço que ele cobrou era justo.

E se eu te dissesse agora que você não vai mais precisar se sentir inseguro e perdido ao falar com um advogado? Melhor ainda: você vai conseguir responder a todas as perguntas que eu te fiz antes; vai saber claramente quais são os seus direitos, vai saber quando e como pode buscá-los sem precisar de um advogado e vai saber como escolher um bom profissional por um preço justo quando for necessário.

Se conhecimento é poder, este livro quer te dar o poder de decidir sobre a melhor solução para seus problemas sem medo de ser ludibriado por qualquer pessoa. É hora de parar de perguntar ao barbeiro se o seu cabelo precisa ser cortado!

Você deve estar se questionando:

"Ok, mas a lei é muito complexa, será que eu consigo fazer isso sem ter feito uma faculdade de Direito?"

Esse é um dos mitos que usam para deixar as pessoas com medo. Posso te garantir que a maioria das questões que vai à Justiça é tão simples que qualquer pessoa alfabetizada consegue entender. Que tal alguns exemplos?

- Rodrigo emprestou dinheiro a Flávio, mas quando chegou o dia de pagar, Flávio disse que não devia nada. Não é preciso ser um expert para saber que quem pega dinheiro emprestado precisa devolver, certo?

- Sônia comprou uma televisão pela internet, mas o eletrodoméstico veio com defeito. Ela pediu o dinheiro de volta e a empresa se recusou a devolver. Você apostaria comigo que a Sônia vai ganhar essa na Justiça?

- Alice foi contratada para trabalhar oito horas diárias numa empresa, mas o chefe pedia todos os dias para ela ficar mais duas horas. Será que alguém acharia justo se a empresa deixasse de pagar o adicional por essas horas extras?

Como você pode perceber, são todas questões simples e não é necessário ter um diploma para saber qual a solução mais justa para elas.

Além do mais, quando você vai à Justiça sem advogado, o juiz já sabe que precisa descomplicar ao máximo e deixar as coisas bem esclarecidas para que você possa se sentir à vontade na busca pelo que é justo. Todo o sistema é construído para ser simples para quem decide não contratar um advogado.

Fique tranquilo. Pense neste livro como se você estivesse tomando aulas de defesa pessoal, mas o que vamos te ensinar é usar a lei ao invés dos músculos. Você até pode ter um guarda-costas particular e ainda assim se sentirá mais seguro se souber como sair de situações complicadas.

A minha intenção aqui não é te transformar num advogado. Eu seria um mentiroso se te dissesse isso.

Em algumas situações você ainda vai precisar contratar um profissional, seja porque a lei te obriga a fazer isso, seja porque você se sente mais confortável em fazê-lo. Mas o que eu te garanto é que você nunca mais se sentirá completamente indefeso – perdido nesse mundo das leis – e poderá escolher por si mesmo se quer a ajuda de um advogado ou não.

Justamente porque este livro busca simplificar as coisas ao máximo para você, fiz questão de deixar a linguagem o mais acessível que consegui. Tirei a maioria dos termos técnicos e, nas poucas vezes em que foi preciso incluí-los, tomei o cuidado de explicar claramente o que eles significam.

É hora de aprender a *Autodefesa Legal*.

POR QUE VOCÊ ESTÁ ME CONTANDO ISSO?

Essa é uma ótima pergunta e eu preciso ser sincero com você. Afinal, como advogado, por que eu ensinaria as pessoas a não mais precisarem do meu trabalho?

Quando comecei a estudar Direito, eu não sabia bem o que queria da vida e simplesmente escolhi uma carreira que achava que me traria um bom retorno financeiro. À medida que fui avançando nesse ramo, fui me interessando pela ciência da lei em si, pela forma como eu conseguiria usar minha capacidade de argumentar para fazer o meu ponto de vista prevalecer.

Até esse ponto o que passava pela minha cabeça é que eu estava me tornando uma pessoa diferente das outras, que tinha um conhecimento muito especial e que poderia usar isso para ganhar muito dinheiro. Era o que importava para mim. Infelizmente, muitos advogados estão congelados nessa mentalidade até hoje.

Mas um pouco de amadurecimento e de experiência prática me trouxeram outras perspectivas.

Descobri que, por mais que eu estudasse e fosse bom em construir uma argumentação, os juízes não se importam muito com isso.

A gente imagina que vai contratar um advogado bom e ele vai argumentar e defender o nosso lado com unhas e dentes, vai colocar a lógica da lei a nosso favor e, no final, vai convencer o juiz a nos dar ganho de causa. Essa é uma visão romântica da Justiça, mas não é assim que ela funciona.

Eles recebem milhares de processos toda semana e mal têm tempo de passar os olhos no que os advogados escrevem. E os assuntos se repetem muitas e muitas vezes. O que acontece na prática é que o juiz já tem "uma opinião formada sobre tudo" e provavelmente não vai mudar por mais que o advogado argumente.

Então, tive minha primeira lição: todo aquele meu conhecimento já não era tão especial assim. Isso trouxe um pouco de humildade.

De qualquer forma, eu ainda poderia ganhar dinheiro. E ganhei. Mas também ganhei algo que eu não esperava: a oportunidade de ajudar as pessoas.

Isso pode parecer piegas, mas todo mundo sabe como é bom receber um agradecimento sincero de alguém que saiu aliviado por causa de um problema resolvido.

E essa foi a segunda lição: o valor do trabalho bem-feito.

Acontece que muitos dos casos que chegavam para mim eram tão pequenos que não justificava cobrar nada da pessoa.

Pense num celular que custa R$ 1.000,00 e veio com defeito, mas a empresa se recusa a trocar ou devolver o que foi pago. Em média, um advogado pode cobrar R$ 200,00 apenas por uma consulta e mais R$ 1.000,00 para entrar com o processo. Ou seja, é inviável. A maioria dos meus colegas de profissão simplesmente dispensa o cliente.

Outra situação comum é que a pessoa não tem condições de arcar com o preço do serviço. Nesse caso, muitos profissionais deixam para cobrar apenas uma porcentagem – normalmente de 30% a 50% – sobre o valor que o cliente ganhar no fim do processo.

O problema é que, se a pessoa já está com dificuldades, eu nunca me senti muito confortável em tirar 30% do que ela ganharia no final. Pode ser alguém que foi demitido e precisa desse dinheiro para se alimentar.

Alguns advogados fazem o que nós chamamos de *pro bono*, trabalhar gratuitamente ou por um preço bem baixo, por caridade a quem precisa. Mas isso tem um custo e fica difícil conciliar as duas coisas.

E foi a partir daí que surgiu a ideia de ensinar as pessoas a se virarem sozinhas. Quando um desses casos chegava para mim, eu passava todas as orientações, aonde a pessoa deveria ir, quais documentos levar, o que fazer etc.

Comecei a notar que pouquíssimas pessoas sabiam que poderiam entrar na Justiça sem advogado e as que sabiam não faziam a menor ideia de como fazer isso.

Isso reflete uma falha grave na educação brasileira, porque conhecer os próprios direitos é uma questão essencial, algo que todos deveriam ter pelo menos uma noção básica para não serem prejudicados ou enganados. Do que adianta conhecer todos os elementos da tabela periódica e não saber o que fazer se for lesado por uma empresa mal-intencionada?

E aí veio a ideia do livro. Ele é uma forma acessível de divulgar esse conhecimento, ajudar quem não consegue ou não quer pagar um advogado e precisa resolver uma questão legal ou se prevenir contra conflitos que venham a aparecer.

Se formos olhar as estatísticas, mais de 80% de todos os processos que correm no país não precisariam ser feitos por advogados.

O problema é que essa informação não é divulgada, fica escondida de propósito para que profissionais continuem ganhando muito dinheiro fazendo por você o que você seria plenamente capaz de fazer sozinho.

Então eu não quero mais ser o seu "guarda costas" quando surgir um problema legal. Quero te ensinar a cuidar de si mesmo.

A REGRA SE TRANSFORMA EM EXCEÇÃO

Experimente perguntar a qualquer advogado se você pode abrir um processo na Justiça sem ter que contratá-lo. A resposta que você ouvirá em 99 de 100 vezes que fizer essa pergunta será algo parecido com:

> Em regra, só é possível ingressar com ação perante o Poder Judiciário através de advogado legalmente habilitado.

Essa resposta pomposa só serve para assustar as pessoas. Fica até parecendo que você cometerá um crime se tentar resolver seus próprios problemas sozinho.

Às vezes, para parecer mais ameaçador, ele ainda pode complementar assim:

> Tal restrição decorre do artigo. 1.º da Lei n.º 8.906 de 1994, que institui o Estatuto da Advocacia e Ordem dos Advogados do Brasil.

Nessa hora você poderia pensar: "Chi! Falou difícil e ainda mencionou essa tal lei que eu nem sei se existe. Melhor fingir que entendi e fazer o que ele está dizendo."

A partir de hoje eu quero que você não se deixe intimidar mais por esse "bláblálá" jurídico.

Um advogado é um prestador de serviço como qualquer outro e precisa entender que ele trabalha para o cliente, que não pode ficar em sua torre de marfim se sentindo superior.

Aqui nós vamos te dar todas as ferramentas para nunca mais se sentir diminuído quando falarem desse jeito com você. E a primeira coisa que você pode fazer é dizer: "Seja mais claro". Se duvidar das leis que ele mencionou, pode pedir para ele te mostrar ou você mesmo pode pesquisar na internet. O que não pode é você engolir quieto tudo o que te disserem.

Enfim, vamos ver se o que esse advogado disse é verdade ou não.

Observe que ele disse que "em regra" você precisa de um advogado. Quando ele fala "em regra" está se referindo a uma lei, quer dizer, a regra legal que está escrita naquele artigo 1.º da Lei n.º 8.906. Vou colocar o texto dessa lei aqui só para você já ir se familiarizando, mas não se preocupe em decorar nem nada disso.

> Art. 1.º São atividades privativas de advocacia:
>
> I – a postulação a qualquer órgão do Poder Judiciário e aos juizados especiais; [...]

"Então isso significa que eu preciso contratar um advogado para ir à Justiça, certo?"

Sim, essa é a regra.

Mas o que os advogados não querem que você saiba é que, como diz o ditado, toda regra tem uma exceção. Nesse caso, são várias exceções. São tantas exceções que você vai perceber que a verdadeira regra é que você não precisa de um advogado e a exceção é quando você realmente precisa dele.

"E quais seriam essas tais exceções?"

Vamos ver uma por uma.

1. O *Habeas Corpus*

Apesar de ser muito importante saber como funciona um *"habeas corpus"* (abreviado como HC), eu realmente espero que você nunca precise dele, nem mesmo para ajudar algum conhecido.

Muitos agora devem estar pensando:

"Ei, habeas corpus serve pra tirar alguém da cadeia; eu sou um cidadão honesto e não preciso disso!"

Como eu disse, espero que você jamais precise de um HC, mas mesmo que você não cometa crimes pode acontecer um erro da polícia ou do Judiciário e você ficará muito grato por conseguir se defender.

É interessante que essa exceção está logo no primeiro parágrafo (esse § é o símbolo de parágrafo) do próprio artigo 1.º da Lei n.º 8.906, aquela mesma lei que o advogado citou tão pomposamente para te fazer desistir de aprender a se virar por conta própria.

> § 1.º Não se inclui na atividade privativa de advocacia a impetração de habeas corpus em qualquer instância ou tribunal.

Traduzindo do juridiquês para o português: você pode entrar com um HC sem advogado em qualquer órgão da Justiça. Mas o que é um HC, afinal?

A ação de HC é usada para impedir que a liberdade de alguém seja tirada ilegalmente ou para prevenir que isso aconteça.

Imagine que você está dirigindo seu carro à noite e para numa blitz; os policiais mandam você sair, te chamam por um nome que você nunca ouviu falar, te algemam e te levam para uma cela nos fundos da delegacia, sem sequer explicar o motivo de tudo aquilo. No dia seguinte, depois de muita insistência, deixam entrar um parente seu e ele diz que o advogado cobrou R$ 20.000,00 para tentar te libertar. Isso pode parecer uma história de filme; infelizmente, é muito mais comum do que você imagina e pode acontecer com qualquer um. O que fazer?

Bem, a maioria das pessoas iria se desesperar, muitas vendem casas, carros, sacam a poupança da faculdade dos filhos para pagar advogados para resolverem esse tipo de problema. Mas você vai aprender tudo o que precisa para fazer um HC e poder até ajudar alguém que tenha sofrido com uma injustiça dessas.

2. Os Juizados De Pequenas Causas (Juizados Especiais Cíveis)

Esse é provavelmente o ponto central do nosso livro, o que você mais vai utilizar na sua vida.

Todo mundo já ouviu falar dos Juizados de Pequenas Causas, mas o nome deles atualmente é Juizados Especiais Cíveis.

Eu prefiro o primeiro nome, simplesmente porque ele já diz para que servem esses juizados. Além disso, se você perguntar para um funcionário da Justiça onde fica o "juizado de pequenas causas" ele saberá exatamente do que se trata.

De qualquer forma, vamos passar a abreviar com a sigla JEC.

"E o que é um JEC?"

O JEC é um órgão do Poder Judiciário que foi criado pela Lei n.º 9.099, no ano de 1995, para que os juízes possam analisar e julgar pequenas causas (veja só!) ou, como diz a lei, causas de "menor complexidade".

Vamos desvendar como funcionam os juizados nos próximos capítulos. O que importa saber agora é que você pode abrir processos neles sem precisar de advogado. Isso está no artigo 9.º da Lei n.º 9.099.

> Art. 9.º Nas causas de valor até vinte salários mínimos, as partes comparecerão pessoalmente, podendo ser assistidas por advogado; nas de valor superior, a assistência é obrigatória.

Observe que existe um valor. Para que você possa processar alguém sem advogado o valor máximo é de 20 salários mínimos.

Se você emprestou dez mil reais para o vizinho e ele não te pagou, basta ir ao JEC para cobrar essa dívida. Por outro lado, se você comprou um carro de 30 mil reais e o motor fundiu na primeira semana de uso, infelizmente não dá para resolver isso sozinho no JEC.

Ainda assim, a maioria dos problemas que possam aparecer na sua frente não vai ultrapassar os 20 salários mínimos.

Enfim, esse é o JEC. É aqui que você vai conseguir recuperar aquele valor que seu amigo está devendo mas prefere trocar de carro todo ano a te pagar, fazer aquela empresa parar de te ligar por causa de uma dívida que você nunca fez, limpar seu nome, pedir uma indenização quando for ofendido, obrigar a loja a trocar um produto com defeito e muito mais.

3. Os Juizados Do Governo

"Por que mais Juizados, se você já falou deles antes?"

Concordo. Essa é uma ótima pergunta! Infelizmente, o Brasil não é muito bom em minimizar a burocracia, então às vezes você vai ter que saber aonde ir para ter a solução que precisa. Mas isso não vai ser um problema a partir de agora.

O que aconteceu foi que, no ano de 1995, quando a Lei 9.099 criou os Juizados Especiais Cíveis para receber as pequenas causas, deixou de fora todos os processos contra os órgãos do governo. Quer dizer que se alguém batesse no seu carro você poderia processá-lo no JEC sem ter que gastar com um advogado, mas se o carro que bateu em você fosse da Prefeitura (por exemplo) você não poderia fazer o mesmo.

Só em 2001 resolveram criar os Juizados Federais (Lei n.º 10.259/2001) e em 2009 os Juizados da Fazenda Pública (Lei n.º 12.153/2009).

Como diz o próprio nome, os Juizados Especiais Federais servem para você entrar com processos contra órgãos federais. Os mais processados são o INSS (quando nega uma aposentadoria ou um auxílio-doença, por exemplo), as Universidades Federais, a Caixa Econômica Federal e a própria União.

Já os Juizados da Fazenda Pública servem para você processar todos os órgãos dos Estados e dos Municípios. Aqui você consegue anular multas de trânsito, por exemplo, ou mesmo aquela multa que um fiscal da prefeitura te cobrou por não ter um alvará.

Lembra-se que nos JECs você só poderia abrir um processo sem advogado se a sua causa não fosse além de 20 salários mínimos? Nos Juizados do Governo esse limite é maior: 60 salários mínimos.

Dessa vez eu não vou copiar a lei aqui. Se quiser conferir o que estou dizendo, faça o exercício de abri-la no Google e ver por si mesmo. Busque pela palavra "lei" junto com o número ou por "lei dos juizados federais", "lei dos juizados da fazenda pública". Nos resultados, acesse o link do *site* do Planalto.

Lá você vai encontrar a íntegra dessas leis. Role a tela até encontrar o artigo que você quer. Eles estarão indicados com a abreviação "Art.". No caso, os artigos que precisamos são: "Art. 3.º" para a lei do juizado federal e "Art. 2.º" para a lei do juizado da fazenda pública.

As leis não são um bicho de sete cabeças. Você vai se acostumar com elas e vai usá-las a seu favor.

Na prática, todos os Juizados são muito parecidos. Tudo o que você tem que fazer é entender a lógica geral e ficar atento a alguns detalhes que vamos estudar.

4. Os Processos Na Justiça Do Trabalho

Uma coisa que todo mundo conhece, nem que seja um pouquinho, é a questão dos direitos trabalhistas. O que pouca gente sabe é que não é preciso ter advogado para buscar esses direitos na Justiça do Trabalho.

Tanto o empregado como o empregador podem participar do processo trabalhista. Para ter certeza do que estou falando, procure o artigo 791 da lei chamada Consolidação das Leis do Trabalho, que você conhece só como CLT.

Eu espero que você não precise da Justiça do Trabalho tão cedo, afinal ninguém quer ter problemas com o emprego ou com um funcionário, certo? Mas se você conhece alguém que foi demitido e não recebeu o que tinha direito, ou se alguém da sua família tiver um empregado problemático na empresa e não sabe como mandá-lo embora sem ter um grande prejuízo, é bom saber como funciona o processo trabalhista para poder ajudá-los.

É como fazer o seguro do carro: você torce para nunca ter que usar, mas vai ficar eternamente grato por ter feito se algo der errado.

Como você já deve ter notado, a verdadeira exceção é você precisar contratar um advogado, porque existem tantas situações em que você pode se virar sozinho que começa a ficar difícil imaginar que pouca gente saiba disso.

"Entendi. Mas, se tem tantas situações em que eu consigo resolver meus próprios problemas, quando eu realmente vou precisar de um profissional?"

Não se preocupe. Ao longo do livro eu farei questão de te avisar se for necessário contratar um advogado.

Já adiantando o assunto: nós podemos pensar, basicamente, em duas ocasiões que você vai ter que fazer isso:

1. ou a lei te obriga a ser representado por um advogado, como nos casos envolvendo herança, casamento, guarda de filhos;

2. ou, apesar de você estar legalmente autorizado a se defender sozinho, o problema seja mais complexo e seja melhor ter ajuda profissional, como no caso de alguém que sofre um acidente de trabalho.

No final do livro eu ainda colocarei algumas dicas que podem ser úteis para te ajudar a escolher seu advogado, caso precise, e a negociar com ele para encontrar um bom preço para os dois.

COMO LER ESTE LIVRO?

Se você está começando esta leitura apenas por curiosidade, para expandir seus conhecimentos ou para estar preparado caso algum imprevisto venha a surgir no futuro, pode simplesmente seguir a sequência dos capítulos.

Por outro lado, se você chegou até aqui porque precisa resolver um problema agora mesmo, o que recomendo é o seguinte:

- Os Capítulos 1, 3, 4 e 5 vão te dizer quais são seus direitos. Para resumir: um direito é uma regra que te favorece; se alguém descumpre essa regra você pode pedir que a Justiça obrigue-o a corrigir esse erro.

- Já os Capítulos 2 e 6 servem para te dar o passo a passo para processar alguém na Justiça, ou seja, como exigir seu direito na prática. Em relação ao Capítulo 7, você só precisará lê-lo se estiver processando órgãos do governo.

- O Capítulo 8 fala de questões trabalhistas. Não precisa lê-lo se o seu problema não for desse tipo.

- Por último, o Capítulo 9 fala sobre o *habeas corpus*. Se você estiver correndo o risco de ser preso, já pule direto para ele. Se não for o caso, não precisa se preocupar em lê-lo rapidamente.

Então, o que você vai fazer é começar lendo o capítulo sobre o problema que você quer resolver e depois ler os capítulos sobre o processo.

Por exemplo: se você estiver com problemas com um produto que comprou, comece pelo Capítulo 1, depois vá ao 2 e siga para o 6; se o problema for cobrar uma dívida que não te pagaram, comece no Capítulo 4, depois vá ao 2 e ao 6.

O Capítulo 8, "Questões Trabalhistas", tem uma particularidade. Ele é dividido em duas partes. Então você pode ler a primeira parte, depois ler os Capítulos 2 e 6, e por fim voltar para ler a última parte.

Enfim, sem mais delongas, vamos ao livro!

CAPÍTULO 1

SEJA UM CONSUMIDOR INTELIGENTE

O QUE É UM CONSUMIDOR?

Vamos começar a falar do que interessa: seus direitos! E a melhor forma de iniciarmos é partindo do ponto mais simples.

Todos nós temos que comprar alguma coisa quase todos os dias, estamos o tempo todo consumindo. Acordamos e vamos à padaria comprar aquele pãozinho, depois pegamos uma carona por meio de um aplicativo para ir ao trabalho; se vamos de carro, precisamos abastecer o tanque; damos uma olhada nas redes sociais e nas mensagens, almoçamos, compramos um presente para um amigo, e continuamos consumindo ao longo do dia até ligarmos o ar-condicionado – que não fica barato na conta de energia elétrica – e nos deitarmos para dormir.

Todas essas são relações de consumo que devem seguir as regras do Código de Defesa do Consumidor (carinhosamente chamado de CDC), que passou a valer no país mediante a Lei n.º 8.078, de 11 de setembro de 1990.

O nosso CDC entende que alguém que está consumindo um produto ou um serviço está numa situação de desvantagem em relação ao fornecedor porque não tem o mesmo conhecimento que ele. Por isso, as regras do código criam algumas vantagens para os consumidores e tentam facilitar que busquem seus direitos.

Se eu te perguntar o que é um consumidor você irá me responder, obviamente, que é uma pessoa que consome algo no mercado, que compra. E essa é uma boa resposta, mas não é suficiente para sabermos o que é um consumidor de acordo com a lei.

Veja o que diz o Código:

> Art. 2.º Consumidor é toda pessoa física ou jurídica que adquire ou utiliza produto ou serviço como destinatário final.

Notou os detalhes? Consumidor não é apenas aquele que compra, mas também pode ser a pessoa que está usando de alguma forma um produto ou um serviço. O importante para que alguém seja considerado um consumidor é que ele seja o destinatário final daquele produto ou serviço.

Isso quer dizer que até as empresas podem ser consideradas consumidoras a depender da situação. Imagine uma empresa de limpeza que compra materiais de limpeza, nesse caso ela não é uma consumidora, mas se ela contratar um serviço de telefone ou internet, por exemplo, ela é consumidora desse serviço simplesmente porque o negócio dela é limpeza e não telecomunicações. Agora, se esses mesmos materiais de limpeza são comprados por um escritório, teremos aí uma relação de consumo e valem as regras do CDC.

Vamos pensar numa outra situação:

O Fulano acabou de comprar um carro e logo chamou a Beltrana para dar uma volta, mas o câmbio deu defeito e, infelizmente, eles se machucaram num acidente. Naturalmente, sabemos que o Fulano é um consumidor, mas e a Beltrana, ela também pode se beneficiar do CDC?

Claro que pode! Ela estava usando aquele produto como destinatária final, mesmo que não seja a proprietária, e por isso também é considerada uma consumidora.

Outra observação importante: mesmo se o produto ou o serviço são oferecidos gratuitamente é possível aplicar o Código dos Consumidores. Você não paga nada por uma amostra grátis de um biscoito que te oferecem na rua, mas pode processar a empresa se ele te fizer mal; você não paga nada para usar as redes sociais, mas pode processar a empresa se for prejudicado por ela.

Acontece que, para que alguém possa consumir, é preciso existir alguém que disponibilize esses produtos ou serviços no mercado. O Código chama essas pessoas e empresas de fornecedores:

> Art. 3.º Fornecedor é toda pessoa física ou jurídica, pública ou privada, nacional ou estrangeira, bem como os entes despersonalizados, que desenvolvem atividade de produção, montagem, criação, construção, transformação, importação, exportação, distribuição ou comercialização de produtos ou prestação de serviços.
>
> § 1.º Produto é qualquer bem, móvel ou imóvel, material ou imaterial.
>
> § 2.º Serviço é qualquer atividade fornecida no mercado de consumo, mediante remuneração, inclusive as de natureza bancária, financeira, de crédito e securitária, salvo as decorrentes das relações de caráter trabalhista.

É impossível fazer uma lista de todos os tipos de fornecedores, mas vamos dar alguns exemplos:

- empresas que fornecem água tratada e saneamento, energia elétrica, serviços de telefone fixo, celular, internet e TV a cabo;

- bancos e financeiras em geral, seguradoras, cooperativas de crédito, empresas que oferecem consórcios, corretoras e assessores de investimentos;

- companhias aéreas, de ônibus, táxi, locadoras de veículos ou aplicativos de transporte;

- empresas que fornecem programas de computador, aplicativos ou outros serviços de internet como redes sociais e jogos;

- qualquer pessoa ou empresa que venda ou preste serviços pela internet;

- bares e lanchonetes, casas de shows e festas, mercados, lojas em geral, comerciantes autônomos etc.

Enfim, você já entendeu que o mais importante é saber como identificar o consumidor. A partir daí você já sabe que ele é favorecido pelo CDC.

Agora vamos ver quais são esses direitos. Para facilitar que você encontre os artigos correspondentes a cada direito e possa embasar qualquer reclamação que fizer, vamos colocar uma referência a eles no início de cada tópico.

QUAIS SÃO OS DIREITOS DO CONSUMIDOR? (Artigo 6.º)

O Código define nos itens do artigo 6.º alguns direitos que são considerados básicos para os consumidores. Se quiser, você pode abrir a lei para conferir.

Nos itens I, II, III, IV e X a lei fala de algumas generalidades que não têm efeitos práticos. Ela diz que o consumidor deve ser protegido contra produtos que ameacem sua vida, sua saúde e sua segurança, que deve receber educação sobre o consumo adequado e que os órgãos governamentais devem ser eficientes ao desempenhar essas funções. Isso é muito bonito mas não tem nenhuma utilidade para você na prática.

O que realmente interessa está nos itens III, V, VI e VIII. Vamos a eles:

Direito à informação (III)

Sempre que você consome algum produto ou serviço tem o direito de receber todas as informações relacionadas a eles, com especificação correta de quantidade, características, qualidade, preço, e também dos riscos envolvidos. Normalmente, os manuais de instrução cumprem essa função.

O direito à informação também significa que as empresas devem te fornecer o contrato e a nota fiscal daquilo que você comprou sempre que você solicitar.

Acontece que alguns produtos e serviços precisam de mais informações para serem consumidos adequadamente, os principais exemplos são os serviços bancários e os serviços de telecomunicações. Por essa razão as empresas devem manter os chamados "call centers" ou SACs (serviços de atendimento ao consumidor). Você tem direito de receber a gravação das ligações que fizer aos SACs para poder provar na Justiça os problemas que essas empresas causarem a você. Abordaremos esse assunto mais adiante.

Além disso, bancos, empresas de telecomunicações e de outros serviços como água e energia têm o dever de manter registros e, sempre que você pedir, informar sobre tudo o que você pagou, especificando quais prestações foram quitadas, a quais serviços elas estão relacionadas além dos juros, taxas e multas que foram cobrados.

Direito à modificação dos contratos abusivos (V)

A regra geral é que, se você assinou um contrato, esse contrato precisa ser cumprido. Acontece que, às vezes, o fornecedor inclui no contrato algumas cláusulas que a lei considera injustas, abusivas, que prejudicam o consumidor.

Será abusivo tudo aquilo que é desproporcional ou desequilibrado. Quando isso acontece você pode pedir à Justiça que modifique essa cláusula abusiva, que a deixe mais justa, mais equilibrada.

O exemplo mais claro de cláusula abusiva que pode ser modificada são os juros abusivos e as taxas ilegais. Pode acontecer de você fazer um financiamento ou um empréstimo mas os juros cobrados pelo banco serem muito maiores do que a média do que é cobrado normalmente no mercado, ou mesmo que o banco cobre algumas taxas escondidas que não são permitidas pela lei. Nesse caso é possível alterar essa situação e até receber de volta o que você pagou a mais.

Outra situação de cláusula abusiva é a chamada cláusula arbitral. Essas cláusulas aparecem principalmente nos contratos de compra de casas e apartamentos direto das construtoras ou incorporadoras. É uma cláusula que diz que, se você tiver um problema relacionado àquele contrato, você não poderá entrar na Justiça comum, em vez disso terá que procurar uma certa empresa de arbitragem para julgar a causa. Acontece que os juízes consideram que essa cláusula é abusiva e não precisa ser cumprida pelo consumidor, ou seja, você pode entrar na Justiça normalmente.

Vamos ver os principais tipos de cláusulas abusivas e como resolver esse problema logo mais.

Direito à indenização por danos materiais e morais (VI)

Quando falamos de direitos provavelmente a palavra mais famosa é "indenização", mas você sabe o que é uma indenização?

Basicamente, indenizar é consertar um dano que foi causado a alguém, ressarcir um prejuízo. Quando alguém te causa um dano, você pode pedir ao juiz que essa pessoa seja obrigada a te pagar um valor em dinheiro para corrigir esse erro.

Para simplificar podemos dizer que existem dois tipos de danos que justificam uma indenização: os danos materiais, que são os prejuízos físicos ou econômicos; e os danos morais, que são as ofensas psicológicas.

Temos um capítulo só sobre indenizações. O que você precisa saber agora é que, se você consome um produto ou um serviço e ele te causa algum prejuízo, você tem direito a ser indenizado por isso.

No CDC existe uma facilidade maior de conseguir uma indenização, justamente porque o fornecedor se responsabiliza por aquilo que oferece no mercado.

Direito à inversão do ônus da prova (VIII)

"Inversão do ônus da prova, que expressão maluca é essa?"

Na verdade é algo muito simples! Se eu te perguntar quem precisa provar uma acusação, certamente você vai me responder com uma frase popular que diz "Quem acusa tem que provar", certo? Todo mundo sabe disso.

Dizer essa frase é a mesma coisa que dizer que quem acusa tem o "ônus da prova". Num processo na Justiça, se você não provar que a pessoa que você está acusando fez mesmo aquilo, sua acusação não vale nada.

Acontece que, quando falamos de direito do consumidor, a lei quis facilitar a busca desses direitos e permitiu que o juiz invertesse o dever de provar, ou seja, é o fornecedor quem tem que provar que sua acusação não é verdadeira.

Decidir se o ônus da prova vai ou não ser invertido fica a critério do juiz, mas você sempre pode pedir que ele faça isso quando for abrir seu processo.

A inversão vai acontecer se o juiz considerar que a sua afirmação faz sentido, tem uma grande probabilidade de ser verdadeira e, além disso, se ele considerar também que você tem muita dificuldade para conseguir as provas.

Vamos ver um exemplo disso:

Uma companhia telefônica ligou para você oferecendo um plano com mensalidade de R$ 50,00. Você aceitou aderir, mas, quando a primeira fatura chegou, estavam cobrando R$ 100,00. Você ligou para reclamar e pediu a gravação da ligação em que o plano foi vendido, mas a empresa disse que não tinha mais a ligação gravada. Você pode abrir um processo pedindo ao juiz para reduzir o valor da mensalidade e, além disso, pedindo que o ônus da prova seja invertido para que a empresa tenha que provar que você contratou o plano de R$ 100,00 em vez do de R$ 50,00. Isso é muito justo, afinal, a empresa tinha o dever de guardar as gravações.

Sempre que você quiser pedir a inversão do ônus da prova em um processo, recomendo mostrar que você tentou obter a informação com a empresa antes de pedir ao juiz. Por exemplo, os protocolos de atendimento servem como prova de que você tentou conseguir os dados com as empresas de telecomunicação, bancos, concessionárias de energia e água.

Outra forma de deixar claro que você tentou conseguir as provas sozinho é mandar uma carta com Aviso de Recebimento (AR) para a empresa solicitando as informações que você quer saber. Se não te responderem você pode mostrar o AR ao juiz, que vai entender que a empresa não está sendo transparente.

PRÁTICAS ABUSIVAS CONTRA O CONSUMIDOR (Artigo 39)

Se você tem uma empresa ou trabalha como autônomo oferecendo produtos/serviços no mercado, deve ficar muito atento com as práticas que utiliza para atrair os consumidores e vender. Algumas dessas práticas podem ser consideradas abusivas pelo CDC e podem fazer com que o fornecedor seja obrigado a pagar multas ou até indenizar o consumidor.

A lei diz que enganar, ludibriar ou se aproveitar da ingenuidade do consumidor ou colocar no mercado produtos ou serviços que não respeitem as normas de qualidade são práticas abusivas. Também é uma prática abusiva recusar-se a vender para um consumidor que esteja disposto a pagar o preço, independentemente da quantidade que ele queira comprar, enquanto durar o estoque.

Mas, na prática, os exemplos a seguir são os que você mais precisa conhecer:

Venda casada (I)

Todo mundo já ouviu falar de venda casada. Isso acontece quando o fornecedor diz que só vende um certo produto/serviço se você comprar junto outro produto/serviço.

Um caso de venda casada que ficou muito famoso é o de uma grande rede de lanchonetes "fast food", aquela com o logotipo amarelo e vermelho. Eles vendiam um lanche para crianças que vinha com um brinquedo, mas você não poderia comprar o brinquedo separadamente. Hoje em dia já conseguimos comprar apenas o brinquedo, porque a questão foi discutida na Justiça, que acabou considerando que essa era uma venda casada.

Outro caso de venda casada que ainda acontece bastante e a maioria dos consumidores nem percebe é a venda de um seguro junto com um financiamento. Quando você vai pegar um empréstimo num banco eles exigem que você também faça um seguro de vida do próprio banco, do contrário você não poderá receber o empréstimo. Na verdade, o Banco Central até permite que o banco peça que você faça um seguro de vida para garantir que o empréstimo será pago, mas ele deve te dar a opção de contratar esse seguro de qualquer banco que você preferir. Se o banco não te deu essa opção, temos uma venda casada e você pode pedir o reembolso na Justiça e também os danos morais.

Entregar ao consumidor um produto que ele não tenha pedido (III)

Você já recebeu em casa um produto que nunca pediu ou já passou pelo constrangimento de alguém começar um serviço sem que você tenha autorizado? Saiba que isso também é uma prática abusiva.

Se isso acontecer, a lei diz que você não tem a obrigação de pagar, que o que você recebeu é considerado uma amostra grátis.

ATENÇÃO! Muitas empresas enviam cartões de crédito para a casa das pessoas. Não desbloqueie e não use esses cartões! Se você desbloquear, dirá que aceita aquele serviço. O que você deve fazer é quebrar o cartão. Se te cobrarem qualquer coisa relacionada a ele, entre na Justiça e peça para que o cartão seja cancelado além de uma indenização por danos morais pelo desrespeito da empresa com o CDC.

Não fazer orçamento antes de prestar um serviço (VI)

Você já deve ter ouvido falar de alguém que levou um carro ou um computador com problemas para o técnico "dar uma olhada" e, quando voltou, o produto tinha sido consertado, peças foram trocadas e o técnico simplesmente colocou um preço e pediu o pagamento. Mas como saber que tipo de serviço realmente foi feito, como saber quais materiais foram usados ou como avaliar o preço que o técnico cobrou?

A lei diz que fazer um serviço sem dar o orçamento detalhado e sem a autorização do consumidor é uma prática abusiva.

AUTODEFESA LEGAL

Muitas vezes, principalmente em relação a serviços de consertos de produtos ou de reforma de imóveis, o prestador nos diz o que acha que precisa ser feito e quanto custa, mas nem chega a colocar isso por escrito. Depois ele volta pedindo mais dinheiro, dizendo que está faltando comprar mais algumas peças ou materiais, que ele teve que contratar uma pessoa para fazer uma parte específica do serviço que não tinha sido prevista, que deu mais trabalho do que ele tinha imaginado. Se não temos orçamento, fica difícil analisar e até contestar isso.

Por essa razão a lei diz que o fornecedor de serviço é obrigado a entregar um orçamento antes de começar o trabalho. Esse documento precisa discriminar o valor da mão de obra, dos materiais e equipamentos; também precisa especificar as condições de pagamento e o prazo de entrega do serviço (datas de início e término).

Quando o fornecedor entrega uma proposta de orçamento para o consumidor avaliar se quer contratar ou não o serviço, ele pode definir um prazo de validade dessa proposta. Se não disser nada, a proposta vale por 10 dias.

Depois que o consumidor aprova o orçamento, ele passa a ser obrigatório para o prestador de serviços. Como veremos logo mais, qualquer documento escrito feito pelo fornecedor passa a fazer parte do contrato e isso inclui o orçamento, obviamente.

Por isso, o fornecedor não pode se recusar a cumprir o que prometeu e, inclusive, não pode pedir que seja comprado mais material ou mais peças. É dever do prestador prever corretamente o que vai precisar para o serviço e quanto vai custar para o consumidor.

Tudo o que não estiver previsto no orçamento é responsabilidade do fornecedor, até mesmo se for necessário contratar um terceiro para ajudar ou fazer uma parte específica do trabalho.

O consumidor tem direito a receber o serviço feito da forma que foi prometida, pagando somente o que estava previsto no orçamento, e pode acessar a Justiça para fazer que isso seja cumprido.

OS CONTRATOS DE CONSUMO

A palavra contrato significa simplesmente acordo. Um contrato de consumo é um acordo entre um consumidor e um fornecedor definindo as regras para adquirir ou utilizar determinados produtos ou serviços.

Nós costumamos chamar de contrato aquele documento que assinamos quando vamos comprar alguma coisa, mas o documento é apenas o local onde as regras do acordo estão escritas. Mesmo que você compre um lanche na padaria da esquina, sem assinar nenhum papel, ainda vai existir um contrato, um acordo, que, no caso, é verbal. O que nós chamamos de cláusulas não são nada mais que as regras desse contrato.

É sempre bom ter um contrato por escrito. Fica mais fácil de provar e buscar os direitos relacionados a ele. Mas nada impede que nós entremos na Justiça apenas com um contrato verbal.

Oferta (Artigos 30 a 35)

Antes mesmo de chegarmos a um acordo com o fornecedor, ele precisa divulgar os produtos e serviços no mercado para que possamos tomar conhecimento do que está sendo vendido. Essa é a oferta, e ela também precisa seguir as regras do CDC.

Oferta é toda informação ou publicidade suficientemente clara sobre produtos e serviços oferecidos no mercado. Pode ser de qualquer forma ou meio de comunicação: panfletos, televisão, internet, banners, placas, telefone, rádio etc.

"Entendi, mas por que isso me interessa?"

O que é importante saber sobre a oferta é que ela obriga o fornecedor.

Isso significa que a oferta faz parte do contrato porque ela é uma promessa do fornecedor a respeito do que está sendo vendido. Então ele não vai poder dizer depois que não vai cumprir aquilo simplesmente porque não está escrito no contrato, afinal, a oferta é parte dele.

"Certo, mas e se o fornecedor não quiser cumprir o que prometeu na oferta?"

Bem, nesse caso você pode abrir um processo na Justiça e escolher qualquer uma das três alternativas seguintes:

1. pedir ao juiz que exija que a oferta seja cumprida;

2. pedir ao juiz para rescindir (desfazer) o contrato, com direito à devolução do que foi pago;

3. você também pode aceitar outro produto ou serviço equivalente.

AUTODEFESA LEGAL

Uma das situações mais comuns de descumprimento de oferta é na venda de apartamentos.

Várias pessoas já vieram ao meu escritório dizendo que compraram um apartamento na planta e, quando tudo ficou pronto, descobriram que o imóvel não tinha as mesmas características do que aquilo que foi mostrado nos folders e nas plantas. Às vezes faltava uma área de serviço, um lavabo ou mesmo uma academia na área comum do prédio.

Você vai ver no próximo capítulo que existe um limite de valor para entrar com uma ação sem precisar de advogado. Infelizmente, no caso dos imóveis, dificilmente o valor da causa fica dentro desse limite para que você entre sozinho, mas o exemplo serve para que você use a mesma lógica para outras situações como carros, computadores, serviços de TV a cabo etc.

O importante é que você entenda que pode exigir que a oferta seja cumprida.

Além do mais, qualquer erro nos dados da oferta é responsabilidade do fornecedor, então ele precisa garantir que todas as informações estejam corretas e claras e especificar qual o prazo de validade da proposta.

Hoje em dia, com o aumento das compras pela internet, pode acontecer da empresa errar na hora de colocar o preço dos produtos no *site*. Entretanto, se você acessou o *site* e viu aquele preço, a empresa não pode se negar a vender.

As empresas que não colocam prazo de validade para suas ofertas correm o risco de os clientes chegarem à loja querendo aproveitar uma promoção de produtos que já acabaram ou em condições especiais que não estão mais valendo. Se você for empresário, lembre-se, seja muito claro e preciso em suas ofertas, do contrário pode ter problemas.

Um caso que ficou famoso foi o de uma empresa grande do ramo de varejo que anunciava seus produtos dizendo "Quer pagar quanto?". Alguns clientes foram às lojas e falaram que queriam comprar uma geladeira ou um forno de micro-ondas por R$ 1,00. Imagine o transtorno.

Obviamente, quando o juiz for analisar uma situação dessas em que há um erro na oferta, ele deve considerar se é razoável o que o consumidor está pedindo e se ele está de boa-fé, ou seja, se ele não está simplesmente querendo se aproveitar de um descuido do fornecedor. Mesmo assim, quem oferece produtos no mercado precisa ficar muito atento sobre o que anuncia, porque a oferta é obrigatória e o consumidor pode exigir que ela seja cumprida.

Um último detalhe sobre a oferta: em relação aos produtos importados, as empresas que fornecem tais produtos precisam manter também estoque de peças. Se você compra um carro importado, por exemplo, e precisa consertá-lo, a importadora precisa ter peças de reposição para possibilitar esse conserto.

Regras Gerais Dos Contratos De Consumo (Artigos 46 a 48)

Você viu uma oferta irresistível, foi até a loja e comprou um determinado produto ou serviço. Agora você e o fornecedor têm um contrato, que pode ser verbal ou por escrito.

Acontece que você só fica obrigado a cumprir o contrato se tiver conhecimento daquilo que foi combinado. Ou seja, o fornecedor não pode exigir alguma coisa de você que não tenha colocado como condição antes de vocês entrarem em acordo.

Num contrato mais simples, em que você compra um doce na padaria e entrega o dinheiro ao balconista, essa regra não tem muita importância. Mas, por outro lado, imagine uma situação em que você compra um carro em várias parcelas e, só depois de fechar o negócio, você fica sabendo que vão te cobrar juros altíssimos.

Nesse caso, talvez você teria comprado o carro à vista ou talvez nem teria comprado se soubesse dos juros. Mas como você não foi informado anteriormente sobre essa condição, ela não é válida, e, se mesmo assim o fornecedor continuar te cobrando esses juros, você pode pedir para que a Justiça impeça essa cobrança abusiva.

Outra situação em que o contrato não pode ser considerado obrigatório para o consumidor é aquela em que o documento é escrito com o intuito de dificultar a compreensão. São as famosas letrinhas miúdas ou quando usam aquela linguagem que nem os advogados conseguem entender. Essas cláusulas também não são válidas para o consumidor.

Além disso, da mesma forma que acontece com a oferta, todo tipo de material escrito que o fornecedor entregar a você passa a fazer parte do contrato. Suponha que você foi a uma loja de uma empresa de telecomunicações e o vendedor anotou para você quais seriam as vantagens de um certo plano e, como as condições eram muito boas, você resolveu contratar. Quando o serviço chegou na sua casa não tinha nada a ver com o que foi vendido. Se a empresa se recusar a cumprir, basta pedir ao juiz para obrigá-la a fornecer o plano da forma que foi prometido.

E mais: a empresa não pode simplesmente dizer que foi um erro do funcionário. O CDC é claro ao dizer que os fornecedores são responsáveis pelo que for feito pelas pessoas que empregarem.

Contratos De Adesão (Artigo 54)

Hoje em dia, em grande parte das vezes nós fazemos contratos que já estão totalmente prontos e não temos a possibilidade de discutir alguma cláusula específica. As empresas simplesmente dizem "ou você assina como está ou nada feito". Alguns desses contratos são formulários nos quais preenchemos apenas nossos dados.

Esses são os contratos de adesão. São chamados assim justamente porque você só tem a opção de aderir ou não aderir ao que está escrito.

O mais importante sobre o contrato de adesão é que, se ele tiver cláusulas ambíguas ou contraditórias, a interpretação deve ser sempre a mais favorável ao consumidor. Isso é justo porque foi o fornecedor que escreveu o conteúdo do contrato e, por isso, deve se responsabilizar por ele.

Vamos exemplificar para ficar bem claro:

Imagine que, no dia 1.º de fevereiro, você fez um contrato com uma empresa e estava escrito em uma cláusula que o pagamento deveria ser feito dentro de 1 mês, mas em outra cláusula dizia que esse pagamento deveria ser feito em até 30 dias. Como o mês de fevereiro normalmente tem 28 dias, a cláusula que define o pagamento em 30 dias é mais favorável a você, ou seja, valem os 30 dias.

Cláusulas Abusivas (Artigo 51)

Vamos recapitular o que você já sabe sobre as cláusulas abusivas: elas são aquelas regras injustas, ilegais ou desequilibradas que o fornecedor coloca no contrato.

Sabemos que as cláusulas abusivas podem ser modificadas, e até anuladas (canceladas), pela Justiça, que fará com que o contrato se torne mais justo. Para isso basta entrar com uma ação.

Se um trecho, uma ou algumas cláusulas forem abusivas, isso não significa que todo o contrato será cancelado. O juiz vai analisar se é possível manter o negócio retirando apenas as partes abusivas ou se tudo deve ser anulado.

Agora vamos a alguns exemplos de cláusulas abusivas que estão no artigo 51 do CDC:

1. Cláusulas que coloquem o consumidor em desvantagem exagerada

"O que seria uma desvantagem exagerada?"

O exemplo mais simples dessa situação são os juros abusivos.

Vamos imaginar uma outra situação: você compra um apartamento financiado com a construtora e existe uma cláusula no contrato que diz que, se você desistir da compra em algum momento e resolver não ficar com o apartamento, a empresa fica com todo o dinheiro que você já pagou. Obviamente, essa cláusula cria uma desvantagem exagerada para quem comprar esse imóvel, até mesmo porque a empresa vai poder vender o apartamento normalmente para outra pessoa.

Outro tipo de cláusula que gera desvantagem exagerada é aquele que restringe tanto a liberdade do consumidor ao ponto de ele não conseguir alcançar seu objetivo com a contratação do produto ou do serviço.

Suponha que você contratou um espaço para festas e, quando foi ler o contrato, viu que tinha uma cláusula que dizia que não poderia ser consumida nenhum tipo de bebida alcoólica no local e nem haver barulho. No Brasil, que tipo de festa você pode fazer dessa forma? É claro que essa cláusula pode ser considerada abusiva.

2. Cláusulas que autorizem o fornecedor a escolher se quer ou não manter aquele contrato, sem que o consumidor tenha a mesma opção

Voltando ao exemplo do financiamento do apartamento:

Antes de assinar o contrato eles pediram para que você assinasse uma "proposta", que seria analisada pela empresa. Acontece que você não poderia desistir dessa proposta, mas a empresa ainda iria decidir se iria ou não contratar com você.

Isso é claramente abusivo. Se eles têm o direito de escolher se querem ou não fazer o contrato, você também deve ter esse direito.

Essas cláusulas são comuns no dia a dia da Justiça. Os juízes costumam solucionar essa questão simplesmente permitindo que o consumidor tenha o mesmo direito do fornecedor, sem que seja necessário anular o contrato inteiro.

Uma variação desse tipo de cláusula é aquela que dá direito de se arrepender do contrato somente ao fornecedor. Suponha que, no caso do financiamento do apartamento, o contrato dizia que a construtora pode cancelar o contrato a qualquer momento sem justificativa, mas não fala nada sobre esse mesmo direito dado ao comprador.

Agora imagine que aconteceu uma grande valorização nos imóveis da região e a construtora resolve acabar com o contrato que tem com você para poder vender o apartamento mais caro a outra pessoa. Será que isso é justo?

Naturalmente, não é justo e a lei considera essa uma cláusula abusiva.

3. Cláusulas que permitam que o fornecedor modifique o contrato sem pedir a autorização do consumidor

Quando fazemos um contrato com alguma empresa nós esperamos que aquelas regras sejam obrigatórias para todas as partes, mas e se o fornecedor colocar uma cláusula que permite que ele modifique as regras quando quiser? Isso não parece justo e, de fato, não é mesmo.

Uma forma de cláusula abusiva que permite a modificação do contrato é aquela em que a empresa diz que pode alterar o preço quando bem entender. Lembre-se do nosso exemplo do financiamento do apartamento. A construtora colocou no contrato que a parcela será reajustada sempre que ela considerar necessário, sem limite de valor. Obviamente, temos mais uma cláusula abusiva, porque nada impede que a empresa aumente a parcela para um valor astronômico.

Para que uma cláusula de reajuste de preço seja válida, é preciso que ela diga de quanto em quanto tempo esse preço será ajustado e qual o critério de reajuste. No caso das construtoras, normalmente os contratos definem que o reajuste será anual e seguirá algum índice que mede a inflação, como o IGPM.

Se o contrato disser que a empresa pode fazer o reajuste quando ou como bem entender, essa cláusula é abusiva e pode ser alterada judicialmente.

4. Cláusulas que retirem a responsabilidade do fornecedor pelos prejuízos causados ao consumidor

Sempre que alguém causa prejuízo a outra pessoa, a lei diz que ele deve ser obrigado a reparar os danos. No CDC, principalmente, isso vale para os fornecedores, que devem respeitar as garantias legais dos produtos e serviços. Logo adiante falaremos sobre essas garantias.

Acontece que em alguns contratos as empresas colocam uma regra que diz que elas não se responsabilizam pelos danos que seus produtos ou serviços possam causar.

Outras empresas fazem contratos que dizem que os consumidores não serão ressarcidos mesmo que o produto ou serviço não funcione direito.

Ainda existem aquelas empresas que criam cláusulas para transferir a responsabilidade a terceiros. Por exemplo, uma loja que vende um celular com seguro contra defeitos e coloca no contrato que, se tiver qualquer problema com o aparelho, você só poderá reclamar para a seguradora.

Todas essas cláusulas são abusivas e podem ser modificadas ou anuladas por um juiz.

5. Cláusulas que impeçam o consumidor de buscar seus direitos na Justiça

Já falamos sobre as cláusulas arbitrais quando vimos os direitos básicos dos consumidores. Qualquer regra que seja colocada no contrato para dificultar o acesso do consumidor à Justiça não é válida e pode ser anulada pelo juiz.

Observe: nada impede que você concorde em levar a sua causa à arbitragem ao invés da Justiça comum, mas isso deve ser uma decisão sua e não uma imposição do fornecedor. Portanto, se o seu contrato tiver qualquer cláusula que diga que você não pode ir diretamente à Justiça, pode ignorá-la e abrir um processo normalmente.

6. Qualquer cláusula que contrarie o Código de Defesa do Consumidor

Se você acha que alguma cláusula é abusiva, mas ela não está entre os exemplos que acabamos de dar, ainda pode ser que ela seja abusiva por não estar de acordo com a lógica e as regras do CDC.

No final das contas é o juiz quem vai dizer o que ele acha abusivo ou não. Por isso, se você se sentiu prejudicado, vale a pena levar a questão a julgamento nos juizados especiais, afinal, você não corre riscos por isso.

GARANTIAS DOS PRODUTOS E SERVIÇOS

Direito De Arrependimento, Garantias Contratuais E Garantias Legais

Sempre que compramos um produto ou contratamos um serviço, esperamos que tudo funcione corretamente e que atenda as nossas expectativas. Acontece que isso nem sempre chega a se realizar. Para resolver esses problemas a lei traz alguns direitos, principalmente o direito de arrependimento e as garantias, que protegem o consumidor contra a má qualidade do que está no mercado.

O direito de arrependimento é a possibilidade que você tem de desistir de uma compra até sete dias depois. Falaremos sobre ele no próximo tópico.

As garantias são diferentes do direito de arrependimento, porque você só pode usar uma garantia se o produto ou o serviço apresentar algum defeito ou não funcionar da forma como deveria.

A garantia pode ser legal ou contratual. A garantia contratual é aquela em que a empresa se compromete a consertar ou trocar o produto ou corrigir o serviço se ele apresentar algum problema dentro de um certo prazo. Às vezes a empresa já dá algum tempo de garantia sem que você tenha que pagar a mais por isso; outras vezes vendem um certo tempo de garantia estendida.

FIQUE ATENTO! Você não é obrigado a comprar a garantia estendida. Se a empresa embutir esse valor no preço do produto sem te avisar, você pode pedir restituição na Justiça e até ganhar uma indenização por danos morais. Afinal, essa prática é abusiva, uma venda casada.

Já a garantia legal não depende da vontade da empresa. O CDC define um certo tempo em que, se acontecer algum problema, a empresa é obrigada resolver. Vamos ver as garantias legais logo mais.

Agora o que importa que você entenda é que a garantia legal sempre é somada à garantia contratual e vale mesmo que não exista nenhuma garantia contratual.

Por exemplo: você compra uma TV que tem um ano de garantia dada pela empresa. Essa garantia de 1 ano vai ser somada à garantia legal (que é de 90 dias), o que dá um total de 1 ano e 90 dias de garantia.

Além disso, o fornecedor deve cumprir a garantia mesmo se não sabia que o produto ou o serviço tinha algum problema.

Qualquer cláusula incluída no contrato para tentar impedir que o consumidor seja protegido pelas garantias legais será considerada abusiva.

Vamos estudar esse assunto mais a fundo.

Direito De Arrependimento (Artigo 49)

Você comprou um produto numa loja famosa que fica em um shopping da cidade. Quando abriu a embalagem viu que tudo estava funcionando perfeitamente, sem nenhum problema, mas você não gostou dele mesmo assim.

Fica a pergunta: você pode desistir dessa compra?

A resposta é: via de regra, não. Apesar de a maioria das pessoas pensar que tem direito a devolver o produto, se tudo estiver funcionando corretamente, o fornecedor não é obrigado a aceitar a devolução.

A única situação em que o CDC garante o direito de devolução é no caso de a compra ter sido feita fora do estabelecimento do fornecedor, ou seja, pela internet, telefone, correspondência ou mesmo se o vendedor foi até a sua casa.

Nesse caso você pode fazer a devolução em até 7 dias depois do recebimento e os custos ficam a cargo do fornecedor.

Pensando no exemplo da loja no shopping. Se você foi até lá para fazer a compra, não existe direito de se arrepender dela depois. Mas se você comprou o produto pela internet, tem até 7 dias para decidir se fica com ele.

Lembrando: esse direito pode ser exercido mesmo que o produto não tenha nenhum defeito, mas só se a compra tiver acontecido fora do estabelecimento do fornecedor.

Garantias Legais

Como já sabemos, se o produto ou o serviço tiver algum problema, você tem direito a pedir a garantia legal e o fornecedor não pode se recusar a cumprir.

Acontece que sempre que encontramos um problema em algo que compramos, dizemos que temos um serviço ou um produto "com defeito". Na lei, existe uma diferença entre "vício" e "defeito", mas é bem simples:

» Vício – é aquele problema que faz com que o produto ou serviço perca o valor ou não funcione corretamente. Exemplo: um computador que não liga a tela.

» Defeito – é um problema que pode te causar alguma lesão, algum dano, mesmo que seja um dano moral. Exemplo: um computador que dá choques elétricos ou corre o risco de explodir.

Por isso temos dois tipos de garantias legais: garantias contra vícios e garantias contra danos causados por defeitos.

1. Garantia Legal Contra Vícios (Artigos 18 a 22)

1.1. Vícios De Qualidade Dos Produtos

Os produtos podem ter dois tipos de vícios: os vícios de qualidade (produtos de má qualidade) ou os vícios de quantidade (produtos bons, mas que são vendidos em menor quantidade do que o que foi anunciado).

Vamos ver alguns exemplos de vícios de qualidade dados pelo CDC:

- Produtos que não estão de acordo com as indicações da embalagem ou mensagem publicitária (oferta);

- Produtos deteriorados, alterados, adulterados, avariados, falsificados, corrompidos, fraudados etc.;

- Produtos em desacordo com as normas regulamentares. Exemplo: alimentos para crianças que contenham mais sal ou gordura do que o permitido;

- Produtos que não sirvam para fazer aquilo que prometem fazer. Exemplo: um processador de alimentos que não tem força suficiente para fatiar e triturar legumes e verduras;

- Produtos com prazo de validade vencido;

- Produtos com qualquer problema que diminua o seu valor. Exemplo: um carro com arranhões na pintura.

"Entendi, mas o que eu faço se comprar um produto com algum desses vícios de qualidade?"

Nesse caso você deve reclamar do problema ao fornecedor. Faça por escrito, e-mail ou de alguma outra forma que possa ser provada na Justiça, como um protocolo de SAC.

A partir da sua reclamação o fornecedor tem 30 dias para resolver o problema, inclusive podendo trocar peças que estejam danificadas ou não funcionem corretamente. Pode ser que alguns produtos demorem mais para ser consertados e outros sejam mais rápidos, por isso a lei permite que o contrato defina um prazo diferente, que não poderá ser menor que 7 e nem maior que 180 dias.

Se mesmo assim o problema não for resolvido dentro desse prazo, você pode exigir (até mesmo judicialmente) uma das três opções a seguir:

1. trocar o produto por outro igual;

2. devolver o produto e receber imediatamente a restituição do valor pago, incluindo correção monetária;

3. ficar com o produto e receber um desconto no preço, que deve ser proporcional à gravidade do vício.

Se a troca de peças ou o conserto do produto puder reduzir a sua qualidade ou diminuir o valor, você não precisa esperar os 30 dias, pode exigir logo uma das três opções acima.

1.2. Vícios De Quantidade Dos Produtos

Vícios de quantidade estão relacionados a produtos que compramos usando alguma medida, como peso, volume ou tamanho. Isso significa que, se foram vendidos 5 quilos de arroz, o fornecedor deve se responsabilizar se o pacote tiver apenas 4 quilos.

Obviamente, esse tipo de produto pode ter algumas pequenas variações, como no caso do arroz que pode ter 10 ou 20 gramas a menos ou a mais em um pacote. O que não podemos aceitar é que essa variação seja tão grande que cause prejuízo ao consumidor.

Os vícios de quantidade devem ser resolvidos imediatamente, sem que você precise esperar por um prazo. Você pode escolher entre:

1. trocar o produto por outro igual;

2. devolver o produto e receber a restituição imediata da quantia paga, com correção monetária;

3. ficar com o produto e receber de volta a diferença de preço;

4. pedir a complementação do peso ou da medida.

1.3. Vícios Dos Serviços

Os vícios dos serviços também são cobertos pela garantia legal. Um serviço é considerado viciado quando:

» não alcança o objetivo prometido;

» não está de acordo com a oferta; ou

» apresenta algum problema que diminua o seu valor.

Se alguma dessas situações acontecer, você tem três opções:

1. exigir que o serviço seja refeito, sem custo adicional. Você também pode optar que outra pessoa ou empresa refaça o serviço em vez do próprio fornecedor e ele deverá arcar com os custos;

2. exigir a restituição imediata da quantia paga, com correção monetária;

3. aceitar o serviço como está e receber a diferença do preço.

ATENÇÃO! Temos a situação específica de serviços de consertos ou reparos de produtos. O CDC deixa claro, nesse caso, que o prestador tem o dever de usar peças novas e originais, que mantenham as especificações técnicas do produto. Ele só poderá usar outros tipos de peças (usadas, por exemplo) se o consumidor autorizar.

Essa regra é útil para ocasiões em que você leva o seu computador ou o seu carro para conserto. Alguns técnicos mal-intencionados acabam usando peças inferiores e cobrando caro por isso, como se o material fosse da melhor qualidade. Esse serviço é viciado e agora você já sabe o que fazer e pode até buscar seus direitos judicialmente.

OBSERVAÇÃO: Os órgãos públicos e as empresas que prestam serviços públicos (como água, luz, telefone e transportes) também devem respeitar o Código de Defesa do Consumidor.

Qual O Prazo Para Reclamar Dos Vícios?

O prazo para reclamar dos vícios é de:

» 30 dias para produtos e serviços não duráveis (exemplos: alimentos, bebidas, organização de festas e eventos, limpeza, transporte etc.);

» 90 dias para produtos e serviços duráveis (exemplos: veículos, eletrodomésticos, reforma e pintura de casas, conserto de encanamentos e redes elétricas, médicos, dentistas etc.).

O vício pode estar bem à vista, ser fácil de ser encontrado, ou pode estar escondido, oculto.

Para os vícios de fácil constatação o prazo da garantia legal começa a contar imediatamente após você receber o produto ou o serviço ser concluído. Já para os vícios ocultos esse prazo só começa a contar a partir de quando você descobre o problema.

Imagine que você contratou uma empresa para reformar a sua casa e, inclusive, trocar o encanamento. Dois anos depois você começa a perceber vazamentos pela casa e descobre que o serviço daquela empresa estava viciado. O serviço pode ser considerado durável, mas já tem muito mais de 90 dias que ele foi terminado. Nessa situação você acha que já perdeu o direito de reclamar ou não?

Como estamos falando de encanamentos, algo que não fica visível, esse é um vício oculto e o prazo para reclamação só pode começar quando ele é descoberto, ou seja, seu direito ainda não se perdeu.

OBSERVAÇÃO: Enquanto você está aguardando resposta para a sua reclamação o prazo não corre. Ele só volta a correr quando o fornecedor responde. Se você não ficar satisfeito com a resposta (ou se ela não vier), pode decidir se entra com uma ação na Justiça.

2. Garantia Legal Contra Danos Causados Por Produtos E Serviços Com Defeito (Artigos 12 a 17)

Agora nós estamos falando de um problema mais sério. A situação não é mais de um produto que não funciona direito ou de um serviço que não ficou como o consumidor queria.

Dessa vez, além de não funcionar corretamente, esse produto causou um prejuízo aos bens ou à integridade física do consumidor (dano material), ou gerou um sofrimento, uma angústia psicológica grave (dano moral).

Como você já sabe, dizemos que produtos ou serviços que podem causar danos aos usuários são produtos defeituosos. Isso pode acontecer porque o produto ou serviço teve algum problema no processo de produção que cria riscos ao consumidor, por exemplo, peças defeituosas ou mal encaixadas, alimentos mal preparados ou malconservados, medicamentos com erros na composição, reformas de imóveis que deixam pregos expostos ou fios desencapados, transporte de passageiros com lotação acima da capacidade do veículo etc.

Outra forma de defeito é a falta ou o erro nas informações sobre a forma correta de usar ou sobre os riscos relacionados a um produto ou serviço.

Vamos pensar nos medicamentos, eles precisam ter uma bula dizendo como devem ser usados e quais os riscos; se faltar alguma informação e alguém for prejudicado por isso, a empresa deve ser responsabilizada e pagar uma indenização.

A indenização é justamente a reparação do prejuízo por meio do pagamento de uma quantia em dinheiro. Essa quantia deve ser equivalente ao prejuízo, então é necessário que você tenha como provar todos os danos que sofreu e os gastos que teve por conta do defeito no produto.

Além disso, é bom reforçar que, sempre que você se sentir ofendido, difamado, desonrado, injuriado, caluniado, ou seja, sempre que você sofrer um dano moral, pode pedir uma indenização por isso também.

Observe que são duas questões diferentes: uma coisa é o prejuízo material, econômico, físico que você sofreu; outra coisa é o sofrimento psicológico. Cada uma dessas situações pode gerar uma indenização diferente. Dependendo do caso você pode pedir judicialmente as duas juntas, pode pedir só os danos materiais ou também pode pedir só os danos morais.

O mais importante agora é que você entenda que o CDC criou uma grande vantagem para o consumidor pedir uma indenização.

Normalmente, quando alguém pede uma indenização, deve provar ao juiz que o prejuízo foi causado por uma falta de cuidado da outra parte. Chamamos isso de culpa. Por exemplo: se alguém quer ser indenizado por um acidente de trânsito, deve provar que a culpa foi da pessoa que estava dirigindo o outro veículo com imprudência. Nem sempre é fácil provar isso.

Já com relação ao consumidor, o pedido de indenização contra o fornecedor fica mais fácil porque ele só precisa provar que sofreu, de fato, um dano e que esse dano veio diretamente do produto ou do serviço, mas não precisa provar que o fornecedor foi imprudente ou não tomou os cuidados que deveria.

Talvez isso ainda tenha ficado um pouco confuso para você, mas teremos um capítulo inteiro só sobre o tema das indenizações. Então fique tranquilo que tudo vai ficar bem claro.

Como O Fornecedor Pode Se Defender Nesse Caso?

Saber como o fornecedor pode se defender de uma acusação de dano causado por defeito no produto/serviço serve tanto para quem é empresário quanto para quem é consumidor. O empresário já vai saber como se preparar no caso de ser processado e o consumidor já vai saber o que esperar quando pedir uma indenização.

Então vamos ver quais são os principais argumentos que o fornecedor pode usar em sua defesa.

1. "Não aconteceu nenhum dano"

A primeira forma de defesa do fornecedor num processo judicial é argumentar que o dano que o consumidor diz ter sofrido não aconteceu. Por exemplo: imagine que você vende equipamentos de ginástica e um consumidor diz que teve lesões na coluna por causa da má qualidade dos seus produtos. Acontece que ele não tem nenhum laudo médico que prove que a coluna dele realmente foi lesionada. É o consumidor quem precisa provar que sofreu um dano e, nesse caso, ele não tem nenhuma prova desse dano.

Outra situação que envolve essa defesa se relaciona com os danos morais. Como o dano moral é uma questão psicológica, não temos como saber se alguém ficou realmente abalado ou foi psicologicamente prejudicado por ter sido ofendido, por exemplo.

Por isso os juízes acabam decidindo com base na própria percepção do que é ofensivo ou não; o dano moral fica dependente da visão de mundo do juiz e o que é considerado muito ofensivo para uns pode não ser para outros.

Mesmo assim, algumas situações mais comuns se repetem tantas vezes que viram jurisprudência e todos (ou quase todos) os juízes passam a seguir o mesmo posicionamento.

Um exemplo muito corriqueiro: o fato de alguém simplesmente não pagar uma dívida não gera dano moral, porque os juízes entendem que, por mais chato que seja não receber o dinheiro que alguém te deve, isso é só um aborrecimento normal do dia a dia.

Mais um exemplo, agora de uma situação que sempre vai gerar dano moral, é a negativação indevida do nome de alguém. A pessoa não deve nada, mas a empresa negativou o nome dela mesmo assim. Nesse caso, os juízes entendem que isso abala a credibilidade da pessoa perante a sociedade e causa problemas com bancos e outras empresas. É praticamente impossível você encontrar um juiz que negue um pedido de dano moral em causas como essas.

Também por isso quem é processado por danos morais sempre se defende argumentando que aquela situação não é suficiente para gerar um dano moral relevante, que é um aborrecimento normal do dia a dia.

Esse argumento ainda pode ser feito assim: "O dano até pode ter acontecido, mas, com certeza, não é tão grave quanto o consumidor está dizendo". Argumentando desse jeito, o que você quer é que o juiz reduza o valor da indenização.

Exemplo: alguém diz que passou mal depois de comer no seu restaurante e que, por isso, quer indenização pelos 5 mil reais que gastou com hospital e mais 10 mil reais por danos morais; na sua defesa você argumenta que o mal que ele passou seria resolvido tomando um remédio que custa apenas 100 reais, que não era necessário ser internado em um hospital e que o valor de 10 mil reais por danos morais é absurdo nesse caso, que mais justo seria uma indenização de, no máximo, mil reais.

Você ainda pode juntar os dois argumentos, de forma que o juiz escolha qual acha mais condizente com os fatos. Ficaria algo assim:

> **"Senhor juiz, o dano que a outra parte diz ter sofrido na verdade não aconteceu, inclusive ela não tem nenhuma prova do que está afirmando; mas se Vossa Excelência considerar que ela teve algum prejuízo, com certeza o dano não é tão grave quanto ela está dizendo."**

Essa é a melhor forma de se defender em relação ao dano que alguém alega ter sido causado por um fornecedor!

2. "O produto/serviço não tinha nenhum defeito"

AUTODEFESA LEGAL

Essa é uma forma de dizer ao juiz que o dano que o consumidor diz ter sofrido até pode ter acontecido, mas não tem relação com o seu produto/serviço, porque ele funcionou corretamente e tinha todas as informações de uso.

Exemplo: o consumidor comprou uma geladeira e agora diz que tomou um choque que lhe causou ferimentos. Acontece que a geladeira que você vendeu para ele tinha o melhor isolamento elétrico do mercado e um sistema que desligaria se tivesse qualquer variação de energia que pudesse trazer riscos ao usuário. Basta você demonstrar isso ao juiz, provando que tudo estava funcionando corretamente, argumentando que os choques devem ter vindo de outro lugar; talvez a rede elétrica da casa tivesse algum problema; mas, com certeza, a geladeira estava em perfeitas condições.

Nada impede que você use as defesas 1 e 2 juntas, o que ficaria dessa forma:

"O dano que o consumidor diz ter sofrido não aconteceu, mas, se algo aconteceu, não foi por causa do produto/serviço."

3. "A culpa é do consumidor ou de outra pessoa"

Nessa forma de defesa o fornecedor mostra para o juiz que o dano que o consumidor está dizendo ter sofrido, na verdade, aconteceu por culpa do próprio consumidor, que usou o produto/serviço incorretamente, ou por culpa de uma terceira pessoa.

Vamos ao nosso exemplo:

Você vende materiais de construção. Um cliente comprou um revestimento impermeabilizante para acabar com as goteiras da casa, mas ele volta muito nervoso alguns meses depois e diz que as goteiras aumentaram e uma parte do teto caiu em cima da televisão. Quando você vai à casa dele, percebe que o pedreiro não usou o revestimento corretamente e foi isso que causou o problema. O consumidor até pode pedir uma indenização, mas você vai se defender e mostrar ao juiz que a culpa foi do profissional que não utilizou o produto da forma certa.

Mas fique atento! É bom se certificar que o produto/serviço tem todas as informações sobre os usos e os riscos, do contrário o juiz vai considerar que a falta de informações adequadas é um defeito e, por isso, você terá que pagar a indenização.

4. "Não sou responsável pelo produto/serviço"

Essa defesa vale para quem é um revendedor ou comerciante, para quem não produz produtos/serviços próprios. Ela acontece porque o CDC tem uma regra que diz que, em primeiro lugar, a responsabilidade pelos danos é do produtor/fabricante do produto ou do prestador direto do serviço. Se o produto é importado, quem deve arcar com os problemas dele é a importadora.

O comerciante que só revende o produto/serviço, num primeiro momento, fica resguardado. A lei diz que ele só passa a responder se:

a. o consumidor não tiver como saber quem é o fabricante/produtor; ou

b. o defeito foi causado pelo próprio comerciante/revendedor (exemplos: falta de informações corretas sobre como usar o produto/serviço; problemas na conservação de alimentos etc.).

Vamos supor que você tem uma distribuidora de bebidas e é processado porque um consumidor encontrou um animal morto dentro de uma garrafa de refrigerante. Você pode se defender pedindo ao juiz para ser excluído do processo porque a responsabilidade por esse dano é da fabricante dos refrigerantes. Mas se, por exemplo, a garrafa foi vendida sem rótulo, você não conseguirá que o juiz te retire do processo.

Uma situação parecida é a da agência de viagens. Muitas vezes as agências são processadas por pessoas que perderam suas viagens por causa de voos cancelados. Acontece que a agência é apenas uma revendedora de passagens; quem presta o serviço são as companhias aéreas.

Porém, o que acontece na prática é que os juízes nem sempre vão aplicar essa regra. O objetivo do CDC é facilitar a defesa do consumidor e, por isso, mesmo que o processo seja aberto contra o comerciante, o juiz acaba considerando que ele também deve se responsabilizar pelo produto/serviço.

Para o consumidor, se for fácil saber quem é o fabricante/produtor/importador, é melhor não envolver o comerciante e já processar logo quem a lei diz ter a responsabilidade direta. Isso até ajuda que o processo termine mais rápido e, como as fabricantes normalmente são grandes empresas, é muito mais fácil receber a indenização.

Por outro lado, se o consumidor estiver na dúvida, em grande parte das vezes ele vai entrar com a ação tanto contra o fabricante quanto contra o comerciante e deixar que o juiz resolva quem deve arcar com o prejuízo.

Nesse caso, se você, comerciante/revendedor, teve que pagar uma indenização por ter vendido um produto/serviço defeituoso, a lei permite que você entre com um processo contra o fabricante/produtor/importador para ser ressarcido. Afinal, você não teve culpa pelo defeito.

OBSERVAÇÃO: Todas as defesas que mostramos aqui podem ser usadas juntas, se isso for condizente com a situação. Você pode dizer:

"Senhor juiz, não existe nenhuma prova de que o consumidor tenha sofrido algum dano; mas, se sofreu, não foi por causa do produto, que não tinha nenhum defeito. Além disso, o consumidor usou o produto/serviço incorretamente. Outra questão é que a minha empresa não produz esse produto/serviço, ela apenas revende e, por isso, quem deveria estar nesse processo é o produtor/fabricante."

Lembre-se que, se você alegar que foi o consumidor ou um terceiro que causou o problema, terá que provar isso.

5. Prescrição

É a perda do prazo para pedir indenização na Justiça. Se você é fornecedor e foi processado por algo que aconteceu há mais de 5 anos, pode dizer ao juiz que a prescrição já aconteceu e, por isso, o consumidor perdeu o direito de pedir indenização. Veja mais no próximo tópico.

Qual O Prazo Para Pedir Indenização? (Prescrição)

Se você deixar passar muito tempo, vai perder o direito de entrar com a ação de indenização. Chamamos isso de Prescrição.

O prazo para o consumidor pedir indenização por danos causados por produtos/serviços com defeito é de 5 anos. Depois desse prazo você não pode fazer mais nada contra o fornecedor.

"Ok, mas a partir de quando esse prazo começa a correr?"

Essa é uma boa pergunta e o CDC nos responde da seguinte forma:

O prazo começa a ser contado a partir de quando o consumidor fica sabendo que sofreu um dano e quem foi o causador desse dano.

Vamos imaginar que você reformou a casa e trocou o encanamento. Cinco anos depois começaram a aparecer vazamentos. Quando você quebrou a parede viu que a casa estava com a estrutura toda danificada. Demorou mais um mês para você descobrir que o problema foi causado por um defeito de fabricação dos canos.

Não seria justo que você perdesse o direito a ser indenizado nessa situação, certo? É por isso que a lei diz que o prazo só corre a partir da descoberta do problema.

COMO COBRAR UM CONSUMIDOR QUE ESTÁ DEVENDO? O QUE PODE E O QUE NÃO PODE (Artigos 42 e 42-A)

Cobrança Abusiva

O Capítulo 4 tem tudo sobre cobrança. Nele você vai aprender o que precisa para nunca mais ficar sem receber aquilo que as pessoas te devem.

Acontece que, quando falamos em consumidor, é preciso tomar algumas precauções para que a cobrança não se transforme em dor de cabeça.

O CDC diz que em todos os documentos de cobrança enviados ao consumidor devem estar claras as seguintes informações:

» nome, endereço e CPF ou CNPJ do fornecedor;

» identificação do consumidor que está sendo cobrado;

» todas as informações da dívida, incluindo juros e multas, além da indicação sobre qual produto/serviço ela se refere.

Além da cobrança por escrito, ela também pode ser feita por outros meios de comunicação como o telefone, aplicativos de internet ou mesmo indo até a casa do consumidor. O mais importante é que a cobrança não seja feita de maneira abusiva.

"E o que é uma cobrança abusiva, afinal?"

A lei diz que, mesmo que o consumidor esteja devendo, ele deve ser tratado com respeito e dignidade quando for cobrado. Uma cobrança abusiva é uma cobrança desrespeitosa. A lei dá alguns exemplos:

- Cobranças que exponham o consumidor ao ridículo – alguns empresários, quando sentem que terão dificuldades para receber suas dívidas, acabam expondo o consumidor publicamente, espalhando a notícia de que ele é um mau pagador e até ofensas que nem mesmo têm a ver com a situação. Isso é um tipo de cobrança abusiva, porque difama o consumidor, destrói sua imagem perante a sociedade. O correto é sempre fazer a cobrança discreta e educadamente, evitando envolver qualquer pessoa além do próprio consumidor;

- Cobranças que coloquem o consumidor em constrangimento – constranger é criar um desconforto excessivo, que ultrapasse o que é normal numa cobrança e que prejudique a vida do consumidor. O maior exemplo de uma cobrança constrangedora é o da empresa que liga várias e várias vezes por dia repetindo a cobrança; liga em horário de almoço, liga fora do horário comercial, liga até de madrugada. Fazer cobrança por telefone é perfeitamente legal, o que é ilegal é transformar isso em um constrangimento para o consumidor. O mesmo acontece com empresas que mandam alguém à casa da pessoa para cobrá-la. O certo é cobrar de maneira equilibrada. Se a empresa está desconfiada que o consumidor não vai pagar espontaneamente, o melhor é procurar logo a Justiça.

- Cobranças que ameacem o consumidor – a essa altura já ficou claro que ameaçar o consumidor não é uma forma inteligente de cobrar o que ele deve.

"E qual é a consequência de uma cobrança abusiva?"

Você já deve imaginar: a cobrança abusiva causa dano moral ao consumidor, o que dá a ele direito a uma indenização. Por isso, seja cuidadoso ao cobrar, do contrário é você que pode sair devendo.

Erro Na Cobrança (Cobrança Indevida)

Outra questão interessante é a da cobrança incorreta (indevida). É muito importante que o fornecedor tenha plena certeza de quanto o consumidor deve antes de cobrar.

Diz o CDC que, se o consumidor pagar indevidamente por uma cobrança feita com o valor errado, ele terá direito a receber em dobro o valor que pagou a mais, além de juros e correção monetária sobre esse valor.

Para não ter que pagar em dobro, o fornecedor vai precisar mostrar ao juiz que não tinha má-fé, que só cometeu um erro e não tinha a intenção de prejudicar o consumidor.

Cadastros De Devedores

Uma das formas mais eficientes de fazer cobranças é usar os cadastros de devedores ou os chamados sistemas de proteção ao crédito. Esses serviços recebem informações de empresas e divulgam a outras empresas quem são as pessoas que não pagam suas dívidas. Os mais famosos e mais usados hoje em dia são o SPC e o Serasa.

AUTODEFESA LEGAL

Isso faz com que a pessoa tenha dificuldade de comprar ou receber crédito porque os fornecedores já sabem que ela não é de confiança. Assim ela é forçada a pagar a dívida se quiser ter o nome "limpo".

Qualquer banco de dados e cadastro relacionado a consumidores, inclusive os serviços de proteção ao crédito, é considerado entidade de utilidade pública e, por isso, precisa seguir regras específicas para não os prejudicar.

A primeira regra é que os cadastros e dados dos consumidores devem ser objetivos, claros, verdadeiros e em linguagem de fácil compreensão.

Sempre que o fornecedor quiser abrir um cadastro ou registro de informações do consumidor, precisa comunicar o consumidor por escrito. É por isso que as pessoas recebem uma carta do SPC/Serasa informando que o nome foi negativado. Se essa correspondência não for enviada ao consumidor, o cadastro é inválido e é possível pedir que seja cancelado.

Além disso, você, como consumidor, tem o direito de ter acesso a todas as informações existentes nos cadastros, fichas, registros e dados pessoais sobre você, inclusive saber de onde vêm esses dados. Um cadastro de devedores, por exemplo, não pode simplesmente colocar a informação que você deve um certo valor sem dizer com qual empresa conseguiu essa informação.

Também é direito do consumidor exigir a alteração de qualquer informação incorreta ou imprecisa que esteja registrada em relação a ele. A empresa ou o serviço que armazena as informações tem 5 dias para fazer a correção.

Prescrição Das Dívidas Dos Consumidores

A questão mais importante no que diz respeito aos cadastros de consumidores endividados é a prescrição. Você lembra que já falamos sobre isso?

A prescrição é o nome que damos para a situação em que alguém perde o direito de cobrar uma dívida na Justiça por ter deixado passar muito tempo. Quando falamos dela pela primeira vez, aprendemos que o consumidor tem até 5 anos para cobrar uma indenização do fornecedor, ou seja, essa é uma prescrição que beneficia os fornecedores.

Agora estamos falando da prescrição que beneficia os consumidores. Se o fornecedor demorar mais de 5 anos para cobrar uma dívida judicialmente, ele perde esse direito e o consumidor fica liberado.

E é exatamente por isso que um cadastro de devedores ou um serviço de proteção ao crédito não pode manter o nome de alguém negativado depois que a dívida estiver prescrita.

Depois da prescrição os bancos de dados devem ser apagados e não podem mais ser divulgadas informações que possam dificultar que o consumidor tenha acesso ao crédito junto aos fornecedores novamente.

ATENÇÃO! Se o consumidor paga a dívida depois do prazo de prescrição, não tem direito a pedir o ressarcimento. Isso acontece porque a prescrição não faz a dívida desaparecer, ela apenas impede que o fornecedor cobre-a na Justiça. Mas se o pagamento acontecer assim mesmo, será válido.

Indenização Por Negativação Indevida

Quando o nome de alguém é negativado, a pessoa fica com muita dificuldade de fazer compras parceladas, receber empréstimos bancários e outras formas de crédito. Algumas vezes fica difícil até conseguir um emprego, porque alguns empregadores consultam os cadastros para decidir se contratam alguém ou não.

Por isso os juízes consideram que, se essa negativação aconteceu indevidamente, a empresa tem que indenizar o consumidor por danos morais. Em média, essas indenizações variam de 2 a 5 mil reais, mas em alguns casos podem chegar a 10 mil reais.

"Mas, na prática, o que seria uma negativação indevida?"

É uma negativação que não tem motivo para existir ou que tenha um erro que prejudique o consumidor. Os principais exemplos são:

- » Quando a dívida já está paga – por isso é muito importante guardar todos os comprovantes de pagamento dos produtos e serviços que você adquirir por, pelo menos, 5 anos.

- » Quando a dívida não existe – pode acontecer de alguma empresa cobrar de você por um serviço que você nunca contratou. Isso é frequente com empresas de telefonia, água e energia elétrica que acabam cometendo erro de cadastro ou mesmo por fraudes feitas pelos próprios funcionários. Isso também pode acontecer se você perdeu ou teve os documentos roubados e os criminosos usarem suas informações para cometer fraudes. De qualquer forma, você não tem culpa por isso e, se seu nome for negativado, cabe o pedido de indenização.

» Quando existe algum erro ou informação incorreta – se o cadastro não foi feito corretamente ou se você não foi comunicado por escrito antes da abertura do registro, também estamos diante de uma negativação indevida.

» Quando a cobrança é ilegal ou em excesso – os principais exemplos são as tarifas bancárias ilegais e os juros abusivos. Se você for negativado por causa de alguma dessas dívidas ilegais, a negativação é indevida e caberá pedido de indenização.

» Quando a dívida está prescrita – como você já sabe, se a dívida já prescreveu, o nome do consumidor não pode continuar negativado.

OBSERVAÇÃO: empresas também podem pedir indenização por terem sido negativadas indevidamente.

SERVIÇO DE ATENDIMENTO AO CONSUMIDOR (SAC, *CALL CENTER* OU TELEATENDIMENTO)

Quando pensamos em ligar para um SAC, já vem aquela dor de cabeça por todas as dificuldades que já esperamos ter para conseguir o que precisamos. Mas não precisa ser assim. Temos regras que precisam ser respeitadas pelas empresas.

O SAC nada mais é que aquele atendimento que a empresa faz por telefone, que serve para pedirmos alguma informação, solicitarmos alguma mudança ou correção relacionada ao serviço e, também, reclamar ou pedir o cancelamento do serviço.

As regras foram estabelecidas pelo Governo Federal no ano de 2008 – por meio do Decreto n.º 6.523 – e valem para o atendimento dos serviços regulados pelo poder público federal, por exemplo:

- energia elétrica;

- telecomunicações (telefonia fixa e móvel, tv a cabo, internet);

- planos de saúde;

- aviação civil;

- empresas de ônibus;

- bancos e cartões de crédito.

A empresa não pode cobrar nada pelo uso do SAC e a ligação deve ser gratuita.

Além disso, o SAC não pode transferir a ligação para outro atendente quando o consumidor quiser fazer uma reclamação ou cancelar o serviço. Todos os atendentes devem ter essa capacidade.

Desrespeitar essas normas pode fazer com que as empresas sejam multadas e também pode dar direito ao consumidor de receber indenização, além de ter seu problema resolvido, obviamente.

Vamos ver as principais regras relacionadas aos serviços de atendimento ao consumidor:

1. O consumidor deve poder falar com um atendente a qualquer momento

A maioria dos SACs começa com um atendimento eletrônico, no qual uma voz diz as opções que você pode escolher. A lei diz que em todas as subdivisões do menu eletrônico (principalmente no começo da ligação) devem existir as opções de contato com o atendente.

Se o consumidor optar por falar com um atendente, a ligação não pode ser desligada até que o contato pessoal seja feito.

Desde 2008, por determinação do Ministério da Justiça (portaria 2014), o prazo máximo de espera para ser atendido é de:

» 45 segundos para bancos e cartões de crédito;

» 1 minuto para os demais serviços;

» até 1 minuto e 30 segundos em dias anteriores e posteriores a feriados, segundas-feiras e quinto dia útil do mês.

2. Pedidos e reclamações

Qualquer informação que o consumidor solicite deve ser dada imediatamente.

Já as reclamações devem ser resolvidas em, no máximo, 5 dias úteis.

O consumidor tem direito de ser informado sobre a resposta ao seu pedido/reclamação e pode solicitar que seja enviada uma prova escrita pelo correio ou por um meio eletrônico (e-mail, aplicativo etc.).

3. Cancelamento do serviço

Quando o consumidor pedir o cancelamento do serviço, isso deve ser feito imediatamente. O atendente não pode pedir um prazo ou dizer que retornará em outro dia.

A empresa é obrigada a cancelar o serviço mesmo que o consumidor ainda esteja devendo alguma parcela.

Feito o cancelamento, o consumidor pode pedir um comprovante dessa informação, que vai ser enviado pelo correio ou eletronicamente.

4. O consumidor pode pedir os registros dos atendimentos

O consumidor deve receber um protocolo (código numérico) no início de toda ligação que fizer para o SAC. Com o protocolo o consumidor deve ter acesso aos registros do atendimento.

Além do mais, o consumidor tem direito de receber o histórico de seus pedidos e reclamações feitos nos últimos 2 anos.

O SAC também deve armazenar a gravação das ligações por, no mínimo, 90 dias.

A empresa tem o prazo máximo de 72 horas para enviar qualquer um desses registros ao consumidor, por correspondência ou por meio eletrônico, sempre que ele solicitar.

ATENÇÃO! Todos esses registros, o protocolo, a gravação, o histórico dos atendimentos, servem como provas numa ação judicial. Por isso, sempre anote os protocolos e, se se sentir lesado, exija receber a gravação e os registros. Se a empresa se negar, ela violará a lei e pode sofrer as consequências.

Você também pode gravar as ligações por conta própria para provar que não estão respeitando a legislação e não querem te entregar as informações. Assim você conseguirá a inversão do ônus da prova e a empresa precisará provar ao juiz que não violou seus direitos.

COMPRAS PELA INTERNET (COMÉRCIO ELETRÔNICO)

Comprar pela internet se tornou muito comum. Muitos serviços e produtos só se tornaram possíveis com o crescimento do comércio eletrônico.

Além disso, muitas pessoas que não tinham capital suficiente para empreender conseguiram encontrar nas ferramentas digitais uma alternativa muito barata (às vezes gratuita) para oferecer produtos que fabricam (até de forma artesanal) e prestar serviços de alta qualidade sem precisarem sair de casa.

Mas o comércio eletrônico também tem suas regras e, se você trabalha ou pretende trabalhar por meio da internet, é importantíssimo ficar atento para não ser surpreendido com uma multa ou com um processo judicial. É sempre melhor prevenir que remediar.

As regras sobre o comércio eletrônico estão escritas no Decreto n.º 7.962, de 15 de março de 2013, que também partiu do Governo Federal e vale em todo o país. Apesar de termos essas normas específicas para as compras on-line, todas as regras que já vimos sobre os direitos do consumidor continuam valendo normalmente.

O objetivo da lei é que os consumidores que compram pela internet tenham informações claras a respeito do produto/serviço e do fornecedor e atendimento facilitado. Outra grande preocupação é garantir que o direito de arrependimento seja respeitado pelos fornecedores on-line.

Quando você cria um *site* ou um aplicativo para a sua empresa ou anuncia seus produtos/serviços em *sites* de terceiros ou nas redes sociais, tem que se certificar de que as seguintes informações estão disponíveis de maneira clara e com acesso fácil para o consumidor:

» nome empresarial (o nome completo da pessoa jurídica) ou nome completo da pessoa física e CPF/CNPJ;

- » endereço físico e eletrônico, e demais informações necessárias para garantir que o consumidor possa localizar e entrar em contato com o fornecedor;

- » todas as características dos produtos ou dos serviços, incluídos os riscos à saúde e à segurança dos consumidores (se for o caso);

- » a oferta dos produtos/serviços deve ser apresentada de forma simples e clara, dando ao consumidor todas as condições da compra, o preço (inclusive despesas com entrega e outras), forma de pagamento e prazo de entrega;

- » se existir alguma restrição ao uso do produto/serviço, essa informação deve estar em destaque (exemplo: serviço prestado apenas de segunda a sexta);

- » o *site* precisa ser seguro. É muito importante utilizar mecanismos confiáveis para se certificar da segurança do consumidor na hora do pagamento e para proteger os dados dele de vazamentos e hackers.

Se a pessoa tiver a opção de comprar de forma parcelada, financiada ou a crédito, é importante colocar em destaque o seguinte:

- » valor total da soma das parcelas/prestações;

- » quantidade e valor das parcelas, além de dizer se serão mensais, trimestrais, semestrais etc.;

- » os juros;

- » multas e penalidades por atraso.

Na hora em que o consumidor vai fazer a compra, o fornecedor deve:

- » Fornecer no *site* as ferramentas para que o consumidor identifique e corrija, antes de finalizar a compra, qualquer erro ocorrido na hora de preencher as informações. Vamos supor que o consumidor quer comprar um tênis no seu *site*, mas, na hora de comprar, ele errou o endereço de entrega e marcou 2 produtos ao invés de apenas 1. Antes dele finalizar a compra o seu *site* precisa ter uma tela que mostre a ele tudo que ele preencheu e possibilite que ele altere as informações antes de confirmar.

» Compra feita. Agora você precisa confirmar imediatamente o recebimento do pedido. Pode ser por e-mail ou outra forma eletrônica, mas é preciso que o consumidor receba uma mensagem dizendo exatamente o que ele adquiriu.

» Também é preciso disponibilizar o contrato ao consumidor (pode ser enviado por e-mail, baixado no *site* etc.), de forma que ele possa guardar o documento no computador dele.

Como dissemos, o atendimento precisa ser facilitado. Isso significa que o fornecedor deve manter um serviço adequado e eficaz de atendimento eletrônico, que possibilite ao consumidor obter informações, tirar dúvidas, reclamar e resolver problemas, além de suspender ou cancelar o contrato, tudo dentro do próprio *site*/aplicativo.

Provavelmente você já entrou em contato com alguma empresa pela internet e logo recebeu um e-mail dizendo que o seu pedido seria analisado. Isso acontece porque é uma regra do comércio eletrônico que o consumidor deve receber a confirmação imediata de que a mensagem foi recebida.

O prazo para que o fornecedor responda ao pedido do consumidor é de 5 dias.

Como estamos falando de compras que não são feitas num local físico, você já sabe que o consumidor tem direito de se arrepender da compra, independentemente de o produto/serviço ter algum vício/defeito. Isso está no artigo 49 do CDC e o prazo para que o consumidor informe ao fornecedor que quer desistir da compra é de até 7 dias depois do recebimento do produto/serviço. Por isso o fornecedor deve:

» Informar, de forma clara e visível, como o consumidor deve fazer para usufruir do seu direito de arrependimento.

» Certificar-se que o *site* em que o consumidor fez a compra também permita que ele manifeste sua desistência.

» Garantir que o consumidor não tenha nenhum custo para exercer o direito de arrependimento, inclusive com a devolução do produto.

» Se o consumidor exercer o direito de arrependimento, todos os contratos relacionados à compra também devem ser cancelados, inclusive garantias estendidas e outros acessórios.

» Comunicar ao banco ou à administradora do cartão de crédito para que a transação não seja lançada na fatura do consumidor ou, se o lançamento já aconteceu, seja feito o estorno do valor.

» Enviar ao consumidor a confirmação imediata do recebimento da manifestação de arrependimento.

Veja que não seria preciso que tudo o que dissemos aqui fosse obrigatório para que você siga essas recomendações. Hoje em dia, os consumidores mais conscientes sobre as compras na internet se preocupam muito em só comprar de fornecedores que demonstrem ser totalmente confiáveis e, por isso, cumprir todos os requisitos que você aprendeu aqui também é uma forma de aumentar suas vendas.

Mesmo assim, se o seu *site*, aplicativo ou anúncio na internet violar alguma dessas regras, você pode vir a ser multado. Aqui estão algumas coisas que geram as principais multas:

» Utilizar letras muito pequenas ou ilegíveis.

» Expor preços com as cores das letras e do fundo idênticas ou semelhante, dificultando a visualização.

» Utilizar letras ou números apagados, rasurados ou borrados.

» Informar preços apenas em parcelas, sem dizer qual o valor total a ser pago.

» Informar preços em moeda estrangeira sem destacar o valor em reais.

Agora você já sabe tudo que é preciso para comprar de forma segura na internet e também para abrir o seu negócio on-line sem correr riscos desnecessários e sem ser surpreendido com multas e indenizações.

AONDE DEVO IR PARA RESOLVER UM PROBLEMA DE CONSUMO?

Sites De Reclamação

Hoje em dia nós já podemos fazer reclamações na internet sobre problemas que tivemos com empresas. Existem *sites* especializados nisso em que você pode entrar e conferir se um fornecedor tem muitas reclamações antes de comprar o produto dele.

A grande vantagem de fazer uma reclamação na internet é que todas as outras pessoas poderão ver. Isso faz com que as empresas tenham o interesse de resolver o seu problema o mais rápido possível para não ficarem mal faladas.

Acontece que fazer uma reclamação nesses *sites* não te dá nenhuma garantia de que seu problema será resolvido. A empresa não tem nenhuma obrigação de resolver ou mesmo de responder à sua reclamação.

O mais famoso desses *sites* é o Reclame Aqui. Você provavelmente já deve conhecer: www.reclameaqui.com.br.

O que você não deve saber é que é possível fazer uma reclamação diretamente pelo WhatsApp. É a forma mais rápida e fácil. Você só precisa de um celular Android ou Apple com o WhatsApp instalado. Veja o passo a passo:

Passo 1 – Abra o telefone do seu celular. Digite o número de telefone 11 97062 2753 e adicione aos seus contatos com o nome Reclame Aqui.

Passo 2 – Abra o WhatsApp e inicie uma conversa com o contato do Reclame Aqui. Comece a conversa com a frase: Quero fazer uma reclamação. O sistema vai te responder e pedir para que você digite o nome da empresa que quer reclamar. Depois escolha a opção na lista e, se necessário, digite seu CPF e número do pedido.

Passo 3 – O Reclame Aqui pedirá que você digite um título para a sua reclamação. Pode ser algo como: "cobrança indevida", "cortaram minha linha telefônica", ou qualquer outro que você quiser. Depois você poderá descrever com mais detalhes qual foi o problema que você teve e qual solução espera da empresa. Observe que a sua reclamação será divulgada na internet, então não coloque seus dados pessoais. Por fim, o Reclame Aqui fará um resumo da sua reclamação; digite 1 para confirmar.

Passo 4 – O Reclame Aqui vai te mandar um link. Toque nele para abrir sua conta no *site* e publicar sua reclamação. Se você não tiver uma conta, basta se cadastrar.

Site Consumidor.Gov

O *site* Consumidor.gov é um *site* que se parece com o Reclame Aqui, mas é administrado pelo Governo Federal: www.consumidor.gov.br.

Para que você consiga utilizar o Consumidor.gov é necessário que a empresa da qual você quer reclamar esteja cadastrada no *site*. Se você não encontrar esse fornecedor, pode usar o *site* para sugerir que ele se cadastre na plataforma, mas isso ficará a critério dele.

A grande vantagem do Consumidor.gov é que, se a empresa estiver cadastrada no *site*, ela recebe diretamente a sua reclamação e pode resolver o problema pela internet, sem que você precise sair da sua casa. A partir daí a empresa tem até 10 dias para dar uma resposta.

Depois da resposta você tem 20 dias para avaliar o atendimento. Pode marcar se sua reclamação foi "Resolvida" ou "Não Resolvida" e pode indicar quanto você ficou satisfeito numa escala de 1 a 5.

Mais uma vez eu preciso dizer que, mesmo sendo um *site* governamental, o Consumidor.gov não tem nenhum poder para obrigar o fornecedor a resolver o problema. Mesmo assim, os juízes veem com bons olhos quando você busca essa forma de solução antes de procurar a Justiça.

PROCON

Procon significa: Programa de Proteção e Defesa do Consumidor. O Procon é um órgão público, que pode ser municipal e/ou estadual, que tem o objetivo de fiscalizar as empresas que fornecem produtos e serviços no mercado.

Acontece que a maioria das pessoas não sabe que a principal função do Procon não é resolver o seu problema individual. O maior objetivo do Procon é fiscalizar problemas coletivos, ou seja, práticas comerciais nocivas, fraudulentas e enganosas que possam afetar toda a sociedade ou um grande número de pessoas.

A principal preocupação do Procon é resolver coisas graves como supermercados vendendo produtos fora da data de validade, medicamentos adulterados, fraudes bancárias feitas contra muitas pessoas, consumidores lesionados ou até mortos por causa de produtos defeituosos etc. Não é prioridade para o Procon saber se você comprou uma geladeira com defeito ou se cortaram sua linha telefônica.

No caso de problemas graves ou que afetem muitas pessoas, o Procon poderá multar a empresa ou até restringir o funcionamento dela.

Por outro lado, quando você vai ao Procon para reclamar de um problema individual o máximo que eles podem fazer é enviar uma carta repassando sua reclamação à empresa. Se o problema não for resolvido pelo correio, você e um representante da empresa serão convidados a comparecer a uma audiência de conciliação em que vocês poderão tentar uma negociação.

Observe que, mais uma vez, a empresa não é obrigada a responder à sua reclamação, não é obrigada nem mesmo a comparecer à essa audiência. Isso mesmo! Muitas pessoas acham que serão punidas se não comparecerem quando são chamadas ao Procon, mas isso não é verdade.

Não estou dizendo que o seu problema não vai ser resolvido no Procon. Pode ser que você dê sorte e a empresa tenha boa vontade para fazer um acordo e solucionar a questão. Mas você pode acabar perdendo muito tempo para chegar no final sem uma resposta satisfatória.

Imagine que você precisa sair de casa e enfrentar uma fila para ser atendido e registrar sua reclamação, depois você precisará tirar outro dia para ir a uma audiência sem saber se a empresa vai comparecer e, mesmo que ela compareça, esse sacrifício pode não dar em nada.

Alguns Procons têm *sites* em que você consegue registrar sua reclamação pela internet, mas, mesmo assim, ainda pode ser que você tenha que reservar um tempo para ir à audiência.

Veja que, se sua reclamação não for solucionada, você precisará entrar na Justiça para conseguir o que deseja. Assim que você abrir seu processo judicial será marcada uma audiência de conciliação e nela todos são obrigados a comparecer. Pense na perda de tempo em participar de uma audiência no Procon e outra na Justiça.

Minha recomendação é que você evite ir ao Procon, a não ser que queira denunciar um problema coletivo. Procure resolver seus problemas por meio dos *sites* de reclamação ou entrando em contato com a própria empresa.

Se nada der certo e você quiser usar o serviço do Procon, tente registrar sua reclamação pela internet. Esteja com todos os documentos que possam provar que você é cliente daquela empresa e que o problema aconteceu, além dos seus documentos pessoais.

Mas se você quer saber a forma definitiva de resolver um problema, vamos falar dela agora.

A Justiça (Juizados Especiais)

O último recurso para resolver qualquer problema é levá-lo ao Poder Judiciário. É lá que estão os juízes que, por lei, têm a última palavra sobre quem está certo e quem está errado numa disputa.

Agora a empresa não pode se recusar a comparecer e deve obedecer exatamente ao que o juiz ordenar.

Se você já tiver tentado resolver o problema por meio da internet ou ido ao Procon, pode usar os documentos que foram gerados nesses locais como forma de reforçar as provas do seu processo judicial, mas nada impede que você vá direto ao Poder Judiciário.

Mais especificamente, o local a que você deverá recorrer na maioria das vezes será o Juizado Especial (antigo Juizado de Pequenas Causas). Lá você pode abrir um processo gratuitamente e sem advogado, ou seja, você não tem custo nenhum e terá uma resposta definitiva!

E é exatamente sobre eles que iremos conversar no próximo capítulo.

CAPÍTULO 2

COMO OS JUIZADOS FUNCIONAM

JÁ SEI QUE TENHO DIREITOS! COMO FAÇO PARA EXIGIR QUE SEJAM CUMPRIDOS?

Para saber como fazer valer nossos direitos, vamos começar aprendendo o funcionamento dos juizados de pequenas causas, chamados pela lei de Juizados Especiais Cíveis.

O que veremos neste capítulo é o passo a passo de todo o processo que acontece nos juizados, desde o pedido que você vai fazer até o momento final em que você obtém (ou não) o que queria. Então, tudo que for dito aqui também valerá para os próximos capítulos do livro, em que falaremos sobre vários direitos que você tem e te ensinaremos a ir à Justiça se eles forem desrespeitados.

O primeiro ponto que quero que você tenha em mente é que, nos juizados, algumas regras podem ser flexibilizadas pelo juiz, desde que isso não prejudique ninguém. Ele pode mudar um pouco o passo a passo do processo se achar que isso vai trazer uma solução mais rápida ou mais justa, mas você não será pego de surpresa se souber as linhas gerais ensinadas aqui.

A segunda coisa que não podemos perder de vista: por mais justa que seja sua causa, por mais clara que a lei seja sobre seu direito, é impossível dizer que você tem uma "causa ganha". Isso não existe. Por isso você sempre deve trabalhar com probabilidades (veja o Epílogo do livro para mais detalhes).

CERTO! MAS O QUE SÃO OS JUIZADOS, AFINAL?

Os juizados de pequenas causas, ou Juizados Especiais Cíveis, são órgãos da Justiça que foram criados pela Lei n.º 9.099, de 26 de setembro de 1995, para receber as questões mais simples e com valor menor, aquelas questões que não precisam passar por um processo todo complexo e cheio de recursos para chegar a uma solução justa.

A intenção é que as pessoas, inclusive as de baixa renda, consigam resolver seus problemas de forma fácil, rápida e barata. Infelizmente pouca gente sabe como usar isso a seu favor até hoje.

Você pode conferir essa lei na íntegra pela internet, mas fique despreocupado pois tudo o que é relevante já está aqui no livro.

Você vai notar que a lei também fala em juizados criminais, mas não vamos estudá-los neste curso porque, infelizmente, neles as pessoas são obrigadas a contratar advogado.

O QUE É UM PROCESSO E COMO ELE FUNCIONA NOS JUIZADOS?

Nós já falamos muito aqui sobre abrir um processo, acompanhar um processo, ganhar uma causa etc. Deixe-me explicar o que isso significa.

Imagine que existe um caderno em que você escreve que alguém te causou um prejuízo. Você entrega esse caderno a alguém que não tem nenhuma ligação com nenhum dos dois envolvidos para que ele diga quem tem razão. Esse é o juiz.

Logo em seguida ele leva esse caderno àquela pessoa que você acusou. Ela escreve na página seguinte: "eu não fiz nada de errado". O juiz devolve o caderno para você, que escreve: "fez sim e eu vou provar. Senhor juiz, fale com o José, que viu tudo e vai confirmar".

O juiz vai até o José e escreve no caderno tudo o que ele falou, depois se senta em sua cadeira, relê tudo e, finalmente, escreve que você tinha razão e que seu prejuízo vai ter que ser ressarcido.

Se a pessoa que te prejudicou cumprir a decisão do juiz por conta própria, tudo se resolve e o processo acaba. Se não, o juiz vai forçá-la a cumprir, inclusive podendo mandar o banco bloquear dinheiro da conta dela e repassar a você.

Isso é um processo: um diálogo que você tem com o juiz, pedindo para que ele corrija alguma injustiça. Ele não escutará apenas a sua versão, mas vai ouvir a defesa da outra parte também. Você não pode apenas falar, mas tem que provar suas acusações. No fim, ou o juiz diz que você não tem direito ou reconhece que você está certo e obriga aquele indivíduo a corrigir o erro.

Hoje em dia, a maioria dos processos no Brasil é digital e não existe um caderno físico que você possa tocar, mas a lógica ainda é a mesma.

Em todo processo tem uma causa. A sua causa é justamente o seu direito, aquilo que você quer obter com o processo. Você deve explicar a sua causa – contar o que aconteceu e dizer o que você quer – para que o juiz possa analisar e decidir se concede ou não o seu pedido. A causa também pode ser chamada de ação.

Tenho certeza de que você já ouviu alguém dizer que ia "entrar com uma ação contra Fulano". É exatamente isso: entrar com uma ação significa abrir um processo na Justiça pedindo que alguma coisa seja feita para resolver um problema, para devolver um direito que foi desrespeitado. Lembre-se disso sempre que ouvir essas palavras daqui para frente.

"Entendi, mas qual a diferença entre um processo comum e um processo no juizado?"

Olhe o que diz a nossa Lei 9.099:

> Art. 2.º O processo orientar-se-á pelos critérios da oralidade, simplicidade, informalidade, economia processual e celeridade, buscando, sempre que possível, a conciliação ou a transação.

O que ela quer dizer é que:

» Os processos nos juizados são mais simples e não têm muita formalidade, indo direto ao ponto; já os processos comuns são cheios de caminhos complicados, armadilhas para desavisados e formalidades que até advogados experientes têm dificuldade de cumprir. Por isso você pode tranquilamente entrar com um processo no juizado mas a lei não te permite entrar na Justiça comum.

» Nos processos comuns tudo tem que ser feito por escrito, mas no juizado você pode fazer seu pedido até oralmente, basta ir até a secretaria e solicitar que seja registrado.

» Os juizados são muito mais econômicos, não têm uma infinidade de taxas e de gastos que você teria com um processo comum. É gratuito, para ser mais preciso. São mais econômicos até para os cofres públicos.

» Por ser mais simples, informal e econômico, o processo no juizado tende a ser muito mais rápido, até porque não tem aquele amontoado de recursos de um processo comum.

» O acordo é muito priorizado nos juizados, tanto que, às vezes, você até pode se sentir forçado a aceitar uma proposta. Não se intimide, é direito seu ir com o processo até o fim. Mesmo assim, fazer acordos pode ser muito vantajoso se você tem liberdade para negociar sem se preocupar em pagar um advogado.

QUEM SÃO E O QUE FAZEM AS PESSOAS QUE TRABALHAM EM UM JUIZADO?

Quando você for entrar com um processo no juizado vai ser atendido por algumas pessoas que te ajudarão a alcançar seu objetivo. Eu te apresento:

» Secretário ou escrivão – em alguns lugares ele vai ser chamado de secretário, em outros de escrivão, mas a função é a mesma: ele é quem organiza todo o funcionamento do juizado, confere se as coisas estão correndo em dia e se os processos estão em ordem. Ele também organiza a fila de processos que serão analisados pelo juiz. Então, se você tem alguma dúvida, se você precisa anexar algum documento ou se o seu processo está demorando, é ele que pode te auxiliar.

» Servidores e estagiários – muitas vezes eles são as primeiras pessoas que vão te atender e provavelmente já serão capazes de te ajudar com a maioria das dúvidas.

» Juiz – o juiz é uma pessoa que tem formação em Direito e passou em um concurso público. A função dele é decidir as principais questões do processo e dizer, no final, quem tem razão e o que deve ser feito. No Brasil é costume chamar o juiz de "Vossa Excelência" ou "Doutor" como uma forma de demonstrar respeito. Quando abrir um processo você não terá muito contato com ele; provavelmente só vai vê-lo no dia da segunda audiência. Mas você pode pedir para ser atendido pelo juiz se precisar falar com ele, basta pedir ao secretário para agendar um horário.

» Conciliadores – na primeira audiência, que é o momento para tentar a conciliação, você e a outra parte vão se sentar numa mesa com um conciliador. Ele é uma pessoa treinada para facilitar o diálogo e tentar conseguir que um acordo seja feito. Lembre-se que você não é obrigado a fazer acordo, mas sempre analise bem a possibilidade de resolver tudo de uma vez.

COMO É O LOCAL ONDE FUNCIONA UM JUIZADO?

Não existe uma regra para isso, mas normalmente todos têm características bem parecidas.

Você pode encontrar Juizados Especiais Cíveis no Fórum da sua cidade e, no caso das cidades maiores, eles costumam ficar distribuídos mais próximos aos bairros para que estejam mais acessíveis à população. É fácil encontrar na internet o endereço e o telefone do juizado que esteja mais perto de você.

Quando chegamos num juizado a primeira coisa que vemos é a secretaria. Ela é feita para atender ao público, então pode ter um balcão em que você conversa com o secretário ou um servidor.

Ao lado da secretaria nós normalmente temos uma sala de audiências. No dia que você tiver que comparecer a uma audiência você pode ficar sentado próximo à porta aguardando ser chamado; um cronograma com os horários das audiências do dia vai estar fixado ali se precisar conferir.

Numa outra sala fica o gabinete do juiz, o local onde ele trabalha. Se você tiver um horário agendado com ele, será recebido ali.

QUAIS CAUSAS EU POSSO LEVAR AOS JUIZADOS?

Bem, se você quer entrar com um processo nos Juizados Especiais Cíveis, precisa ter em mente que sua causa tem que se enquadrar em três condições:

1. A sua causa deve ser cível

"E o que significa cível, oras?"

Cível é um adjetivo que vem de "civil", tudo aquilo que é comum na vida cotidiana e na convivência entre as pessoas, comprar e vender, emprestar, prestar um serviço, alugar uma casa etc.

Cível também pode ser entendido como tudo que fazemos quando nos relacionamos com outras pessoas e que não seja um crime. Por exemplo: se uma pessoa compra certo produto mas fica devendo algumas parcelas nós temos um problema cível, mas se essa mesma pessoa rouba aquele produto o problema é criminal, mais sério.

"E como eu sei, na prática, se um problema é cível para que eu possa ir ao juizado?"

Você vai saber disso pelo que você espera receber da Justiça. Se o que você quer é que alguém seja obrigado a te pagar ou a fazer alguma coisa, ou mesmo a parar de fazer alguma coisa que te incomoda, é uma causa que pode ser levada aos juizados. Por outro lado, se o que você quer é que aquela pessoa seja punida com cadeia, serviços comunitários ou dando sextas básicas por ter cometido um crime, isso não é uma questão para ser levada aos juizados cíveis; o que você faz nesse caso é ir até a polícia e registrar a ocorrência para que eles tomem providências.

Vamos imaginar que Fulano estava dirigindo bêbado e bateu no carro de Beltrano. Sabemos que dirigir bêbado é um crime, mas, além disso, o Beltrano teve um prejuízo por isso. Se o Fulano vai ser preso ou não é uma coisa que não cabe ao Beltrano; o que ele pode e deve fazer é comunicar o fato à delegacia. Outra coisa totalmente diferente é o direito que o Beltrano tem de ser ressarcido pelo estrago, e isso ele pode resolver diretamente nos juizados.

Nem todas as coisas que te causam prejuízo são consideradas crimes, mas todo prejuízo que você tiver pode ser resolvido pelos juizados, mesmo que seja um caso de polícia. Inclusive, se você foi vítima de um crime, recomendo fazer imediatamente o Boletim de Ocorrência para anexar ao seu processo de indenização.

2. A sua causa deve ser simples

A segunda condição para que uma causa possa ir aos juizados é que ela seja de pouca complexidade. Certo, mas o que é complexo para você pode não ser para mim. Isso é verdade, então o que vai definir o que é complexo ou não é a cabeça do juiz do juizado onde você abre um processo.

Na prática, o jeito de saber se uma causa é complexa ou não é descobrir se vamos precisar de algum profissional com conhecimentos específicos (um perito) para analisar o que está sendo discutido. A perícia, portanto, é o trabalho desse profissional que explica para o juiz a visão científica do que aconteceu.

Então, se a causa precisar de uma perícia, se o juiz não for capaz de entender o que aconteceu sozinho, teremos um caso muito complexo para o juizado, que não tem estrutura para processar essas questões mais difíceis.

Veja alguns exemplos de causas complexas:

» Cálculos complexos – em alguns casos você precisará de um contador ou de um economista, como quando há uma discussão envolvendo as várias trocas de moedas que tivemos no Brasil há algumas décadas e as partes não estão de acordo sobre quanto o dinheiro passou a valer desde então.

» Perícia grafotécnica ou documental – às vezes alguém pode questionar se uma assinatura foi mesmo feita pela pessoa que dizem ter feito ou se algum documento foi falsificado. Um perito grafotécnico ou um perito documental podem responder essas dúvidas. Aqui vale abrir um parêntese: se você está fazendo um contrato, pegando um recibo ou qualquer outra coisa que precise de assinatura, você pode pedir em um cartório o reconhecimento de firma, ou seja, que o cartório confirme que aquela assinatura é mesmo da pessoa. Isso previne que ela diga futuramente que não assinou nada.

» Perícias de engenharia – questões relacionadas à estrutura de prédios ou outros conhecimentos que só um engenheiro possui.

» Causas que precisem de avaliação médica – lesões ou doenças graves, erros médicos, ferimentos que deixam sequelas são casos em que o juiz vai precisar da ajuda de um médico perito para saber exatamente como e o que realmente aconteceu. Portanto, essas não são causas para os juizados.

Uma grande exceção à essa regra são as causas contra o INSS. Os juizados federais já são especialmente preparados para fazer perícias médicas de pessoas que querem se aposentar por invalidez, pedir auxílio-doença ou outro tipo de benefício que o INSS negou. Assim, mesmo que seja necessária uma avaliação médica, você pode levar uma causa contra o INSS ao juizado federal, aliás, o tipo de ação que eles mais processam é esse.

A outra exceção é a possibilidade de o juiz aceitar que pequenas avaliações técnicas sejam feitas. Por exemplo: se um prestador de serviços vai instalar um ar-condicionado e liga os fios de forma errada, queimando o aparelho, qualquer outro técnico que conheça um ar-condicionado vai saber apontar o erro sem dificuldade. Essa é uma situação em que o juiz pode permitir que um técnico em ar-condicionado faça uma vistoria sem que isso faça a causa deixar de ser simples.

Nós já colocamos aqui algumas situações em que você não vai poder recorrer ao juizado. Para facilitar mais ainda, logo adiante vamos fazer uma lista de várias situações que são claramente aceitas nos juizados e que vão englobar praticamente tudo que você pode vir a precisar.

3. A sua causa deve ter valor de até 20 salários mínimos

A terceira condição é o valor da sua causa. Você poderá abrir um processo no juizado se a sua causa for cível, de pouca complexidade e não for maior do que 20 salários mínimos.

No ano de 2019 o salário mínimo foi de R$ 998,00. Isso significa que, naquele ano, o limite de valor para que uma pessoa entrasse com uma ação no Juizado Especial Cível sem advogado foi de R$ 19.960,00.

"Ok, e como eu sei qual é o valor da minha causa?"

Vamos resumir isso em seis regras simples:

REGRA 1 – Se você está pedindo uma indenização, o valor da causa será o valor do prejuízo que você teve

Começamos por um dos exemplos mais comuns, uma situação que todos conhecem. Pedir uma indenização nada mais é que pedir que o juiz mande a outra parte ressarcir um prejuízo que tenha causado a você. Indenizar significa corrigir um dano.

Você pede indenização se, por exemplo, alguém bate no seu carro, te causa um ferimento, danifica uma parede da sua casa, se uma empresa te faz pagar por uma dívida que não existia, se a rede de energia cai e faz seus eletrodomésticos queimarem etc. Temos uma série de situações em que danos podem ser resolvidos nos juizados.

Além disso, você também pode pedir indenização se alguém te ofende, espalha alguma mentira que te prejudique, negativa seu nome sem que você esteja devendo etc. Nessas situações nós temos o chamado dano moral e isso também dá direito à indenização.

Nós teremos um capítulo inteiro só sobre indenizações e como calcular o prejuízo que será ressarcido. O que você precisa ter em mente agora é que, no caso de uma ação indenizatória, o valor da causa é igual ao valor do dano.

REGRA 2 – Se o que você quer é que alguém faça ou deixe de fazer alguma coisa a você, o valor da causa é igual ao valor do comportamento que você espera da outra pessoa

Essa é uma situação bem abrangente, envolve todos os tipos de relações que você tenha com outras pessoas, com empresas e até mesmo com o governo. Vamos colocar alguns exemplos para ilustrar.

Imagine que você contratou um pedreiro para reformar o seu quarto e construir uma dispensa nos fundos da casa. Tudo ficou por R$ 15.000,00, 5 mil para a reforma e 10 mil para a construção da dispensa. Agora suponha que, poucos dias depois de o serviço ter terminado, as paredes da dispensa desmoronaram. Para obrigar o pedreiro a construir tudo de novo de maneira correta será preciso entrar no juizado e o valor dessa causa vai ser de 10 mil reais.

Pense agora que você recebeu uma multa de trânsito, mas nunca passou por aquele lugar onde disseram que você cometeu a infração. Para entrar com uma ação contra o governo e obrigá-lo a cancelar essa multa o valor da causa será igual ao da multa.

Outra possibilidade bem comum: chega na sua casa uma conta de um cartão de crédito que você nunca usou e, quando você liga na empresa, dizem que o cartão está sendo usado há vários meses. A melhor forma de acabar com esse transtorno é entrar com um processo para obrigar a empresa a anular essa dívida e o valor da causa será igual ao valor da dívida que estão te cobrando.

Fácil, não é? Vamos complicar um pouco.

Às vezes você pode se deparar com uma situação em que não exista um valor claro para o que você quer. Suponha que você quer que o seu vizinho pare de ligar o som alto todas as madrugadas, que certa empresa de telemarketing pare de te ligar ininterruptamente ou que a Prefeitura corte um galho de uma árvore que está quase caindo na cabeça das pessoas que passam na sua rua. Nada disso tem um valor certo.

Mesmo assim você não pode deixar de colocar um valor para a causa. Em situações como essas nós podemos pôr um valor simbólico. Por exemplo: poderíamos colocar o valor de R$ 1.000,00 para todas as causas que acabei de mencionar. Isso não vai interferir no resultado do processo.

REGRA 3 – Se você quer cobrar uma dívida, o valor da causa é o valor dessa dívida

Essa regra é a mais fácil e mais intuitiva. Vamos nos aprofundar na cobrança de dívidas no Capítulo 4.

REGRA 4 – Se você está cobrando uma dívida que foi parcelada, o valor da causa vai ser a soma de todas as parcelas que já venceram sem serem pagas mais o valor de até 12 parcelas que ainda não venceram

Complicado? Deixe-me dar um exemplo para facilitar:

Vamos supor que você emprestou R$ 2.400,00 ao seu cunhado e ficou combinado que ele te pagaria em 24 parcelas mensais de R$ 100,00. Se o seu cunhado nunca te pagou nada durante esses 24 meses e agora você quer fazer uma cobrança, o valor da causa vai ser simplesmente a soma das 24 parcelas, ou seja, R$ 2.400,00.

Mas agora vamos imaginar que o seu cunhado pagou certinho durante 6 meses e parou de pagar a partir daí. Quando já tinha passado 3 meses sem receber nada, você conversa com ele e ele diz que não vai mais pagar. Nesse caso, para receber você vai precisar entrar no juizado e o valor da causa vai ser a soma das 3 parcelas que já estão vencidas mais as próximas 12 parcelas que ainda vão vencer.

Dessa forma, o valor dessa ação de cobrança é de R$ 1.500,00 (R$ 300,00 das 3 prestações vencidas mais R$ 1.200,00 das próximas 12 parcelas).

Você deve estar se perguntando por que usamos o número 12 se ainda faltavam 15 parcelas a serem pagas. Essa é uma regra que está na lei que diz respeito somente ao valor da causa; a lei diz que, mesmo que tenham mais parcelas a serem cobradas futuramente, o cálculo do valor da causa vai levar em conta só as próximas 12, o que corresponde a um ano de prestações. Nada impede que a nossa cobrança englobe também aquelas últimas parcelas que foram além das 12 usadas para saber o valor da causa.

No exemplo, embora o valor da nossa causa seja de R$ 1.500,00, cobraremos R$ 1.800,00, isto é, R$ 300,00, que já estavam vencidos mais R$ 1.500,00 que ainda vão vencer.

O que eu quero dizer é que o valor da causa pode ser diferente do valor da cobrança. A única função do valor da causa é saber se nossa ação pode ou não ser levada ao juizado.

Vamos ver uma situação diferente: dessa vez o seu cunhado pagou 15 meses sem falta, não pagou o 16.º, depois pagou o 17.º e no 18.º disse que não pagaria mais nada. Qual seria o valor dessa causa de cobrança?

Sabemos que os meses que ele já pagou não nos interessam. Temos a 16.ª e a 18.ª que já venceram e mais 6 que ainda vão vencer. Observe que não temos 12 parcelas no futuro, mas só 6, por isso o valor da causa só vai levar em consideração essas seis. Você não vai colocar 12 se não tiver 12 prestações próximas; você coloca a quantidade que tiver.

Então o valor dessa causa vai ser de R$ 800,00 (2 parcelas vencidas mais as próximas 6). Veja que nesse caso o valor da causa é o mesmo valor da nossa cobrança.

Essa regra também vale para outras obrigações que não sejam de pagar uma quantia em dinheiro. Imagine que, em vez de emprestar, você deu ao seu cunhado R$ 2.400,00 para que ele cuidasse do seu jardim uma vez por mês durante 24 meses. A lógica é a mesma.

REGRA 5 – Se você faz mais de um pedido e dá a opção para que o juiz escolha o que considerar mais justo, o valor da causa será igual ao do pedido de maior valor

A quinta e a sexta regras referem-se aos casos em que você faz mais de um pedido no mesmo processo. Isso é possível, desde que eles estejam relacionados à mesma situação, aos mesmos acontecimentos.

Aqui você pode fazer mais de um pedido e colocar como alternativa para que o juiz decida a qual deles vai atender. É como se você dissesse "eu quero isso ou aquilo".

Vamos voltar àquele exemplo do pedreiro que te cobrou 10 mil reais para construir uma dispensa nos fundos da casa mas as paredes desmoronaram poucos dias depois. Suponha que você gastou 2 mil reais com materiais de construção.

Você tem duas opções: ou pede ao juiz que mande o pedreiro refazer toda a obra, ou pede que ele seja obrigado a te ressarcir os prejuízos, inclusive o que gastou com materiais de construção. Mas você pode deixar que o juiz escolha, fazendo os dois pedidos e dizendo que quer uma ou outra coisa. O valor da causa será de 12 mil reais, que seria o valor do pedido de ressarcimento (10 mil do serviço mais 2 mil dos materiais).

REGRA 6 – Se você quer pedir duas ou mais coisas ao mesmo tempo, o valor da causa será a soma de todos os pedidos

Como já disse na regra anterior, para que você possa pedir mais de uma coisa no mesmo processo é preciso que esses pedidos estejam relacionados aos mesmos acontecimentos.

Lembra-se da situação em que você emprestou dinheiro ao seu cunhado? Pedir esse dinheiro de volta e pedir, no mesmo processo, que o seu cunhado te indenize por ter batido no seu carro não é possível. Você vai precisar abrir dois processos diferentes para abordar cada uma dessas causas.

Vamos ver uma situação em que pedir duas coisas juntas é extremamente comum:

Quando ocorre um acidente de trânsito pode acontecer das partes envolvidas brigarem, se xingarem e se ofenderem por causa disso. Assim, quem se sente lesado entra na Justiça e pede indenização por danos materiais (os estragos no carro) e por danos morais (as ofensas).

Então, se num caso desses o prejuízo com o carro foi de 3 mil reais e a pessoa quer receber 5 mil pelos danos morais, o valor da causa será de R$ 8.000,00.

Essas são as seis regras para sabermos qual é o valor da causa.

"O que acontece se eu descobrir que minha causa tem valor maior que 20 salários mínimos?"

Você já sabe que sua causa precisará estar abaixo de 20 salários mínimos para poder ser levada a um juizado sem precisar de advogado. Se o valor ultrapassar esse limite, temos duas opções: contratar um advogado ou desistir de uma parte desse valor. Isso se chama renúncia.

Se temos uma causa que vale 22 mil reais e sabemos que os advogados cobram em média 30% disso, ou seja, R$ 6.600,00, é melhor desistir de R$ 2.040,00 para que a causa fique dentro do limite de R$ 19.960,00 (20 salários mínimos em 2019).

Para renunciar você pode dizer no processo que está abrindo mão de uma parte do pedido ou simplesmente fazer o pedido já desconsiderando o valor que ultrapassar a barreira dos 20 salários.

EXEMPLOS DE CAUSAS QUE SÃO ACEITAS NOS JUIZADOS

Esta lista é para que você encontre com facilidade se uma causa pode ir ao juizado. Se a sua causa não está nela, não significa automaticamente que ela não será aceita, basta aplicar as condições que já explicamos para descobrir. Lembre-se, nenhuma delas pode ultrapassar 20 salários mínimos.

1. Cobranças em geral (ver Capítulos 4 e 6)

    1.1. de honorários dos profissionais liberais (contadores, terapeutas, médicos, arquitetos, administradores etc.)

1.2. de produtos e serviços não pagos

1.3. de aluguéis

1.4. de empréstimo de dinheiro

1.5. de taxas de condomínio

2. Danos materiais (ver Capítulos 1 e 3)

2.1. ressarcimento por acidente de trânsito

2.2. ressarcimento por danos em edificações (infiltrações, telhado quebrado, muros e paredes danificados etc.)

2.3. ressarcimento por valores cobrados indevidamente

2.4. ressarcimento por danos causados por produtos ou serviços defeituosos

2.5. ressarcimento por danos causados por queda no fornecimento de energia ou água

2.6. ressarcimento por fraudes em cartão de crédito

3. Danos morais (ver Capítulos 1 e 3)

3.1. indenização por ofensas pessoais, em público ou em redes sociais

3.2. indenização por mau atendimento em estabelecimentos comerciais ou call center (funcionários grosseiros ou tentativa de ludibriar o cliente)

3.3. indenização por negativação indevida do nome do cliente

3.4. indenização por perda de voo ou bagagem extraviada

3.5. indenização por consumo de alimentos vencidos, contaminados ou que contenham corpo estranho

3.6. indenização por espera excessiva em fila de banco

3.7. indenização por cobranças feitas de maneira abusiva (ligações várias vezes ao dia, ligações para pessoas da família, cobrança em público)

4. Cancelamento e redução de dívidas (ver Capítulo 5)

4.1. por erro na cobrança (cobrança a maior, cobrança de serviços não prestados etc.)

4.2. por já terem sido quitadas

4.3. por juros abusivos

4.4. por prescrição

5. Pedidos para que alguém faça ou deixe de fazer alguma coisa

5.1. devolução, troca ou conserto de produtos defeituosos

5.2. prestação correta de serviços contratados

5.3. cancelamento de serviços (contas bancárias, serviços de telefonia e internet etc.)

5.4. para que vizinhos obedeçam aos limites de barulho permitido

5.5. para que o vendedor transfira o documento do veículo ao comprador

6. A ação de despejo para uso próprio

* A lei só permite que você abra um processo de despejo no juizado se quiser retomar a casa para uso próprio, ou seja, sem um advogado você não poderá pedir o despejo do seu inquilino se quiser alugar o imóvel para alguém que não seja da sua família.

CAUSAS QUE NÃO SÃO ACEITAS NOS JUIZADOS

Agora que você já sabe o que pode ser levado aos juizados, vamos ver o que não pode de jeito nenhum, mesmo que seja uma causa sem complexidade e de valor baixo.

1. Causas de família – todas as questões relacionadas a casamento, união estável e divórcio, guarda de filhos, alimentos, adoção etc. Da mesma forma as questões sobre a herança.

2. Causas trabalhistas – aqui nós temos tudo o que envolve a relação entre um empregado e seu empregador. Para esse tipo de causa existe a Justiça do Trabalho e nós teremos o Capítulo 8 inteiro para conversar sobre o passo a passo de como recorrer a ela sem precisar de advogado.

3. Causas contra o governo – as questões que envolvem o governo devem ser levadas a órgãos próprios para isso. No Capítulo 7 vamos falar especificamente dos juizados do governo e em que eles são diferentes dos juizados cíveis.

ONDE DEVO ABRIR O PROCESSO?

Essa pergunta diz respeito à cidade em que você vai abrir o processo. Ela só tem relevância se você morar em uma cidade e a outra parte morar em outra. Se ambas as partes moram na mesma localidade, ou se a empresa que você pretende processar tem um estabelecimento na sua cidade, basta que você abra o processo no juizado mais próximo da sua casa ou onde for mais conveniente a você.

Por outro lado, se a outra parte não mora ou não tem um estabelecimento na sua cidade, você precisará observar três regras:

REGRA 1 – Em qualquer situação você poderá abrir o processo na cidade em que a outra parte mora ou trabalha, ou, se for uma empresa, onde tem um estabelecimento

Vamos a um exemplo: você contratou alguém para cuidar da sua casa na cidade do Rio de Janeiro; você mora em São Paulo e o caseiro mora em Niterói. Se precisar abrir um processo contra ele vai poder escolher tanto a cidade onde ele mora (Niterói) quanto a cidade onde ele trabalha (Rio de Janeiro).

REGRA 2 – Se você sofreu um dano e quer pedir indenização, pode abrir o processo na sua própria cidade ou onde o dano aconteceu

Suponha que você mora em Brasília, mas teve um acidente de carro em Salvador. Você pode escolher abrir o processo em Salvador, mas tem a opção de fazer isso perto de casa

REGRA 3 – Se você quer que alguém seja obrigado a fazer ou deixar de fazer alguma coisa, você pode abrir o processo na cidade onde essa obrigação deverá ser cumprida

Vamos imaginar que você mora em Manaus e contratou uma empresa para fazer uma festa surpresa para a sua mãe, que mora em Curitiba. Nesse caso, qualquer problema que venha desse contrato vai poder ser resolvido em Curitiba.

Como eu disse, na grande maioria dos casos você não precisa se preocupar com essas regras porque você e a outra parte moram ou trabalham na mesma cidade. Se não, a regra 1 sempre se sobressai sobre as outras, ou seja, você sempre pode abrir o processo onde a outra parte mora ou trabalha.

QUEM PODE PARTICIPAR DE UM PROCESSO NO JUIZADO?

As partes do processo são as pessoas que estão discutindo, tentando convencer o juiz sobre quem tem razão naquela disputa.

A parte que entra com o processo, que faz o pedido, que acusa alguém de ter cometido uma injustiça, é chamada de Autor ou Requerente. Já a parte que se defende é chamada de Réu ou Requerido. Daqui para frente vamos usar muito essas palavras, autor e réu, requerente e requerido. Fique atento.

A pergunta que abre esse tópico fica assim: quem pode ser autor num processo nos juizados? Vamos à resposta:

Pessoa Física

Pessoa física se refere a um indivíduo. Eu e você somos pessoas físicas. Se decidirmos ser sócios em uma empresa, nós abriremos uma pessoa jurídica.

As pessoas físicas dos sócios são diferentes das pessoas jurídicas da empresa. Se alguém quiser processar nossa empresa por uma dívida, por exemplo, vai entrar com uma ação contra a pessoa jurídica. Se outra pessoa quiser me processar por uma dívida pessoal, vai abrir o processo somente contra mim (pessoa física), e você e nossa empresa não terão nada a ver com isso.

A condição para uma pessoa física abrir um processo nos juizados, então, é que ela seja maior de 18 anos e não tenha sido considerada legalmente incapaz.

O incapaz, de acordo com a lei, é quem tem menos de 18 anos ou quem não tem condições mentais de entender as consequências dos próprios atos.

Assim, toda pessoa maior de 18 anos que seja capaz de entender as consequências dos próprios atos pode ser autor num processo nos juizados.

Pessoa Jurídica

Como os juizados são feitos para pequenas causas, não é qualquer pessoa jurídica que pode abrir um processo dessa maneira. A lei permite que dois tipos de pessoas jurídicas sejam autoras nos juizados:

» Microempreendedores individuais (MEI) – o MEI é um tipo de empresa que você consegue abrir com muita facilidade. Essa é a forma mais simples de empreender e a mais barata, com os menores impostos. Acontece que você só pode abrir um MEI se o faturamento anual não ultrapassar R$ 81.000,00.

» Microempresas e empresas de pequeno porte (ME e EPP) – essas são as empresas enquadradas no Simples Nacional. Para que a sua empresa esteja dentro dessa categoria o faturamento anual não pode passar de R$ 4.800.000,00.

Se você é proprietário de algum desses dois tipos de empresa e pretende abrir um processo no juizado, basta anexar ao seu pedido o certificado que comprova que sua empresa é um MEI, uma ME ou uma EPP.

Nos juizados essas empresas devem ser representadas pelos donos ou sócios. Isso quer dizer que o proprietário precisará comparecer pessoalmente a todas as audiências e assinar os documentos.

Quem Pode Ser Réu?

Respondemos à pergunta sobre quem pode ser autor nos juizados, mas quem pode ser réu, quem pode ser processado?

Para as pessoas físicas a regra é a mesma: o réu deve ser maior de 18 anos e legalmente capaz. Para as pessoas jurídicas a regra é mais ampla: você pode abrir um processo contra qualquer pessoa jurídica nos juizados, mesmo que seja uma empresa de grande porte.

Aqui temos uma diferença: quando a empresa é processada, os sócios ou o proprietário não precisam comparecer pessoalmente. É possível escolher uma pessoa como preposto para representá-la perante o Juizado. O preposto é uma pessoa que você indica especialmente para essa representação, dando a ele um documento chamado Carta de Preposição.

A carta de preposição é um documento simples. Basta que o sócio informe todos os seus dados pessoais, a identificação da empresa e os dados pessoais do preposto e mencione que ele é indicado para comparecer ao processo em nome da pessoa jurídica.

O preposto vai ser a voz da empresa na audiência e estará autorizado a fazer acordos, inclusive. Ele não precisa ser um empregado, basta ser uma pessoa com a Carta de Preposição.

Além do mais, como você já sabe, o governo não pode ser réu nos juizados cíveis porque existem juizados especializados para ele.

Regras Para Agir Sem Advogado

Ensinar você a agir em um processo sem a necessidade de um advogado é o ponto central deste livro. Vamos ver as regras específicas sobre isso.

Nossa Lei 9.099, no artigo 9.º, diz que pessoas físicas e jurídicas podem ser partes (autoras ou rés) num processo que corra em um juizado desde que a causa não seja de valor maior que 20 salários mínimos. Dentro desse limite nem requerente nem requerido precisam se preocupar em contratar um advogado.

Se a outra parte tiver advogado, o juiz vai perguntar se você quer contratar um e vai te oferecer ajuda profissional gratuitamente se não tiver condições de pagar. Isso quer dizer que você poderá contratar um advogado a qualquer momento mesmo que tenha começado no processo sem um. É bom ter essa informação, mas depois desse curso eu espero que você não sinta necessidade.

Lembrando que as empresas podem ser representadas por preposto, como dissemos no item anterior. O preposto também não precisa ser advogado.

Litisconsórcio! O Que É Isso?

Quando temos mais de uma pessoa como autora ou como ré no mesmo processo, chamamos isso de litisconsórcio. O litisconsórcio é permitido nos juizados, desde que exista alguma relação entre as pessoas que estão processando ou sendo processadas.

Por exemplo: vamos supor que houve uma queda de energia em um bairro e várias pessoas tiveram prejuízos com eletrodomésticos queimados. Todas essas pessoas poderão se juntar e abrir um único processo contra a companhia elétrica. Como nós temos vários autores juntos, chamamos isso de litisconsórcio ativo.

No litisconsórcio o valor de 20 salários mínimos deve ser contado individualmente para cada um dos autores.

O litisconsórcio também pode ser passivo, ou seja, de vários réus. Por exemplo: alguém vai a uma agência de viagens e compra um pacote turístico, mas no dia do voo descobre que não há assentos suficientes. Ele pode processar a agência e a companhia aérea no mesmo processo.

Agora vamos imaginar que várias pessoas compraram esse mesmo pacote de viagens e tiveram o mesmo problema. Elas podem se juntar e processar as duas empresas, sem dificuldade.

PASSO A PASSO DO PROCESSO

Enfim começamos a estudar o processo em si. A melhor forma de fazer isso é termos uma visão geral para depois analisarmos com calma ponto a ponto. No final você estará totalmente capacitado a defender seus direitos no juizado.

» Pedido Inicial (Petição Inicial) – todo processo começa com um pedido (também chamado de "petição") inicial, um documento em que você vai contar a sua história e dizer o que pretende que seja feito pela Justiça. Como você já sabe, esse pedido pode ser feito por escrito ou até oralmente na secretaria do juizado. Você deve levar junto a ele seus documentos pessoais e tudo o que comprove suas alegações. Quando você faz o pedido inicial já é agendada uma data para a audiência de conciliação.

» Citação e Intimações – depois que o juizado recebe o pedido, a secretaria encaminha uma correspondência ao réu para que ele tome conhecimento do processo que foi aberto contra ele e da data da audiência de conciliação. Depois da citação, tudo o que acontecer no processo deve ser comunicado às partes; chamamos essas comunicações de intimações. Você pode escolher se quer receber suas intimações pelo correio ou por e-mail.

» Audiência de Conciliação – no dia e horário marcados deve acontecer a conciliação. É uma reunião em que uma pessoa chamada de conciliador tentará fazer que as partes cheguem a um acordo.

» Defesa/Contestação – se as partes não chegarem a um acordo o réu deverá fazer a sua defesa, também chamada de contestação, em que ele poderá rebater todas as acusações que foram feitas contra ele. Na defesa o réu também pode contra-atacar (por exemplo: dizendo que, na verdade, o autor é o culpado pelo acidente de trânsito e que é ele quem deve pagar os prejuízos).

» Réplica – se o juiz achar necessário, poderá intimar o autor para fazer uma réplica, principalmente quando o réu contra-atacar.

» Provas – logo após a réplica o juiz vai perguntar às partes se elas querem fazer mais alguma prova além dos documentos que já anexaram ao processo. Aqui você pode pedir para o juiz ouvir suas testemunhas, pedir uma filmagem de uma câmera de segurança, pedir informações a órgãos públicos etc.

» Audiência de instrução – depois que forem definidas quais provas as partes querem fazer o juiz marcará a data para a audiência. Nela cada uma das partes vai ser ouvida pessoalmente e, em seguida, o juiz ouvirá as testemunhas, permitindo que as partes também façam perguntas a elas. Tudo deverá ser registrado em vídeo ou por escrito.

» Sentença – com tudo isso em mãos o juiz vai finalmente tomar a sua decisão.

Essas são as etapas de um processo. Agora vamos ver os detalhes de cada uma delas.

SOBRE OS ATOS E PRAZOS DO PROCESSO

Todo processo é formado de vários atos praticados em sequência. Um ato é alguma coisa que é feita dentro dele para dar prosseguimento até o momento final que é a decisão do juiz. Tudo o que você faz no processo é um ato. O seu pedido que abre o processo é um ato, a defesa que o réu faz é um ato, as audiências são atos, as correspondências que você recebe sobre o processo são atos e até a sentença do juiz é um ato.

As partes devem ser comunicadas de tudo o que acontece. Sempre que uma delas pratica algum ato, a outra recebe uma comunicação. Isso se chama intimação.

Como você já sabe, as partes podem praticar seus atos até de maneira oral, basta ir até a secretaria do juizado e solicitar que seja registrado. Vamos supor que o juiz marcou uma audiência mas uma das partes não vai poder comparecer por razões médicas, ela pode simplesmente levar o atestado até a secretaria e pedir que a audiência seja remarcada. Se o juiz concordar, escolherá outra data para essa audiência.

O que você precisa ter em mente é que as partes têm prazo para praticarem seus atos. Se você perde o prazo, perde a oportunidade de fazer aquela questão ser analisada pelo juiz.

Nós vamos estudar os principais prazos dentro do processo. O que é importante saber agora é que você conta prazos em dias úteis e o primeiro dia do prazo é o dia seguinte ao que você recebe a intimação do juiz.

Um exemplo para ilustrar:

Você ganhou um processo de cobrança de uma dívida de 10 mil reais. Agora o juiz quer saber qual o número da sua conta bancária para depositar o dinheiro. Ele faz um documento dando 10 dias para que você informe em qual conta quer que o valor seja depositado. Você recebe pelo correio a comunicação desse ato do juiz na terça-feira, dia 5. O primeiro dia do seu prazo será na quarta, dia 6; os finais de semana não contam; e o último dia será na terça-feira, dia 19.

Outra informação importante é que os processos nos juizados são totalmente públicos. Você pode pedir para ver qualquer processo e outras pessoas também poderão ver o que há no seu processo. As audiências também são públicas, qualquer um pode assistir.

Ver o processo é um direito seu: se ele estiver documentado em papel, você poderá tirar cópias à vontade; se ele for digitalizado, leve um pen-drive à secretaria do juizado e peça para salvarem. Hoje em dia já é possível consultá-lo pela internet, basta acessar o *site* do tribunal do seu estado e pesquisar pelo nome de uma das partes ou pelo número de identificação do processo.

DESAFIO! Você pode fazer uma visita ao juizado mais próximo e ver uma audiência ao vivo para saber como funciona na prática, depois pode pegar o número desse processo e pedir uma cópia na secretaria para ver como é por dentro.

O PEDIDO INICIAL (PETIÇÃO INICIAL)

Para recapitular o que já sabemos sobre o pedido inicial, vamos ver o que diz a lei:

> Art. 14. O processo instaurar-se-á com a apresentação do pedido, escrito ou oral, à Secretaria do Juizado.

Digamos que você foi à secretaria do juizado mais próximo da sua casa e quer registrar um pedido. Você pode levar um documento escrito ou simplesmente dizer ao secretário quais foram os acontecimentos e qual o pedido para que ele possa registrá-lo.

Mesmo que você faça o pedido oralmente ele vai precisar ser transformado num documento escrito pela secretaria, porque é necessário que fique tudo registrado e que uma cópia seja enviada ao réu para que ele saiba exatamente do que está sendo acusado.

Independentemente do seu pedido ser oral ou escrito, ele precisa conter obrigatoriamente as seguintes informações: endereçamento, sua qualificação, qualificação da outra parte, a narrativa dos fatos, a justificativa, os pedidos, o valor da causa, sua assinatura e as provas e documentos pessoais.

ATENÇÃO! Neste livro estamos usando as palavras "pedido inicial" e "petição inicial" como sinônimas, ou seja, as duas expressões se referem ao documento em que você registra tudo o que é necessário para dar início ao seu processo.

Endereçamento

A primeira coisa a se fazer no pedido é endereçá-lo ao juizado, ou seja, dizer que você quer que a sua causa seja julgada por aquele juizado. Você faz isso simplesmente começando com "AO JUIZADO ESPECIAL CÍVEL DE..." e complementando com o nome da cidade e do estado.

AO JUIZADO ESPECIAL CÍVEL DE LONDRINA, ESTADO DO PARANÁ

Veja que eu coloquei tudo em maiúsculo, mas isso não é obrigatório. É só um costume dos advogados. Na verdade, a única coisa obrigatória é que o seu pedido tenha as informações que listamos; a forma como ele vai ser apresentado é uma questão de gosto pessoal ou daquilo que cada um considera mais fácil de compreender.

As capitais e cidades maiores costumam ter mais de um juizado e você poderá escolher o que for mais próximo da sua casa. Nesse caso, eles vão ser numerados, algo como: 1.º juizado especial cível de São Paulo, 2.º juizado especial cível de São Paulo etc.

Você não precisa saber a numeração do juizado para fazer seu pedido, basta endereçá-lo normalmente como vimes acima. Ou você pode deixar um espaço em branco para preencher na hora, dessa maneira:

AO ___ JUIZADO ESPECIAL CÍVEL DE SÃO PAULO-SP

Lembra-se de que falamos agora há pouco sobre onde você deverá propor seu pedido? Se o réu morar, trabalhar ou tiver estabelecimento em outra cidade, você vai precisar recordar as três regras para saber em qual cidade deve abrir o processo. Se as partes forem da mesma cidade, não tem complicação.

Sua Qualificação

A qualificação nada mais é do que a identificação da pessoa, os dados pessoais: seu nome, profissão, data de nascimento, nacionalidade, número dos documentos pessoais (identidade e CPF), endereço e, se tiver, seu e-mail e telefone.

A data de nascimento é importante porque é preciso ter 18 anos para entrar com uma ação no juizado.

O endereço precisa estar correto porque é por ele que você vai receber as correspondências do processo. Se você se mudar, precisa pedir para atualizá-lo na secretaria.

Se você estiver abrindo um processo em nome da sua empresa, deve indicar na qualificação o nome completo da pessoa jurídica, o CNPJ, o endereço da sede e o nome do representante, que pode ser o dono, um dos sócios ou o administrador. Também podemos indicar um preposto para representá-la no juizado. Não se esqueça de que o preposto deve ter uma Carta de Preposição.

A Qualificação Da Outra Parte

A qualificação da outra parte é muito importante porque é preciso localizar a pessoa certa para que ela possa responder ao processo. Se a correspondência não chegar às mãos de quem você está tentando processar, o processo acaba sem que o problema tenha sido resolvido.

Você não precisa saber exatamente todas as informações da outra parte, basta que você saiba como indicar qual a pessoa certa e onde ela mora.

Você vai precisar, pelo menos, do nome completo e do endereço correto. Se não souber o número dos documentos ou a data de nascimento, tudo bem. Se você souber a profissão, o local de trabalho ou o nome dos pais da pessoa, isso pode evitar confusão se, por acaso, existir alguém com o mesmo nome ou um nome parecido.

Se for uma empresa as coisas vão ser mais fáceis, porque é possível encontrar nome, endereço e CNPJ na internet. Você não precisará indicar quem é o representante da empresa nem quem são os sócios, basta ter as informações da própria empresa.

Quando o endereço é num condomínio ou edifício comercial, o porteiro poderá receber a correspondência em nome do réu. Por isso é bom ficar sempre atento aos correios para não ser pego de surpresa e garantir que quem fica na portaria vai repassar todas as cartas a seus destinatários.

A Narrativa Dos Fatos

A narrativa dos fatos é um dos pontos mais importantes da sua petição. O juiz só vai considerar fatos que você tenha narrado expressamente, ou seja, se você deixar alguma coisa implícita ou omitir alguma questão importante, isso não vai entrar na decisão final, mesmo que seja um ponto essencial.

Além disso, você deve contar todos os fatos que souber já no pedido inicial. Você não vai poder modificar sua narrativa posteriormente, mesmo que se lembre de alguma coisa importante.

Isso é bem lógico. Como o réu vai se defender se você puder mudar a sua versão da história bem no meio do processo?

Fique atento!

"E como saber quais fatos são importantes?"

Pense da seguinte forma: os fatos importantes são aqueles que te levaram a entrar com o processo; aqueles que, se não tivessem acontecido ou tivessem acontecido de uma maneira diferente, não teriam feito você procurar a Justiça.

Vamos imaginar alguns exemplos:

» No caso de um produto defeituoso é relevante saber qual o produto, qual defeito ele apresenta, qual o valor e o dia da compra, qual a empresa, se a empresa resolveu ou não o problema, se você foi atendido com grosseria (para o caso de pedir danos morais). Saber o nome do funcionário que te atendeu, se estava chovendo ou não naquele dia, a cor da sua roupa ou a música que estava tocando na loja seria totalmente irrelevante para o processo.

» No caso de um acidente de trânsito é importante saber o local onde o acidente aconteceu, a data, o modo como cada uma das partes estava dirigindo etc. Saber a música que tocava no seu carro naquele momento é irrelevante. E a cor da roupa das pessoas envolvidas no acidente, é relevante ou não? Bem, se é um acidente entre dois carros esse fato pode ser irrelevante, mas ele poderia se tornar importante se um dos envolvidos fosse um motociclista conduzindo sua moto à noite, com os faróis desligados e vestido todo de preto.

Percebe como a relevância de um fato vai depender da situação?

Um último exemplo: uma pessoa é difamada por outra nas redes sociais. Será que a quantidade de pessoas que tiveram acesso a essa difamação importa? Quanto mais pessoas virem a divulgação disso, mais dano será causado à imagem da vítima; a informação pode chegar aos colegas e chefes de trabalho, complicando a vida profissional; pode criar problemas familiares ou entre os amigos. Enfim, nesse caso, é importante saber para quem a difamação foi divulgada e quantas pessoas tiveram acesso.

OBSERVAÇÃO (PEDIDO LIMINAR): O pedido liminar é feito quando você tem urgência para receber aquilo que está pedindo. Falaremos detalhadamente sobre ele logo mais. O que você precisa ter em mente agora é que, se quiser fazer um pedido liminar, precisa reservar um espaço da sua narrativa para explicar ao juiz o motivo daquilo que você está pedindo ser urgente.

A Justificativa

As pessoas costumam pensar que essa é a parte mais difícil, que só alguém com um profundo conhecimento da lei consegue fazer uma justificativa para um pedido em um processo judicial.

Na verdade, é exatamente o contrário. A justificativa é uma das partes mais simples e menos importantes do pedido simplesmente porque o juiz não está preso à argumentação das partes, ele pode decidir com base no que considera justo, independentemente da forma como as partes se justificaram.

Mais ainda: os juízes já têm opiniões formadas sobre a imensa maioria dos assuntos que chegam para serem julgados, principalmente nos juizados, em que as causas são pequenas e de pouca complexidade.

O que é mais importante em um processo, certamente, é a narrativa dos fatos, as provas desses fatos e os pedidos que você faz. Essas são coisas que vão realmente "prender" o juiz; ele não vai poder considerar que um certo fato tenha acontecido se esse fato não tiver sido levantado pelas partes; ele também não pode dar a alguém algo que não tenha sido expressamente pedido.

"Ok, mas o que é uma justificativa, afinal?"

A justificativa nada mais é do que uma argumentação breve em que você diz por que aqueles fatos que aconteceram com você foram uma injustiça e porque você está pedindo determinada coisa como forma de corrigir essa injustiça.

Alguns exemplos bem simples:

» Exemplo 1: "Fulano me ofendeu na internet e tenho as imagens para provar. Isso é injusto porque me causou sofrimento e prejudicou a minha imagem. Por isso quero que ele seja obrigado a me indenizar".

» Exemplo 2: "A empresa ABC está me cobrando uma dívida que já paguei. É uma injustiça continuar atormentando alguém que já cumpriu com suas obrigações, principalmente quando tenho todos os recibos para comprovar que essa cobrança é indevida. Quero que eles sejam obrigados a reconhecer que não tenho nenhuma dívida e que parem de me cobrar".

» Exemplo 3: "Comprei um celular que veio com defeito, mas a loja não quis devolver meu dinheiro e o funcionário ainda me ofendeu publicamente quando fui reclamar. Isso é uma injustiça porque as empresas devem vender produtos que funcionem, cumprir suas promessas e atender seus clientes com respeito. Peço que essa empresa seja obrigada a me devolver o dinheiro ou trocar o produto e, além disso, pagar indenização por danos morais".

Esses exemplos podem parecer muito simplórios, mas todas essas justificativas poderiam estar em processos reais e serem vencedoras. O que define se você ganha ou perde não é a complexidade do seu argumento, mas, sim, se você tem provas do que está dizendo e se o que você está pedindo é justo aos olhos do juiz.

Você não precisa ter conhecimento das leis, mas elas são uma forma de justificar seu pedido. Os advogados costumam argumentar da seguinte forma:

> Aconteceu o fato X comigo. Na lei L está escrito que, se acontecer X a pessoa terá direito a Y. Portanto quero que Fulano seja obrigado a fazer Y para mim.

Usando a lei no nosso exemplo 3, a justificativa poderia ser assim:

> Comprei um produto com defeito, a loja não me devolveu o dinheiro e ainda fui ofendido pelo funcionário. De acordo com o artigo 18, § 1.º, inciso II do Código de Defesa do Consumidor tenho o direito de receber o dinheiro de volta e o artigo 6.º, inciso VI, do mesmo Código, diz que tenho direito à indenização pelos danos morais. Por isso peço que a loja seja obrigada a me ressarcir e também pagar indenização.

Faça um exercício e procure esses artigos no Código de Defesa do Consumidor na internet. Caso precise, reveja o Capítulo 1 para relembrar.

Voltando ao que já falamos: você não precisa conhecer a lei; usá-la ou não na sua justificativa não vai influenciar no resultado do seu processo.

OBSERVAÇÃO (PEDIDO LIMINAR): Se você fizer um pedido liminar, justifique por que você acredita que o seu pedido deve ser atendido pelo juiz urgentemente. Logo mais, explicaremos exatamente como funciona um pedido liminar e quando você pode fazê-lo.

Os Pedidos

Depois de narrar os fatos e fazer a justificativa você precisa especificar exatamente o que pretende obter com o processo. Você não vai receber nada além do que pedir.

Aqui estamos falando do pedido propriamente dito, ou seja, a conclusão de tudo que você escreveu na sua petição inicial.

"E o que eu posso pedir?"

Basicamente, podemos pedir à Justiça que obrigue a outra parte a:

1. Pagar uma quantia em dinheiro – os maiores exemplos são os pedidos de indenização por danos materiais, indenização por danos morais e a cobrança de uma dívida;

2. Entregar alguma coisa – um exemplo simples em que você pode fazer esse pedido seria uma situação em que você empresta seu computador e a pessoa se recusa a te devolver. Outro exemplo seria pedir na Justiça para que uma empresa entregue um produto que você comprou pela internet e não recebeu;

3. Fazer ou deixar de fazer alguma coisa – pedir para que o vizinho seja obrigado a não fazer barulho acima do permitido ou que alguém preste um serviço que você contratou são exemplos desse tipo de pedido;

4. Reconhecer um fato – se você começa a receber cobranças de uma dívida que não existe, pode pedir que a Justiça reconheça que você não deve nada a quem está te cobrando, por exemplo.

"Como devo fazer o pedido, na prática?"

Você deve especificar ao máximo o que você quer. Se o que você quer é receber uma quantia em dinheiro, precisa dizer exatamente quanto pretende receber; se quer que alguma coisa seja entregue a você, precisa identificar essa coisa da melhor maneira que puder.

Exemplos:

» "Por tudo o que foi dito peço que o réu seja obrigado a pagar a quantia de R$ 5.000,00".

» "Peço que a empresa ABC seja obrigada a entregar o aparelho celular da marca tal, modelo tal, com as configurações tais".

Você se lembra do tópico sobre o valor da causa? Lá nós falamos que é possível fazer mais de um pedido no mesmo processo.

Podemos pedir mais de uma coisa para que o juiz escolha qual delas vai conceder ou podemos pedir mais de uma coisa pretendendo que ambas sejam concedidas juntas. Nesses casos você poderia dividir o pedido em tópicos. Veja exemplos:

» "Peço que: 1) a empresa ABC seja obrigada a trocar o celular defeituoso por outro da mesma marca e modelo ou 2) que seja obrigada a me ressarcir pagando o valor de R$ 1.000,00".

» "Peço que Fulano seja obrigado a ressarcir os prejuízos que me causou com o acidente de trânsito no valor de R$ 10.000,00 e peço também que pague indenização por danos morais no valor de R$ 5.000,00".

Pedido De Liminar (Pedido De Urgência Ou Pedido De Antecipação)

Infelizmente, mesmo que os juizados tenham sido pensados para serem mais rápidos, pode ser que o processo demore alguns meses ou anos para terminar. Em média, seu processo pode durar 6 meses se você tiver sorte, mas também pode demorar até 3 anos (ou mais) a depender da quantidade de processos que o juiz precisa analisar.

Se você não tiver pressa, sem problemas! Mas, às vezes, algumas situações precisam ser resolvidas logo ou, se não, podem causar prejuízos graves a quem está sofrendo com o problema. Nesse caso não dá para esperar o processo acabar.

Para resolver esse tipo de problema temos o pedido de liminar.

Você já deve ter ouvido falar na TV ou lido em algum jornal que o juiz Fulano de Tal aceitou um pedido de liminar ou "deu uma liminar". Ele nada mais é que um pedido que você faz junto com os outros, requerendo ao juiz que analise a urgência do seu caso liminarmente (ou seja, imediatamente).

Por isso dissemos nos tópicos anteriores que você precisa narrar e justificar o porquê de estar pedindo uma liminar (uma decisão urgente).

A grande vantagem de um pedido de liminar é que, por ser urgente, o juiz já vai analisar a questão no início do processo, antes mesmo de citar a outra parte. É o que chamamos de decisão liminar, ou somente liminar. Se ele concordar com o pedido, a outra parte já recebe a ordem judicial liminar junto com a citação para responder ao processo.

Por outro lado, como essa avaliação já é feita logo no começo, ela será muito superficial e pode ser modificada a qualquer momento se o juiz considerar que aquilo que você pediu não era mesmo urgente. Por exemplo: depois de receber a contestação da outra parte ou depois das provas serem produzidas o juiz poderá reavaliar a liminar e alterar ou mesmo cancelar o que tinha decidido antes.

Observe que a decisão liminar, concordando ou não com o seu pedido, não encerra o processo. Tudo continua correndo normalmente até que o juiz tenha todos os fatos e provas para dar uma decisão definitiva (sentença).

"Entendi, mas quais situações são consideradas urgentes para justificar um pedido de liminar?"

Para a lei, o que é considerado urgente é algo que possa te causar um dano grave, ou mesmo que esse dano não seja tão grave, mas difícil de ser corrigido.

O caso mais comum em que se faz o pedido de liminar é para retirar o nome de alguém dos cadastros de proteção ao crédito (SPC/Serasa). Imagine o transtorno que uma pessoa tem quando fica com o nome sujo, ela não vai conseguir crédito nos bancos e isso pode prejudicar o seu trabalho ou até a sua subsistência. É uma situação que pode causar dano grave.

Vamos pensar numa situação em que não conseguiremos reparar o dano. Suponha que você vai dar uma festa de cem anos para sua avó e contratou uma empresa para fazer o buffet, mas, uma semana antes, a empresa informou que não vai mais prestar o serviço. Você não tem tempo para contratar outra empresa e, se o contrato não for cumprido, a festa será um fracasso. Essa é uma situação urgente em que, se o dano acontecer, nada vai poder reparar o prejuízo, afinal, não é todo dia que alguém faz cem anos.

IMPORTANTE! Um ponto que você precisa observar é se a liminar que você está pedindo não vai causar um dano irreparável à outra parte. Se for o caso, o juiz vai ponderar sobre qual será o menor prejuízo e pode não decidir a seu favor. Por isso é bom argumentar que a outra parte não vai ter um dano irreparável. Por exemplo: se o juiz mandar suspender o cadastro de alguém no SPC/Serasa, isso não vai prejudicar a empresa porque ela não perde o direito de cobrar a dívida.

"E que tipo de pedido eu posso fazer quando tenho uma situação urgente?"

Basicamente, você pode pedir duas coisas em forma de liminar:

1. Pedir que o juiz antecipe o pedido principal. No caso do buffet, o juiz poderia mandar que eles prestassem o serviço no dia contratado.

2. Pedir que o juiz faça alguma coisa que garanta que você não sofra nenhum dano até o final do processo. No caso dos nomes sujos, o juiz pode mandar que o nome não apareça no cadastro até o fim do processo.

"O que eu faço se o juiz não concordar com o meu pedido de liminar?"

Você pode simplesmente continuar acompanhando o processo até a decisão definitiva, mas se a situação for mesmo muito urgente e você não conseguir esperar, pode contratar um advogado para fazer um recurso ou pode pedir ao juiz que indique um gratuitamente para você. A lei não permite recorrer sem advogado, mas não é preciso gastar dinheiro com isso.

Indicação Da Forma Que Você Quer Receber As Correspondências Do Processo

Vamos falar logo mais sobre as intimações, as correspondências que você receberá para saber o andamento do seu processo. O que você precisa ter em mente agora é que você pode escolher no seu pedido como pretende recebê-las.

Recomendo que você peça para que as intimações sejam encaminhadas a você pelo correio, no seu endereço residencial ou na sede da sua empresa. Basta escrever depois do pedido:

> Peço que todas as intimações sejam enviadas a mim pelo correio no endereço...

Alguns juizados já fazem intimações por e-mail, por telefone ou até mesmo por WhatsApp. Se você quiser receber intimações por essas outras formas, informe isso no seu pedido, mas é bom deixar a alternativa de receber uma carta para não correr o risco de perder nada.

O Valor Da Causa

Toda causa precisa ter um valor certo, mesmo que seja um valor simbólico. Você pode voltar no tópico sobre esse assunto para recordar.

Para expressar o valor da causa basta que você escreva depois de fazer o pedido: "Esta causa tem o valor de R$...".

Local, Data E Assinatura

Se você estiver fazendo um pedido por escrito é importante que especifique a cidade e a data em que ele foi redigido e assine. Não é preciso reconhecer firma em cartório.

Provas E Documentos Pessoais

Você precisa se identificar, então terá que anexar cópia dos seus documentos pessoais ao pedido: identidade, CPF e comprovante de endereço, se for uma pessoa física, ou, se for uma pessoa jurídica, Contrato Social, CNPJ e comprovante de endereço (além dos documentos do representante e do preposto, se for o caso). Não é necessário que as cópias sejam autenticadas em cartório.

Se o pedido for oral, leve os documentos originais para serem escaneados ou fotocopiados e incluídos no processo.

Além dos documentos pessoais você já deve levar junto com o pedido todas as provas que tiver. Assim como você não pode acrescentar um fato à sua narrativa depois que o pedido já estiver sendo processado, não é permitido que você leve depois as provas dos fatos que você narrou. A única exceção é se você não sabia que aquela prova existia ou não tinha acesso a ela quando fez o pedido, mas é o juiz quem vai decidir se aceita ou não essa prova fora do tempo certo.

Mais à frente vamos falar sobre as provas, entrando em todos os detalhes importantes.

E está pronto o nosso pedido. Agora o processo vai começar!

AS COMUNICAÇÕES DO PROCESSO – CITAÇÃO E INTIMAÇÕES

Citação

Depois que você formaliza o pedido a secretaria do juizado vai te informar o número de protocolo do seu processo e vai dizer qual a data marcada para a audiência de conciliação.

Mas é necessário que a outra parte, o réu, fique sabendo que existe um processo contra ele e que ele precisa comparecer à audiência na data e hora marcadas.

Isso é feito por meio de uma correspondência chamada de citação. A citação nada mais é que a primeira correspondência do processo, em que o réu fica sabendo da reclamação que foi iniciada contra ele. As outras correspondências que são enviadas durante o andamento do processo chamam-se intimações.

A citação terá uma cópia do pedido inicial e uma carta em que a secretaria informa ao réu a data da audiência de conciliação e que, se ele não comparecer, vai ser julgado à revelia (sem chance de se defender).

A principal forma de citação é o envio dos documentos pelo correio. Por isso é tão importante saber qual o endereço do réu, do contrário o processo não pode prosseguir.

Para citar uma pessoa física você precisa indicar o endereço onde ela mora ou trabalha.

A empresa poderá ser citada no endereço da sede ou de qualquer uma das filiais, se tiver mais de um estabelecimento. Se você tem uma empresa é bom instruir a quem cuida da recepção que, se chegar uma citação, ela deve ser entregue a você imediatamente para que você tome providências.

"Mas o que acontece se os carteiros não estiverem conseguindo encontrar a pessoa naquele endereço?"

Isso realmente pode acontecer. Às vezes a pessoa se esconde quando já sabe que vai ser citada ou, às vezes, o carteiro não consegue localizar ninguém naquele dia. Quando isso acontece a correspondência volta ao juizado sem ter sido recebida e a secretaria te enviará uma intimação dando notícia desse problema.

Se isso ocorrer você poderá tomar três caminhos:

1. Pedir para o juizado tentar enviar a carta mais uma vez.

2. Pedir para o juizado tentar enviar a citação para outro endereço que você acredita que o réu possa ser achado.

3. Pedir para o juizado mandar a citação por um Oficial de Justiça.

Normalmente, se a primeira tentativa de citação falha, nós costumamos pedir para repetir o envio da correspondência no mesmo endereço. às vezes é apenas um desencontro e o carteiro consegue fazer a entrega na segunda tentativa.

Se a segunda também falha, nada impede que você continue tentando até conseguir, mas pode ser que você tenha mais sucesso procurando o réu em outro endereço.

Quando nada disso funciona, pode ser que o réu esteja tentando fugir da citação ou pode ser que outras circunstâncias dificultem a entrega a ele. Nesse caso a única solução é pedir ao juiz que mande a citação por um Oficial de Justiça.

A função do Oficial de Justiça é justamente fazer todos os esforços para encontrar o réu para ser citado onde estiver. Se o Oficial de Justiça desconfia que ele está tentando escapar, pode até mesmo entregar a citação a um vizinho.

"E se nem o Oficial de Justiça conseguir localizar o réu?"

Se isso acontecer você precisará de um advogado para resolver o problema na Justiça comum, porque não será possível continuar o processo no juizado.

Intimações

Tudo o que for acontecendo no processo, datas de audiências, pedidos intermediários, decisões do juiz, tudo deve ser informado às partes. Para isso a secretaria do juizado vai enviar uma correspondência a cada nova movimentação. Chamamos isso de intimação.

Na prática, a grande diferença entre a citação e a intimação é que a citação é a primeira comunicação do processo e só pode ser feita pelo correio ou por um Oficial de Justiça enquanto as intimações são todas as outras comunicações posteriores que se referem a ele. Podem ser feitas até por e-mail, telefone ou WhatsApp.

Quando você tem um advogado as intimações não chegam a você; elas simplesmente são publicadas numa espécie de jornal da Justiça que se chama Diário Oficial. Isso é um problema, porque você não tem a garantia que seu advogado vai acompanhar o Diário Oficial e, mesmo que ele acompanhe, você não fica sabendo o que está acontecendo com o seu processo a não ser que pergunte a ele. Se você já teve um advogado, sabe que eles não têm muito tempo e paciência para responder a essa pergunta.

Já quando você vai ao juizado por conta própria as intimações devem ser enviadas a você pelo correio ou por outra forma que você indicar. Lembra-se do tópico sobre o pedido quando dissemos que você precisa dizer onde quer receber intimações?

Você poderá alterar seu endereço junto à secretaria do juizado ou pedir para ser intimado de outra forma.

AUDIÊNCIA DE CONCILIAÇÃO

Audiência On-line

Depois da pandemia da covid-19, a Justiça passou a permitir, e até preferir, que as audiências aconteçam por meio de uma videoconferência.

O secretário do juizado tem a função de orientar a todos os participantes sobre como devem fazer para acessar a sala virtual da audiência.

No dia e horário marcados, o conciliador e as partes fazem uma chamada de vídeo e tudo fica registrado no processo. WhatsApp, Google Meet e Zoom são os aplicativos mais usados.

Os participantes precisam ser identificados. Por isso todos precisam estar com seus documentos pessoais à mão.

É importante ter o telefone (ou o WhatsApp) do juizado para que você possa entrar em contato caso aconteça algum problema com a internet ou não esteja conseguindo entrar.

Acontece que, mesmo com a facilidade e a comodidade de fazer uma audiência on-line, alguns juízes ainda preferem que ela aconteça à moda antiga. Por isso, quando você entrar com um processo ou precisar se defender, é importantíssimo se informar no juizado sobre como as audiências são realizadas.

O Que Acontece Se Eu Não Puder Comparecer?

Essa é uma das primeiras perguntas que as pessoas fazem quando descobrem que terão que ir a uma audiência. Infelizmente, deixar de comparecer a ela pode comprometer muito o resultado do processo. Então é muito importante estar lá na data e hora marcadas.

Se você for o autor e não for à audiência de conciliação, o juiz irá finalizar seu processo e ainda mandará que você pague as despesas. Nesse caso você só poderá abri-lo novamente depois que pagar.

Por outro lado, se você for o réu a consequência é a revelia. Revelia significa a perda da oportunidade de se defender. Quando o réu é revel, todas as alegações feitas pelo autor contra ele são consideradas automaticamente verdadeiras pelo juiz.

Ser revel não significa certeza de que você perderá o processo, mas as chances de se defender vão quase a zero. Sendo revel você só ganhará o processo se, mesmo que tudo que o autor disse seja verdade, o juiz ainda considerar que o que ele está pedindo não é justo (por exemplo: se ele pedir para que você pague três vezes o valor que realmente deve).

Quem não puder comparecer à audiência de conciliação, seja como autor ou como réu, terá de se justificar e pedir para que seja marcada outra data. Para isso é preciso ter uma razão extremamente forte como um problema grave de saúde ou uma viagem urgente. Será necessário levar ao juizado o documento que comprova o motivo de você não poder comparecer. Mesmo assim, vai depender do juiz aceitar ou não a justificativa.

Perceba que, se a audiência for on-line, será muito mais difícil achar um motivo para faltar.

Se você já sabe com bastante antecedência que não poderá comparecer, pode pedir para que o juiz altere a data, mas também é necessário se justificar.

Quando for preciso faltar ao trabalho, você pode pedir na secretaria uma certidão provando que precisou comparecer à Justiça.

Moral da história: não falte à audiência!

A Conciliação

As pessoas geralmente ficam com receio de terem que ir a uma audiência, mesmo que seja só para a conciliação. Esse medo surge porque elas não sabem o que vai acontecer e o que esperar, além do medo de não saberem como se comportar na frente do juiz.

Mas a audiência não é nada mais que um encontro presencial em que as partes serão ouvidas. Você entenderá melhor quando formos falar sobre a audiência de instrução, mas a conciliação é mais simples ainda.

Na conciliação você e a outra parte se sentarão à mesa junto ao conciliador, uma pessoa que tem a função de ajudar as partes a chegarem num acordo. O conciliador não é um juiz, então não precisa nem se preocupar em chamá-lo de Vossa Excelência ou doutor.

Assim que vocês se sentarem à mesa o conciliador fará a famosa pergunta: "as partes têm alguma proposta de acordo?". Nesse momento você pode conversar diretamente com a outra parte, sugerir uma solução, pedir um abatimento do valor, pedir um parcelamento, pedir que a outra parte cumpra a obrigação dela de outra maneira mais fácil. Enfim, vale o que vocês resolverem nessa hora.

Quando estiver numa conciliação tente focar na solução e não no problema. Esqueça a discussão sobre quem está certo e quem está errado, quem fez o quê, quem disse o quê; fale sobre qual o meio termo para que vocês encerrem aquele conflito.

Por exemplo: se você está cobrando uma dívida, considere aceitar 50% do valor à vista ou 70% em 3 parcelas; se é você que está sendo cobrado, pode sugerir pagar em mais parcelas para que isso não comprometa seu orçamento.

Fazer uma proposta de acordo não significa admitir que a outra parte está com a razão, é simplesmente uma forma de resolver o problema da maneira mais rápida. Nada do que for dito na audiência de conciliação vai ficar registrado ou gravado, nada disso vai para o processo, então não se preocupe.

Quando as partes dizem que não têm proposta de acordo a maioria dos conciliadores simplesmente dá por encerrada a audiência e o processo continua normalmente. Alguns poucos tentam argumentar pelas vantagens de se fazer o acordo; dizem que esperar a decisão final pode ser muito demorado, que é impossível saber qual será o posicionamento do juiz, que é mais fácil resolver tudo agora mesmo. Por mais que o conciliador argumente e pressione, você só faz o acordo se quiser e ninguém pode te obrigar a fazê-lo.

Se vocês chegarem a um acordo, o conciliador colocará tudo por escrito. Alguns dias depois o juiz vai analisar esse acordo e a partir daí ele passa a valer com a mesma força de uma sentença do próprio juiz. Isso significa que não caberá mais nenhuma discussão sobre o que ficou combinado, só resta cumprir.

Apesar de existir uma audiência só para a conciliação, não quer dizer que as partes só podem fazer acordo durante essa audiência. A qualquer momento você pode resolver fazer um acordo e pedir para que o juiz torne-o definitivo. Basta que você e a outra parte assinem um documento contendo o que foi combinado e levem ao juizado, ou até mesmo que os dois compareçam à secretaria e digam que querem que o secretário registre o acordo.

No fim da audiência, quando não se chega a um acordo, três coisas ainda poderão acontecer:

1. Defesa oral ou escrita – como você vai ver mais a diante, a audiência de conciliação é o momento para que o réu faça sua defesa. Quando o acordo não acontece, o réu já deve ter em mãos a defesa escrita ou deve fazer a defesa oralmente.

2. Prazo para apresentar a defesa – acontece que, na maioria dos juizados (possivelmente em todos), o padrão é que seja dado um prazo para que o réu leve a defesa escrita à secretaria. Isso acontece porque os juizados marcam muitas audiências no mesmo dia e não daria para cumprir o horário se um réu resolvesse fazer a defesa verbalmente, porque tudo teria que ser registrado e levaria muito tempo. Na dúvida é sempre bom perguntar ao conciliador se você terá um prazo para entregar a defesa.

3. Provas – também pode acontecer que o conciliador pergunte às partes se elas têm testemunhas para serem ouvidas. Isso não acontece sempre, mas se você for perguntado só precisa dizer que sim ou

não e, posteriormente, levar suas testemunhas ou pedir que o juiz mande uma intimação para que elas sejam obrigadas a comparecer.

Essas três possibilidades podem acontecer ou não dependendo de como as coisas são feitas no juizado da sua cidade. O que nós podemos ter certeza é que: você não deve faltar à audiência de conciliação sem uma boa justificativa. Vá sabendo se você precisará ou não de testemunhas; se você for o réu, leve a sua defesa.

DEFESA

Revelia

Antes de entrarmos no assunto da defesa propriamente dita vamos voltar a falar da revelia. É importante lembrar disso agora porque a revelia é justamente a perda da oportunidade de se defender.

Na prática, a revelia faz com que o juiz considere automaticamente verdadeira toda a narrativa dos fatos feita pelo autor. Veja bem: considerar que o que ele disse é verdade não significa considerar também que tudo o que ele está pedindo é justo.

"Então ainda existe a possibilidade de o réu ganhar o processo mesmo que tenha acontecido à revelia?"

Teoricamente, sim. Se o réu tiver um documento que prove que tudo que o autor disse é mentira, poderá juntar esse documento ao processo e o juiz deve levá-lo em consideração na hora de julgar.

Imagine que A entra com uma ação de cobrança contra B dizendo que ele não pagou as últimas 12 parcelas de um empréstimo. Mesmo que B seja revel, ele poderá levar ao juizado os recibos das parcelas pagas.

Temos três situações que levam à revelia:

1. Não comparecer à audiência de conciliação – vou dizer mais uma vez, não falte à audiência de conciliação, ou melhor, não falte a nenhuma audiência!

2. Não fazer a defesa no tempo certo – pelo que diz a lei, o réu deve fazer sua defesa no fim da audiência de conciliação se as partes não conseguirem chegar a um acordo. Essa defesa pode ser escrita ou verbal, mas ela precisa acontecer. Mesmo assim, muitos juizados acabam permitindo que a pessoa leve a defesa por escrito dentro de um pequeno prazo (normalmente de 5 dias a partir da audiência). Nesse caso, se o réu recebe o prazo para fazer a defesa escrita e não entrega no tempo certo, ele será considerado revel.

3. Não comparecer à audiência de instrução – veremos mais adiante sobre a audiência de instrução, mas você precisa saber que perderá a oportunidade de defesa se não comparecer a ela.

Agora que você já sabe em quais situações pode perder a oportunidade de se defender, vamos falar da defesa em si.

Defesa (Contestação)

A defesa do réu é chamada de contestação no dia a dia dos juizados.

"Sim, mas qual é o formato dessa contestação?"

Você já sabe que pode fazer seu pedido inicial ou seus pedidos intermediários por escrito ou oralmente. O mesmo acontece com a defesa.

Na forma ela se parece muito com o pedido inicial: começa pelo endereçamento ao juizado, depois a sua qualificação (não é necessário qualificar a outra parte, porque ela já está no processo), a narrativa dos fatos, a justificativa e a conclusão, em que você pede para que o pedido inicial feito pelo autor contra você não seja aceito.

"Em que momento devo me defender?"

Também já falamos sobre isso, mas é muito importante reforçar.

O réu deve fazer sua defesa na audiência de conciliação. Certifique-se de levar a defesa por escrito!

Se, por acaso, você não tiver levado a defesa, lembre-se que você pode pedir um prazo para apresentá-la depois. Normalmente é o que acontece na grande maioria dos juizados, porque eles preferem que você faça a defesa por escrito em vez de tomar o tempo da audiência fazendo uma defesa oral.

Mesmo assim, se acontecer de o conciliador não querer te conceder o prazo para entregar a defesa escrita, faça a defesa oralmente. Não perca a oportunidade, do contrário você será considerado revel.

Para fazer a defesa oral basta dizer com quais fatos da narrativa do autor você não concorda, contar como realmente as coisas aconteceram e, se for o caso, falar por que a justificativa do autor não é válida.

O Que Não Pode Faltar Na Defesa?

Lembra-se de que nós vimos que, ao fazer um pedido inicial, você precisa contar toda a história sem omitir nada porque a partir daquele momento não vai poder acrescentar nada à sua narrativa? A mesma coisa acontece na defesa.

É importantíssimo contar a sua versão da história na íntegra quando fizer a defesa, dando ênfase aos pontos em que você discorda da versão do autor e como as coisas realmente ocorreram.

Se você não contesta os fatos narrados pelo autor o juiz vai considerar que o que ele disse é verdade e isso não poderá ser modificado depois. Chamam-se fatos incontroversos aqueles que são alegados por uma parte e não são desmentidos pela outra no momento certo.

É parecido com a revelia, mas somente em relação a uma parte da narrativa. Fique atento!

Vamos a um exemplo:

Suponha que o autor alegou três fatos: 1. você e ele estavam no cruzamento da avenida X com a Y e ocorreu uma batida; 2. você atravessou o sinal vermelho e por isso é o culpado pela batida; 3. depois do acidente você o ofendeu moralmente. Quais possibilidades de defesa você consegue imaginar?

A mais óbvia é dizer que o fato 1 nunca aconteceu, que você não estava naquele local naquele dia. Dizendo isso você também refuta automaticamente os fatos 2 e 3.

A segunda hipótese é admitir o fato 1 ("De fato, eu estava no cruzamento quando o acidente aconteceu"), mas rejeitar o fato 2 e o fato 3. Você pode dizer: "É falso que eu furei o sinal vermelho. Quem furou foi o autor". Se você não disser nada sobre o fato 3 ele será considerado verdadeiro, mas basta dizer: "Eu nunca ofendi nem desrespeitei o autor" ou "Foi o autor quem me ofendeu".

Outra possibilidade seria você admitir os fatos 1 e 2 e se defender apenas do 3.

Veja que existem várias possibilidades de defesa. Mas é importante lembrar que toda a narrativa dos fatos feita pelas partes precisa ser corroborada por provas.

E por falar em provas, você não pode deixar de apresentar, junto à defesa, todos os documentos que tiver sobre o caso.

O Que Posso Argumentar Na Defesa?

Você já sabe o que não pode faltar. Vamos aos tipos de argumentos que você pode fazer.

Para cada situação você vai ter argumentos específicos. Falamos das defesas envolvendo os direitos do consumidor no capítulo anterior e vamos ver outras situações específicas ao longo do livro.

Aqui falaremos genericamente sobre os tipos de defesa, que podem se relacionar a questões formais do processo (valor, local ou complexidade da causa) ou podem estar diretamente ligadas ao pedido inicial (defesa de fato e defesa de justificativa).

» Defesa sobre o valor da causa – basta aplicar as regras de como calcular o valor da causa para saber se o autor fez a conta corretamente. Se não fez, o juiz mandará corrigir e aplicará as consequências legais a isso.

» Defesa sobre o local onde o pedido foi feito – verifique se o pedido foi feito na cidade certa e aponte quando houver erro.

» Defesa sobre a complexidade da causa – lembra-se de que o juizado não aceita causas complexas, ou seja, aquelas que precisam da análise de um perito? Você pode argumentar que aquela causa é complexa demais para ser julgada pelo juizado e pedir para o juiz encerrar o processo. Um exemplo comum é quando o autor traz um documento e diz que ele foi assinado por você, mas você não reconhece a assinatura e para ter certeza seria necessária a análise de um perito grafotécnico (essa alegação não terá efeito se a firma estiver reconhecida em cartório ou se a semelhança com a sua assinatura for muito óbvia).

» Defesa de fato – já falamos bastante sobre a defesa de fato quando estudamos o que não pode faltar na defesa. Vamos aprofundar esse conhecimento.

Você já sabe que precisa apresentar sua narrativa na defesa sem omitir nenhum fato importante, sabe que precisa rebater todos os fatos alegados pelo autor com os quais você não concorda, certo? Bem, é interessante que você pode refutar os fatos do autor de duas formas: 1. dizer que aqueles fatos simplesmente não aconteceram ou 2. dizer que, na verdade, eles aconteceram de outra forma. Saber disso é muito importante porque em qualquer processo vale a regra: "quem afirma tem que provar".

Isso quer dizer que, se você afirma que um fato não aconteceu, não precisará fazer nenhuma prova, mas se você diz que outro fato aconteceu em vez do que afirmou o autor, precisará provar a sua versão.

Voltemos ao exemplo do acidente no cruzamento das avenidas. Se você disser que o acidente nunca aconteceu, não precisará ter nenhuma prova; mas se disser que estava em outro lugar naquele momento ou que foi o autor quem furou o sinal vermelho, vai precisar provar isso.

"E se eu não provar?"

Se você não provar os fatos que alegar será como se tivesse simplesmente dito que os fatos afirmados pelo autor não aconteceram. Sua defesa não perde a validade, mas o juiz não vai considerar os fatos que você alegou, assim como não consideraria os fatos que o autor alegasse sem ter provas.

» Defesa de justificativa – a justificativa não é tão importante quanto os fatos, mas a defesa é o momento em que você pode rebater os argumentos do autor e fazer a sua própria justificativa.

Mais uma vez vamos focar no exemplo do acidente no cruzamento em que o autor pediu uma indenização por você ter causado o acidente.

Suponha que você admitiu que ultrapassou no sinal vermelho, mas se justifica explicando que precisou fazer isso porque estava levando alguém doente para a emergência do hospital e, por isso, você não pode ser responsabilizado.

Contra-ataque (Pedido Contraposto)

Um tema muito interessante é a possibilidade de contra-ataque. O réu, ao fazer a sua contestação, não precisa ficar limitado a se defender, ele também pode fazer um pedido contra o autor. Isso é chamado de pedido contraposto.

Para que isso seja possível é necessário que o pedido contraposto esteja relacionado à situação que está sendo discutida no processo. Se o processo está discutindo uma prestação de serviço malfeita você não pode fazer um pedido contraposto sobre acidente de carro. Mas nada impede que você abra um novo processo se não for possível fazer o pedido contraposto na sua defesa.

Exemplos:

- Lembra-se do acidente no cruzamento? Se você provar que a culpa foi do autor, poderá pedir que ele seja obrigado a te indenizar em vez de ser você a indenizá-lo.

- Pensemos numa troca de ofensas feita por duas pessoas em público. Se uma entra com a ação pedindo danos morais, a outra pode fazer o pedido contraposto dizendo que foi ela a ser ofendida.

- Se alguém te cobra uma dívida você também pode fazer o pedido contraposto para cobrar dessa pessoa algo que ela deva a você.

Depois que você faz o pedido contraposto o autor poderá pedir um prazo para contestá-lo. Normalmente esse prazo já é dado automaticamente para que o autor rebata o pedido na réplica. Estudaremos a réplica logo mais.

Suspeição E Impedimento Do Juiz

Esse ponto é uma advertência: se você sabe que o juiz é parente da outra parte ou é amigo pessoal dela ou um inimigo declarado seu, essa situação é chamada de suspeição ou impedimento. Nesse caso, se você acha que isso pode influenciar o julgamento do juiz, pode ser recomendável contratar um advogado para que ele busque uma alternativa.

RÉPLICA

A réplica não é muito diferente das outras etapas que já estudamos. Você não precisa se preocupar com as qualificações porque todas as partes já estarão identificadas no processo nesse momento.

Ela deve ser endereçada ao juizado, assim como aprendemos no pedido e na contestação. Na réplica o autor só terá duas coisas a fazer:

1. Rebater os fatos novos que possam ter sido narrados pelo réu na contestação, se houver; e/ou

2. Contestar o pedido contraposto (o contra-ataque do réu), se houver.

Permita-me usar novamente o exemplo do acidente no cruzamento. Se você é o autor e, na contestação, o réu disse apenas que os fatos que você narrou não aconteceram, não temos nenhum fato novo e, consequentemente, não existe necessidade de réplica.

Mas vamos imaginar que o réu disse que, na verdade, foi você quem atravessou no sinal vermelho e, por isso, fez o pedido contraposto para que seja você a pagar indenização. Nesse caso é importante fazer a réplica e refutar essa argumentação.

"Certo, mas quando eu devo fazer a réplica?"

Normalmente, quando o juiz vê que a réplica é necessária, ele já manda a secretaria intimar o autor para que a faça, definindo um prazo para isso. Entretanto, pode acontecer de o juiz não mandar essa intimação mas você considerar necessário rebater os argumentos da contestação. Nada impede que, logo depois de ler a contestação, você já faça a réplica mesmo sem ter sido intimado pelo juiz.

PEDIDOS INTERMEDIÁRIOS (PETIÇÕES INTERLOCUTÓRIAS)

A qualquer momento do processo você poderá pedir que algo seja feito ou que um erro seja corrigido. No dia a dia dos processos esses pedidos intermediários são chamados de petições interlocutórias. São pedidos bem simples em que você diz o que quer e o motivo.

Eles não se relacionam diretamente com o resultado final do processo, mas servem para modificar o andamento das coisas ou conseguir alguma informação que seja útil no final.

Vejamos alguns casos mais comuns:

» Alteração de endereço – sempre que você se mudar enquanto o processo estiver em andamento será necessário atualizar seu endereço. Outro caso de alteração de endereço é aquele em que os Correios não conseguem localizar o réu para a citação e você sabe que ele também pode ser encontrado em outro local. Nessas situações basta fazer um pedido intermediário para modificar o endereço.

» Pedir para citar o réu por oficial de Justiça – quando você sabe que o réu está tentando se esconder para não receber a carta de citação, pode pedir para o juiz mandar o oficial de Justiça citá-lo pessoalmente.

» Pedir para alterar a data da audiência ou justificar a falta – se você não puder ir à audiência porque já tem uma viagem marcada ou um compromisso médico naquela data, pode pedir para o juiz mudar para outro dia posterior. Se a audiência aconteceu e você teve um imprevisto muito grave, como um acidente ou algo que impediu que você chegasse ao local da audiência, poderá se justificar e pedir que outra seja marcada. Não se esqueça de juntar os documentos que provem o que está dizendo.

» Pedir para o juiz intimar uma testemunha – vamos estudar as testemunhas logo mais. O que é importante saber agora é que, se uma das pessoas que presenciou os fatos não quiser comparecer à audiência, é possível pedir que o juiz a intime e a obrigue a estar presente.

» Pedir informações de um órgão público, uma empresa ou uma pessoa – ninguém pode se negar a prestar esclarecimentos e enviar documentos ao juiz, do contrário, corre o risco de ser punido.

» Pedir para que o juiz valide um acordo feito pelas partes – as partes podem entrar em um acordo a qualquer momento, mesmo depois da audiência de conciliação. Se isso acontecer, basta levar à secretaria o acordo assinado por ambos e um pedido para que ele seja confirmado pelo juiz.

Esses são apenas os exemplos mais comuns de pedidos intermediários. Tudo que você achar relevante ser analisado pelo juiz pode ser apresentado como uma petição interlocutória, ou mesmo verbalmente junto à secretaria.

PROVAS

Nesse momento nós já vimos como o processo se desenrola até a réplica. Todos os fatos já foram expostos pelas partes em suas narrativas e também foram contestados.

Como o juiz não estava presente no momento em que as coisas aconteceram e cada uma das partes tem uma versão da história, o único jeito de descobrir qual é a verdade é por meio das provas.

Assim, produzir uma prova significa apresentar ao juiz qualquer coisa que demonstre que suas afirmações são verdadeiras.

Vamos nos aprofundar nesse assunto.

Quem Deve Provar O Quê?

Se você passou pelos tópicos sobre o pedido inicial e a contestação já sabe responder a essa pergunta. Vale o ditado popular: quem afirma tem que provar.

O autor vai precisar provar todos os fatos que alegar no seu pedido. O réu vai precisar provar os fatos novos, ou seja, tudo aquilo que disser que vá além de simplesmente negar os fatos do autor.

"O que acontece se eu não provar algum fato?"

Nesse caso o juiz poderá considerar que aquele fato nunca aconteceu, mas ele ainda vai analisar o contexto das histórias que foram contadas para ver qual a versão mais plausível.

Quando Posso Produzir Minhas Provas?

Com relação aos documentos devemos juntá-los no processo na primeira oportunidade que tivermos. O autor junta seus documentos ao pedido inicial enquanto o réu deve fazer o mesmo já na contestação.

Se você tiver outras provas (fotos, vídeos, objetos etc.) também recomendo que você junte-as no primeiro momento.

Depois da audiência de conciliação é comum que você seja intimado para dizer quais provas pretende produzir.

Essa intimação vai acontecer depois da contestação ou da réplica. Quando você recebê-la será o momento para anexar ao processo tudo o que você considere importante para provar suas afirmações e não teve a oportunidade de incluir ainda. E, se você tiver testemunhas, essa é a hora de pedir para que elas sejam ouvidas na audiência de instrução.

Quais Provas Posso Produzir?

» **Provas Proibidas**

Antes de adentrarmos aos tipos de provas vamos conhecer o que não pode, de jeito nenhum, ser usado como prova.

A Lei n.º 9.099 diz o seguinte:

> Art. 32. Todos os meios de prova moralmente legítimos, ainda que não especificados em lei, são hábeis para provar a veracidade dos fatos alegados pelas partes.

"Tudo o que é 'moralmente legítimo' pode ser usado como prova. Mas o que seria moralmente ilegítimo, então?"

A resposta simples é que não se pode cometer um crime para obter uma prova.

Provas que sejam conseguidas por meio da invasão de uma casa, furto de um objeto ou invasão de computadores não serão válidas num processo, mesmo que sejam verdadeiras.

Entendido o que não se pode fazer, vejamos as possibilidades que temos para provar nossas alegações.

» **Documentos (Prova Documental)**

A prova documental normalmente é a mais relevante em um processo, a que torna o seu argumento mais forte perante o juiz.

E-mails e correspondências, recibos, cheques, contratos, contas, orçamentos, planilhas, relatórios, listas, fotografias e tudo que possa ter relação com o caso pode ser apresentado como prova documental.

Em certos casos a prova documental é extremamente importante e a falta dela pode te fazer perder o processo. Veja exemplos:

- A cobrança de uma dívida, na imensa maioria das vezes, precisa ter algum documento que se refira a ela. Imagine você como juiz analisando um processo em que Artur diz que Bruno lhe deve 40 mil reais e a única prova é um testemunho de uma pessoa que disse ter visto a negociação. Até pode ser verdade, mas é bem difícil acreditar na versão de Artur, não é? Observe que, se você estiver na posição de réu em uma cobrança assim, pode usar esse argumento.

- Se você teve seu nome negativado indevidamente, precisa juntar ao processo o documento que comprove a negativação para poder pedir o cancelamento.

- Para entrar com uma ação de ressarcimento por danos causados em acidente de veículo é preciso apresentar 3 orçamentos em oficinas diferentes que possibilitem ao juiz decidir qual o preço mais justo.

Como você sabe, os documentos devem ser apresentados no primeiro momento em que você puder se manifestar no processo. Mas o que fazer se você não estiver com os documentos que sabe serem importantes para provar sua narrativa?

» **Exibição De Documentos Ou Coisas**

Quando você não está em posse das provas de que precisa pode pedir ao juiz que a outra parte ou mesmo um terceiro seja intimado para entregá-las. Isso é chamado de pedido de exibição de documentos ou coisas.

Uma das situações mais comuns em que se pede a exibição é quando alguém processa a empresa de telefonia e pede para que sejam exibidas as gravações das ligações ao Serviço de Atendimento ao Consumidor. Aqui é imprescindível ter os números dos protocolos para provar para o juiz que você realmente fez as ligações de que está pedindo as gravações.

Outra hipótese comum é pedir a exibição do contrato quando você é cobrado por uma dívida que não reconhece. Muitas vezes os bancos dificultam que o cliente retire uma cópia dos contratos que assinou, mas o juiz pode obrigá-los a exibir esse documento no processo.

No caso de se envolver num acidente de trânsito é possível pedir a exibição das gravações de câmeras de segurança que estejam instaladas próximas ao local. Veja que aqui quem vai exibir são os proprietários das câmeras, terceiros que não tem nada a ver com o acidente.

OBSERVAÇÃO: Você pode entrar com uma ação específica para obrigar alguém a exibir algo. Isso te permite ver o que está escrito nos documentos e saber se existe algum erro antes de abrir o processo para corrigir.

Pense no exemplo do banco que não quer dar uma cópia do contrato: primeiro você o processa para pedir a exibição e, se achar que foi lesado depois de ver os documentos, abre outro processo para buscar o ressarcimento.

» **Exibição De Dados Digitais**

A lei brasileira não admite o anonimato, então você pode pedir a exibição dos dados pessoais de alguém que se esconda por trás de um perfil falso na internet para difamar e ofender as pessoas.

Quem tem a obrigação de fornecer esses dados são as empresas donas de *sites*, plataformas e redes sociais, como o Facebook, Google, Twitter etc.

O juiz intimará a empresa para que informe nome, telefone, endereço de e-mail e qualquer dado que facilite a localização do ofensor.

» **Depoimento Pessoal Da Outra Parte**

Estamos adentrando no campo das provas orais, que englobam o depoimento pessoal das partes, o depoimento das testemunhas e o depoimento do técnico.

O depoimento pessoal é o momento em que o juiz vai ouvir a versão de cada uma das partes contada por elas mesmas na audiência de instrução.

A finalidade dessa prova é averiguar se a parte consegue sustentar sua narrativa sem se contradizer e, se estiver mentindo, o juiz poderá analisar seu comportamento.

Nos processos do juizado o depoimento pessoal das partes já está previsto como a primeira parte da audiência. Isso significa que você não precisa pedir ao juiz para que essa prova seja produzida. Mesmo assim, quando você for intimado sobre as provas que pretende incluir no processo é bom pedir o depoimento pessoal da outra parte se você achar que é importante que ela seja ouvida pelo juiz.

O juiz fará perguntas para confirmar os fatos da narrativa e posteriormente permitirá que a parte contrária também faça questionamentos. Essa é a oportunidade de pressionar o depoente para fazê-lo revelar a verdade mesmo que ele não queira.

"E o que acontece se a parte não quiser responder às perguntas?"

Se o depoente não quiser responder o juiz vai considerar isso como uma confissão sobre aquele fato.

Imagine que está sendo julgado um caso de acidente de trânsito e o juiz pergunta a uma das partes: "Você ligou a seta antes de mudar de faixa?". Se ela se recusar a responder ele vai considerar que a seta não estava ligada naquela hora.

Perceba: no depoimento pessoal a parte não é obrigada a responder nenhuma pergunta, mas vai arcar com as consequências disso.

» **Depoimento De Testemunhas (Prova Testemunhal)**

Testemunhas são pessoas que presenciaram os fatos ou mesmo que ouviram falar do que aconteceu. Assim como o depoimento pessoal, o depoimento das testemunhas acontecerá na audiência de instrução.

Antes de começar a interrogar a testemunha o juiz pedirá a ela que preste um juramento de dizer somente a verdade. Ela não pode mentir em seu depoimento, caso contrário cometerá o crime de falso testemunho. Também não pode se recusar a responder às perguntas e revelar o que souber.

"Quem pode ser testemunha?"

Na verdade, qualquer pessoa maior de 18 anos com capacidade intelectual pode ser ouvida pelo juiz, mas só prestará o juramento a pessoa que não tenha nenhum interesse na causa, não seja parente das partes e nem inimigo ou amigo íntimo delas.

Isso significa que alguém pode levar a própria mãe para depor na audiência, mas ela não cometerá nenhum crime se mentir e, justamente por isso, o que ela disser terá pouco ou nenhum valor como prova. Quando o juiz opta por ouvir uma pessoa que não presta juramento, uma pessoa que não pode ser considerada imparcial, essa pessoa é chamada de informante e não testemunha.

Mesmo assim, se você não tiver outras testemunhas, leve um parente ou amigo que estava presente quando os fatos aconteceram. Os juízes sabem quando as pessoas estão sendo sinceras e verdadeiras. Na falta de quem possa prestar um juramento, ter um informante é melhor que não ter nada.

Quando você sabe que uma das pessoas levadas pela outra parte para testemunhar na verdade é um parente ou um amigo dela, alguém que pode mentir para favorecê-la, basta dizer ao juiz que aquela pessoa não pode depor e justificar o motivo. Mas isso só pode ser feito até que ela preste o juramento. Use as redes sociais para descobrir se existe uma relação de intimidade entre a testemunha e a parte e mostre ao juiz.

Cada parte tem direito a indicar até 3 testemunhas e deverá levá-las no dia da audiência. Se sua testemunha não comparecer você perde o direito de que o juiz colha o depoimento dela.

"Ok, mas e se a testemunha não quiser comparecer?"

Esse é um problema comum e a solução é simples: você pode pedir ao juiz que intime a testemunha por carta com ordem de comparecimento obrigatório. Nesse caso, a pessoa deverá ir à audiência ou será levada à força. Veja o que diz a Lei 9.099:

> Art. 34. As testemunhas, até o máximo de três para cada parte, comparecerão à audiência de instrução e julgamento levadas pela parte que as tenha arrolado, independentemente de intimação, ou mediante esta, se assim for requerido.
>
> § 1.º O requerimento para intimação das testemunhas será apresentado à Secretaria no mínimo cinco dias antes da audiência de instrução e julgamento.
>
> § 2.º Não comparecendo a testemunha intimada, o Juiz poderá determinar sua imediata condução, valendo-se, se necessário, do concurso da força pública.

Note que o 1.º parágrafo diz que esse pedido de intimação precisa ser apresentado até 5 dias antes da audiência. Esse prazo é o limite, mas procure fazer o pedido com bastante antecedência porque será preciso enviar uma carta à residência da testemunha e isso pode demorar.

Perceba também que é importante que você informe no pedido, pelo menos, nome completo e endereço da testemunha para que ela possa ser localizada.

Na prática esse pedido de intimação da testemunha é usado quando a pessoa diz que não pode faltar ao trabalho. Com a carta de intimação em mãos ela pode justificar a falta ao chefe sem ser prejudicada.

É sempre bom conversar com a testemunha e explicar a situação, o quanto é importante que ela compareça e como ela colaborará para que a Justiça seja feita. Deixe claro que ela não será prejudicada de maneira alguma por testemunhar.

Além disso, com as audiências on-line fica mais fácil para as testemunhas comparecerem.

OBSERVAÇÃO 1: a lei não exige que você diga quem são as testemunhas, basta que você as leve à audiência. Você só precisa informar os dados da testemunha com antecedência se o juiz determinar ou se você precisar que ela seja intimada para comparecer.

A vantagem de não revelar antes quem são suas testemunhas é clara: a outra parte não estará preparada e terá menos chances de tentar confundir a pessoa que está prestando depoimento.

OBSERVAÇÃO 2: hoje em dia a maioria dos juizados grava a audiência em vídeo, mas ainda podem existir alguns que registram o depoimento por escrito. Quando isso acontecer certifique-se de que o sentido do que a testemunha está dizendo não seja alterado e que não falte alguma informação importante. Anote os detalhes mais relevantes e peça para serem corrigidos ou acrescentados depois que a última pergunta for feita.

» **Exame Técnico**

Aqui nós temos um ponto que pode confundir as pessoas. Fique atento!

Lembra-se de quando estudamos o que é uma causa complexa? As causas complexas são aquelas que precisam de um profissional especializado para fazer uma análise sobre um tema específico (médicos, engenheiros, contadores etc.). Acontece que o artigo 35 da lei dos juizados diz o seguinte:

> Art. 35. Quando a prova do fato exigir, o Juiz poderá inquirir técnicos de sua confiança, permitida às partes a apresentação de parecer técnico.

Você deve estar se perguntando: "Ora, mas se precisa de um técnico, essa causa não seria complexa demais para o juizado?". Essa é uma boa pergunta.

A resposta é que será o juiz quem vai decidir, caso a caso, o que é complexo demais para o juizado ou não.

Quando a lei permite o exame técnico ela está querendo que ele seja aplicado a situações mais simples, tais como um celular com defeito, um computador que veio com uma peça em falta, um eletrodoméstico que foi queimado por queda de energia. O técnico nem precisa ter curso superior, basta ser uma pessoa que tenha experiência naquele assunto, como um mecânico, um pedreiro, um encanador etc.

Isso significa que, na teoria, você pode pedir que um exame técnico simples seja feito para comprovar um defeito ou um problema menor. Na prática, porém, alguns juízes acabam encerrando o processo quando alguém pede um exame técnico, alegando que a causa seria complexa.

Aqui é preciso usar o bom senso: o juizado serve justamente para as pequenas causas. Ninguém contrataria um advogado e entraria na Justiça comum para pedir o reparo de um aparelho que custa pouco mais de mil reais, ou até menos; também seria incoerente procurar o juizado para julgar uma causa sobre erro médico, que seria muito complexa. Converse com o juiz se achar necessário.

Pode acontecer que o que esteja tentando provar seja tão claro a ponto de qualquer pessoa perceber, mesmo que não tenha nenhum conhecimento técnico. Nesse caso você poderá pedir uma inspeção pelo próprio juiz (veja a seguir).

» **Outras Provas**

Já estudamos que qualquer coisa pode ser usada como prova, desde que não viole a lei. Então seria impossível falar aqui sobre todos os tipos de prova. Mencionamos os mais comuns.

Agora vamos conhecer outras provas que não são tão comuns mas podem ser muito úteis.

- Inspeção Judicial – quando o que você quer provar precisa ser visto ou sentido para ser entendido, é possível pedir ao juiz que veja por si mesmo ou que indique alguém para ver. É o que chamamos de inspeção judicial. Se for um objeto com defeito, por exemplo, você pode levá-lo na própria audiência e mostrá-lo ao juiz, ou você pode pedir ao juiz que vá até o local onde a coisa se encontra para que a inspecione. Confira na lei dos juizados o Parágrafo único do artigo 35.

- Ata Notarial – a Ata Notarial é um documento feito por um cartório em que o funcionário diz o que viu a respeito de alguma coisa. Esse documento passa a ser considerado verdadeiro para todos os efeitos, inclusive num processo judicial. Para fazer uma ata notarial basta ligar em um cartório e perguntar onde esse procedimento pode ser feito, como fazê-lo e qual é o custo. Você pode pedir que o funcionário do cartório vá até um certo local e registre tudo o que pode ser percebido: o que está vendo ou lendo num certo local, textura, cheiro, barulho etc. Use a ata notarial principalmente se houver risco de as coisas não permanecerem do mesmo jeito por muito tempo.

- Gravações telefônicas e ambientais – você pode gravar todas as ligações que fizer ou receber, não há problema nisso. Também não é crime fazer gravações em locais públicos. O que não se pode fazer é fazer uma gravação num local privado sem que as pessoas saibam ou fazer um grampo para gravar conversas de outras pessoas.

- Internet e redes sociais – a internet tem muitas ferramentas úteis. Você pode buscar mapas e informações de GPS, existem vários bancos de dados públicos em que muita informação pode ser encontrada, principalmente nos *sites* do governo. Outra fonte de informação são as redes sociais. As pessoas postam todo o tipo de informações sobre suas vidas e também fazem comentários que podem ser usados contra elas mesmas num processo. Com relação ao que é publicado nas redes sociais, vale a pena pedir para que o cartório registre numa ata notarial alguma informação importante para não correr o risco de ela ser apagada depois, como uma ofensa direcionada a você, por exemplo.

- Fatos incontroversos e experiência do juiz – lembra-se o que são fatos incontroversos? Fatos que uma das partes alega e a outra não contesta serão considerados verdadeiros pelo juiz e não precisarão de mais provas. Mas e se as duas partes têm versões diferentes sobre o mesmo fato e nenhuma delas têm prova do que afirma, o que acontece? Aí vale a experiência de vida do juiz, o bom senso em perceber qual história é mais plausível.

AUDIÊNCIA DE INSTRUÇÃO

O Que Acontece Se Eu Não Puder Comparecer?

Hora de reforçar um conselho que foi dado lá atrás. Não comparecer à audiência de instrução acarreta problemas para você.

Quando somos autores, faltar à audiência de instrução fará o processo ser encerrado e ainda teremos que pagar todos os custos antes de podermos começar outro.

Se formos réus, não ir à audiência de instrução nos fará revels. Mesmo que já tenhamos apresentado a defesa? Sim! É o que diz a lei: o réu que não vai à audiência de instrução terá sua defesa desconsiderada.

Nunca é demais repetir: você não deve deixar de comparecer à audiência de instrução, mas se isso for inevitável, será possível se justificar. Falamos sobre a justificativa no tópico sobre os pedidos intermediários.

A Audiência

Assim como dissemos quando estudamos a audiência de conciliação, as pessoas podem se sentir inseguras por terem que ir a uma audiência, mas essa insegurança não tem razão de ser. Você não precisa ter nenhum receio se sabe exatamente para que serve e o que vai acontecer na audiência.

A audiência de instrução é o momento em que a prova será produzida. Nela o juiz vai poder ver os documentos e as coisas que foram indicadas como provas, ouvir as partes e as testemunhas, enfim, tomar conhecimento de tudo o que está acontecendo. Entenda que a audiência é feita para as partes mostrarem suas provas ao juiz; não é para que elas fiquem repetindo o que já foi dito, contando novamente a história ou discutindo entre si. Foco nas provas!

Em alguns juizados você já sai da audiência de conciliação sabendo data e hora em que vai acontecer a audiência de instrução. Em outros juizados eles preferem mandar uma intimação para as partes dizendo quando a audiência vai ocorrer. Na dúvida, ligue na secretaria ou vá ao juizado e converse com os servidores. Eles estão lá para te atender.

Lembrando que, atualmente, é comum termos audiências on-line.

"E o que vai acontecer numa audiência de instrução?"

Vamos ver passo a passo:

1. Abertura – a audiência começa com o secretário chamando os nomes das partes para entrarem na sala de audiência. Lá dentro haverá uma mesa e o juiz se sentará na extremidade. É costume que o autor se sente à direita do juiz e o réu se sente à esquerda, mas não se preocupe, isso é só um hábito e não é obrigatório. As testemunhas devem esperar do lado de fora até serem chamadas. Como você já sabe a forma de se dirigir ao juiz é "Vossa Excelência".

2. Análise dos documentos – como você já sabe as partes devem juntar seus documentos na primeira oportunidade que tiverem para se manifestar no processo (o autor no pedido inicial e o réu na contestação). Então o normal é que, quando estiver acontecendo a audiência, todos já tenham tido a oportunidade de ver os documentos da outra parte no processo e até dizer o que acham das informações contidas neles (o réu fala sobre os documentos do autor na contestação e o autor fala sobre os documentos do réu na réplica). Mesmo assim, alguns juízes gostam de ver os documentos originais na audiência, por isso recomendamos que você leve uma pasta com os seus no dia da instrução. Nesse momento você poderá ver os documentos da outra parte e contradizer o que está escrito neles, inclusive questionar alguma falsificação (por exemplo: um contrato feito em seu nome mas que tenha uma assinatura que não é a sua ou que não tenha sido preenchido por você).

3. Depoimento do autor – depois de ver os documentos o juiz vai começar a ouvir as partes e as testemunhas, o primeiro é o autor. Alguns juízes gostam de deixar a pessoa falar livremente, outros preferem que ela apenas responda às perguntas. Se você está depondo, tente ser objetivo e não fugir do que está sendo perguntado.

Depois do juiz o réu também poderá fazer suas perguntas ao autor. Veremos mais adiante que tipo de perguntas fazer.

4. Depoimento do réu – o depoimento do réu acontecerá da mesma forma: primeiro ele responde às perguntas do juiz e depois do autor.

5. Testemunhas do autor – finalizados os depoimentos pessoais o juiz começará a chamar as testemunhas, primeiro as do autor. Só uma testemunha entrará por vez para que as outras não escutem o que ela vai dizer. O juiz pedirá que a pessoa se identifique e preste o juramento de dizer a verdade, depois fará algumas perguntas sobre o caso e permitirá que as partes também façam seus questionamentos. Como as testemunhas são do autor, ele será o primeiro a perguntar depois do juiz e o réu perguntará por último.

6. Testemunhas do réu – quando todas as testemunhas do autor tiverem feito seus depoimentos o juiz começará a chamar as testemunhas do réu. Elas farão o juramento de dizer a verdade e o juiz fará algumas perguntas, depois permitirá ao réu que faça as suas e, por último, o autor.

7. Questionamento do técnico – se for um caso em que tenhamos um exame técnico o juiz poderá ouvi-lo na audiência e depois permitir que o autor e o réu façam perguntas, nessa ordem.

8. Encerramento – por fim a audiência terminará com a colheita da assinatura dos presentes num documento que resume o que ocorreu. A lei permite que o juiz já decida o processo ali mesmo no final da audiência, mas pouquíssimos fazem isso, então a sentença só deve ser dada em alguns dias ou até meses depois.

ATENÇÃO! A testemunha ou o técnico que mente numa audiência está cometendo o crime de Falso Testemunho.

"Mas quais perguntas eu posso fazer?"

Essa é uma dúvida muito comum e vale a pena focarmos um pouco nessa questão.

A primeira coisa importante a esse respeito é que existem dois modos de fazer os questionamentos. No primeiro modo o juiz autoriza que você faça as perguntas diretamente a quem está depondo (exemplo: "O senhor viu quando aconteceu o acidente?"). No segundo modo você faz a pergunta ao juiz para que ele a refaça ao interrogado (exemplo: "Excelência, gostaria que a testemunha fosse questionada se viu o acidente").

"Eu posso escolher como perguntar?"

Na verdade, é o juiz que comanda a audiência, então é ele quem escolhe como as perguntas serão feitas. O segundo modo de perguntar pode parecer estranho, mas ele pode ser necessário para que o juiz evite que perguntas ofensivas ou impertinentes sejam feitas aos depoentes.

Por isso o melhor é perguntar ao juiz se você pode questionar diretamente ou dizer as perguntas a ele para que ele as faça.

"Ok, mas eu ainda preciso saber que tipo de perguntas eu posso fazer."

Você pode fazer qualquer pergunta que esteja relacionada com os fatos da causa e você não pode fazer perguntas de maneira ofensiva ou agressiva, ou perguntas vagas, subjetivas ou sem relação com os fatos. Lembre-se de que a audiência não é para bate-boca.

Procure fazer perguntas que tenham respostas simples e diretas como "sim" ou "não"; evite perguntas como "você acha que...", "você gosta de...". O seu objetivo é provar para o juiz que os fatos que você narrou são verdadeiros.

Exemplificando: imagine que você emprestou 5 mil reais a um amigo mas tudo foi feito sem nenhum contrato assinado, só pela palavra, e agora ele não quer te pagar. Nesse dia outro amigo de vocês presenciou tudo e agora ele foi chamado a testemunhar. Quais perguntas podemos fazer a ele?

- Você estava no local naquele dia? Você viu o réu pedindo o dinheiro emprestado? O autor deu esse dinheiro ou só emprestou? O autor tinha alguma dívida com o réu? Se tinha, esse dinheiro era emprestado ou para pagar a dívida? Você sabe se o réu já devolveu o dinheiro? O réu te falou por que não quer devolver o dinheiro? E qual o motivo?

Não terá nenhuma serventia perguntar coisas subjetivas ou impertinentes como:

- Você acha certo não pagar uma dívida? O réu já traiu a esposa? Se você fosse o réu, devolveria o dinheiro? O réu é um bom motorista? Estava chovendo naquele dia?

Se você está interrogando a outra parte ou as testemunhas dela, vai querer fazê-las entrar em contradição. Uma forma de fazer isso é embaralhar as perguntas em vez de colocá-las na ordem cronológica dos acontecimentos. Outra forma é perguntar a mesma coisa em momentos diferentes e de formas diferentes, mas não se deve ficar repetindo perguntas ou o juiz encerrará o interrogatório. Você também pode fazer uma pergunta que já tenha implícito um fato. Seja criativo.

Assim como você não pode fazer perguntas ofensivas ou impertinentes, a outra parte também não pode. Então você pode pedir ao juiz que não autorize um certo questionamento por esses motivos.

Da mesma forma, qualquer dúvida ou discordância com o procedimento da audiência também podem ser levadas ao juiz para que ele as resolva.

SENTENÇA

O Que É A Sentença?

Enfim chegamos ao momento mais aguardado do processo, o momento em que vamos saber quem tem razão e quem está errado nessa discussão.

O juiz analisou o pedido, a contestação, as provas e agora vai dar a sentença. Sentença, portanto, é a decisão do juiz sobre a questão central que está sendo debatida no processo.

Na sentença o juiz define quais fatos são verdadeiros, qual a justificativa correta e o que deve ser feito. A função da sentença é conceder ou não o que está sendo pedido, ou seja, assim como o pedido pode ser de que alguém seja obrigado a fazer alguma coisa, a sentença vai obrigar essa pessoa a fazer aquilo ou negar o pedido.

Depois da sentença todas aquelas questões que foram discutidas ficam resolvidas definitivamente e não podem mais ser levadas à Justiça, exceto por meio dos embargos de declaração e do recurso, como veremos a seguir.

Os Embargos De Declaração

Como os juízes têm milhares de processos para julgar, acabam cometendo erros. Pode acontecer que a sentença seja contraditória, que omita algum ponto que deveria ser analisado ou não seja clara o suficiente para ser entendida. O que fazer se tivermos esse problema?

Os embargos de declaração são a solução. Apesar do nome difícil, embargos de declaração é como chamamos o pedido que fazemos ao juiz para que ele esclareça algum ponto da sentença.

O pedido de embargos de declaração pode ser feito por escrito ou oralmente à secretaria e será analisado pelo próprio juiz que deu a sentença.

Tanto autor quanto réu podem fazer esse questionamento, desde que a sentença tenha um ou mais dos seguintes problemas:

1. Omissão – se o juiz deixar de analisar um dos pedidos ou não levar em consideração um determinado fato, você poderá fazer embargos de declaração contra essa omissão. Suponha que você pediu indenização por danos materiais e por danos morais mas, na sentença, o juiz julgou apenas os danos materiais e não disse nada sobre os danos morais. Essa seria uma situação para embargos de declaração. Um outro exemplo de omissão seria um processo sobre acidente de trânsito em que você tenha afirmado que a outra parte não deu a seta, a testemunha confirmou esse fato, mas o juiz sequer mencionou isso na sentença.

2. Contradição – quando existe contradição entre duas coisas que o juiz disse na sentença temos a oportunidade de fazer embargos de declaração. Imagine que o juiz estava julgando um caso em que o autor pede indenização porque teve seu nome negativado indevidamente. Num ponto da sentença o juiz diz que a negativação foi mesmo errada mas no outro ele diz que não aconteceu nenhum erro. Essa contradição precisa ser corrigida por embargos de declaração.

3. Falta de clareza ou erro de digitação – sempre que você considerar que o juiz não foi claro o suficiente, ou mesmo se perceber que a sentença tem algum erro de digitação que possa comprometer o resultado (exemplo: inclusão de mais um zero no valor de uma dívida, transformando R$ 1.000 em R$ 10.000), use essa ferramenta

para esclarecer o sentido do que foi decidido. Uma situação bastante comum de falta de clareza é aquela em que o juiz diz "A deve a B" mas não diz qual o valor dessa dívida.

O prazo para apresentar os embargos de declaração é de 5 dias a partir de quando você receber a intimação da sentença.

O Recurso

Se, mesmo depois de ter feito os embargos de declaração, você tiver perdido e não concordar com a sentença, poderá fazer um recurso para questionar o que foi decidido.

Acontece que, infelizmente, você só pode recorrer se tiver um advogado.

Mas você não precisa pagar. A lei manda que o juizado indique um profissional que não cobrará nada caso você queira. Basta pedir para o juiz selecionar um para você gratuitamente.

Somente a parte que perdeu poderá recorrer. Não faria sentido recorrer tendo vencido.

Acontece que, quando há mais de um pedido, pode acontecer de cada uma das partes ganhar alguma coisa e também perder alguma coisa. Então cada uma delas pode recorrer sobre o que não concordar.

Você ainda pode recorrer se não tiver ganho exatamente a quantia que pediu (exemplo: pediu 10 mil reais mas ganhou só 5 mil).

Diferentemente de tudo o que já vimos até aqui, além de só poder ser feito por um advogado, o recurso só pode ser apresentado por escrito e será cobrada uma taxa para que ele seja processado.

Você terá 10 dias para recorrer assim que receber a intimação da sentença. Se você tiver feito embargos de declaração, esse prazo só começa a correr quando você for intimado sobre a decisão do juiz a respeito desse pedido.

"E se eu não quiser recorrer, o que faço?"

Se você não pretender recorrer, basta esperar passar o prazo. Caso a outra parte tenha recorrido de alguma coisa você ficará sabendo por meio de uma intimação. A partir da intimação você terá 10 dias para procurar um advogado para argumentar contra o recurso, se quiser; se não quiser é só aguardar o julgamento.

O recurso vai ser analisado por um grupo de três juízes diferentes do que julgou a causa. Esse grupo de juízes tem o nome de Turma Recursal.

Quem perder no julgamento do recurso ainda será obrigado a pagar uma multa de dez a vinte por cento ao advogado da outra parte. Por isso é importante pensar bem se vale a pena recorrer, aceitar as coisas do jeito que estão ou até mesmo tentar um acordo.

DICA IMPORTANTE: se você provar que não tem condições de arcar com as despesas do processo por ter baixa renda ou por estar passando por dificuldades, não haverá cobrança da taxa do recurso e nem da multa no caso de você perder. Mas essa situação de dificuldade financeira ou de falta de recursos precisa ser provada. Normalmente usamos o extrato bancário, a declaração de imposto de renda (ou o documento que diz que a pessoa não declara) e a cópia da carteira de trabalho como provas.

Na prática, se você conseguir comprovar que não tem condições financeiras para pagar as taxas e um advogado, o juiz indicará um profissional para recorrer gratuitamente em seu nome e, mesmo que você perca, não precisará pagar as custas do processo e nem a multa para o advogado.

E Agora? O Que Faço Com A Sentença?

Depois que termina o prazo sem que tenha havido recurso, ou depois que o recurso foi julgado, a sentença se torna imutável. O que foi decidido ali passa a ter força de lei. Quando chegamos nesse ponto dizemos que "a sentença transitou em julgado". Mas vamos deixar de lado os termos técnicos.

Ter uma sentença que foi dada a seu favor significa que a outra parte deve algo a você. Acontece que a sentença ainda é só um pedaço de papel. O que fazer se a outra parte não quiser cumprir a ordem do juiz?

O processo não serviria de nada se o juiz não tivesse poder para forçar a parte perdedora a cumprir sua obrigação. Por isso ele tem poder para mandar bloquear contas bancárias, apreender veículos e outros bens, impor multas, vender imóveis e muitas outras formas de concretizar o que está no papel.

Porém, o juiz só fará essas coisas se você pedir. A esse pedido damos o nome de Execução.

O Capítulo 6 foi inteiramente pensado só para te explicar a fundo o pedido de execução e o que acontecerá nessa etapa.

DUAS QUESTÕES RELEVANTES SOBRE O PROCESSO NOS JUIZADOS

Litigância De Má-Fé

Como você já sabe, entrar com uma ação no juizado especial cível não tem custos. Mas isso pode mudar se ficar comprovado que uma das partes adulterou ou fraudou alguma coisa no processo.

Essa conduta é chamada de litigância de má-fé e quem agir assim será punido, sendo obrigado a pagar as despesas do processo mais uma multa de dez a vinte por cento sobre o valor da causa.

Anexar documentos falsos ao processo, falsificar ou adulterar assinaturas, destruir e esconder provas ou mentir para o juiz são exemplos de comportamentos de má-fé.

Se você considerar que a outra parte está agindo com má-fé, pode pedir ao juiz que aplique a punição. Essa questão também será analisada na sentença.

O Que Acontece Se Uma Das Partes Morrer Durante O Processo?

É uma pergunta estranha, mas pode acontecer.

Quando o autor falece durante o processo é necessário que os herdeiros entrem no lugar dele dentro do prazo de 30 dias. É recomendável que todo mundo que tenha um processo avise à família para que eles saibam o que fazer se a pessoa vier a faltar.

Se é o réu quem falece, o autor precisa pedir ao juiz que faça a citação dos herdeiros dele. O prazo também será de 30 dias e começa a contar a partir do momento que o autor fica sabendo do óbito.

Nessas duas situações, se nada for feito, o juiz encerrará o processo sem analisar a questão central. Será preciso abrir outro processo se quiser voltar a fazer os mesmos pedidos ao juizado.

CAPÍTULO 3

NÃO FIQUE NO PREJUÍZO, PEÇA INDENIZAÇÃO!

QUANDO AS COISAS NÃO SAEM COMO PLANEJADO

Imagine o roteiro dos sonhos: praia, sol e diversão. Tudo isso em Cancun, no México. A viagem de férias de um casal, no entanto, não acabou como planejada e o retorno ao Brasil virou um verdadeiro pesadelo.

Os dois foram informados de que o voo direto para o Brasil estava lotado. Após uma noite no aeroporto, o casal embarcou em voo com conexão para os Estados Unidos. Mas, como um deles não tinha visto para entrar naquele país, teve de ficar detido em uma sala minúscula no aeroporto destinada àqueles que não possuem a documentação exigida.

Ficaram separados por horas, sem notícias um do outro.

Esse é um caso real que foi noticiado no portal *Jota*. O transtorno que sofreram acabou gerando para a companhia aérea uma condenação por danos morais no valor de R$ 60 mil.

Espero que você nunca se encontre nessa situação, mas é preciso saber o que fazer se alguma coisa do tipo acontecer.

Estar atento, colher todas as informações que possam ser usadas como provas no futuro e conhecer seus direitos é fundamental para ser bem-sucedido.

A essa altura do campeonato, você já sabe que existe uma diferença fundamental entre os danos materiais e os danos morais. O momento agora é de nos aprofundarmos nesse tema e ver como ele funciona na prática.

Neste capítulo vamos ver o passo a passo que é preciso seguir para buscar na Justiça a reparação por prejuízos que uma pessoa ou uma empresa venha a te causar. Vamos em frente!

RESPONSABILIDADE

Dizemos que alguém é responsável por alguma coisa quando sabemos que ele tem a obrigação de responder por aquilo. Se alguém causa um prejuízo a você, falamos que ele é o responsável por esse prejuízo e, por isso, tem o dever de reparar o dano que causou.

Na Justiça a lógica é a mesma. Se você for prejudicado, tem o direito de entrar com uma ação para que a pessoa responsável seja condenada a te indenizar.

Aliás, a palavra indenizar significa exatamente "acabar com o dano", ou seja, corrigir o problema que foi criado por quem tem responsabilidade.

Então, sempre que você pensar em prejuízo ou dano, pense também em indenização e responsabilidade. Está tudo conectado, porque é preciso provar que alguém tem responsabilidade para poder pedir que essa pessoa indenize os prejuízos que causou.

"E como provamos a responsabilidade de alguém?"

A primeira coisa que você deve comprovar é que a pessoa de quem está cobrando a indenização tomou alguma atitude de maneira descuidada ou até mesmo agiu com a intenção de te prejudicar.

A segunda coisa é provar que um dano realmente aconteceu, inclusive dizendo qual o valor exato desse prejuízo.

A terceira coisa que é necessário provar é a relação entre a atitude e o dano, ou seja, demonstrar como aquele ato contribuiu para que o prejuízo acontecesse.

Na prática, sempre que você for entrar com uma ação de indenização, a sua linha de argumentação deve ser essa:

> Fulano praticou a ação X, que me causou o prejuízo Y, pelos motivos Z e W e tudo está comprovado pelas provas A, B e C.

Com esses três pontos comprovados você tem direito a uma indenização. Então vamos estudar cada um deles separadamente.

ATO CULPOSO OU DOLOSO

Como já vimos, a primeira questão que precisaremos analisar é o comportamento, a conduta, o ato que foi praticado por quem queremos processar.

Esse ato pode ser uma ação (fazer alguma coisa) ou uma omissão (deixar de fazer alguma coisa).

Com relação à ação propriamente dita, pense no exemplo de alguém que ultrapassou o sinal vermelho e causou um acidente. Para ser indenizado por isso é preciso provar que esse fato realmente aconteceu, o que pode ser feito com fotos do acidente, testemunhas que viram a infração sendo cometida e até imagens de câmeras de segurança que possam ter filmado tudo.

AUTODEFESA LEGAL

Além disso, para que o causador do acidente seja responsabilizado e obrigado a indenizar, é preciso provar que ele agiu de maneira culposa ou dolosa.

Dolo significa intenção. Nesse caso, você deve demonstrar ao juiz que o réu agiu intencionalmente para gerar o dano.

Mas, mesmo que não seja possível saber se a pessoa teve realmente aquela intenção, podemos demonstrar que ela agiu com culpa, ou seja, que ela foi descuidada, imprudente, que não respeitou as regras de segurança etc. A ação culposa já é suficiente para gerar a obrigação de pagar uma indenização.

Basicamente, podemos pensar em três situações principais em que alguém age com culpa.

Imagine que alguém pode ter culpa (ser descuidado) por estar desatento, por ser muito apressado ou por não ter capacidade de fazer alguma coisa. Tecnicamente, chamamos essas situações de negligência, imprudência e imperícia.

Vamos voltar ao nosso exemplo de quem atravessa o sinal vermelho e causa um acidente. Se ele se distraiu e não viu o sinal na hora de fazer o cruzamento, ele agiu com negligência; se ele viu que o sinal estava vermelho mas acelerou para tentar passar assim mesmo, agiu com imprudência; se ele não tinha carteira de motorista e não sabia dirigir, agiu com imperícia.

Essas situações específicas e esses termos técnicos não importam para nós. O que importa é que você entenda esses exemplos para que fique mais claro o que é a ideia de culpa.

Por outro lado, às vezes a pessoa deixa de agir quando deveria e isso causa um dano a alguém. Essa é a omissão.

Note que não é qualquer omissão que gera um direito a indenização.

Pense numa situação em que você paga um serviço de segurança para vigiar o seu carro. Acontece que o veículo é roubado alguns dias depois e uma pessoa que estava passando na rua vê tudo. A empresa de segurança tinha o dever de impedir esse roubo, mas a pessoa que estava ali de passagem não tinha.

Esse exemplo nos mostra que você só terá direito à indenização por uma omissão quando a pessoa ou empresa que se omitiu tinha o dever de agir naquela situação para impedir que você fosse prejudicado.

Para terminarmos a questão sobre o ato. Os atos praticados por empregados de empresas ou funcionários públicos, quando estão trabalhando, são de responsabilidade da empresa ou do órgão público. Isso significa que você não processa individualmente a pessoa, mas, sim, a empresa.

DANO

O próximo ponto é o dano. Você já sabe que existem dois tipos: o dano material e o dano moral. Vamos ver cada um deles separadamente.

Dano Material

O dano material é exatamente aquilo que nós pensamos quando ouvimos a palavra dano. É um estrago, uma avaria, a destruição de alguma parte ou de todo um bem que você tenha.

O dano material está ligado principalmente ao patrimônio, às questões financeiras/econômicas. Mas o dano material também pode ser um dano corporal: um ferimento, perder uma parte do corpo, uma doença que possa ser causada por alguém etc.

Você já deve ter percebido que a principal característica do dano material é ser um prejuízo que pode ser medido, que pode ser quantificado em dinheiro. Por essa razão, você precisa de provas específicas de quanto exatamente foi o prejuízo que sofreu.

Mais uma vez, voltando ao nosso exemplo do acidente de carro. Nós conseguimos saber qual é o preço do conserto; se alguma coisa que estava dentro do carro se quebrou, sabemos qual o valor; se aconteceram ferimentos, os custos do tratamento médico e dos remédios também são conhecidos etc. Todas essas informações podem ser apresentadas a um juiz.

A lei nos traz alguns exemplos específicos de danos. Veja o que diz o Código Civil:

> Art. 936. O dono, ou detentor, do animal ressarcirá o dano por este causado, se não provar culpa da vítima ou força maior.
>
> Art. 937. O dono de edifício ou construção responde pelos danos que resultarem de sua ruína, se esta provier de falta de reparos, cuja necessidade fosse manifesta.
>
> Art. 938. Aquele que habitar prédio, ou parte dele, responde pelo dano proveniente das coisas que dele caírem ou forem lançadas em lugar indevido.

Agora você deve estar se perguntando:

"Entendi, mas quais prejuízos exatamente eu posso cobrar como indenização?"

Temos dois tipos de danos materiais:

1. Dano Emergente

Damos o nome de dano emergente àquele prejuízo imediato, que acontece diretamente como consequência da ação do réu, aquilo que foi perdido. É o estrago no carro causado pelo acidente.

Normalmente a prova do dano emergente é mais fácil, basta incluir no processo algum documento que demonstre que você precisou pagar o conserto do veículo, as despesas médicas, o valor do que foi quebrado etc.

2. Lucros Cessantes

É aquilo que você deixou de ganhar em função do prejuízo que sofreu.

Se você usava o carro para trabalhar e precisou ficar duas semanas parado até o conserto acabar, esses dias de serviço que você deixou de receber podem ser cobrados como lucros cessantes; se você precisou ficar sem trabalhar por recomendações médicas, esses dias de trabalho também podem ser indenizados como lucros cessantes.

Veja que, nesse caso, a prova é um pouco mais difícil de fazer. Temos que mostrar para o juiz que você obtinha lucros com aquele bem e que, por causa do dano que sofreu, não pode mais ter essa renda.

Um exemplo para visualizarmos os lucros cessantes é o dos motoristas de aplicativos e taxistas. Eles têm formas para provar que exerciam esse trabalho e que ganhavam, em média, uma quantia X por dia. Se sofrerem um acidente e não puderem trabalhar, é fácil saber quanto seriam os lucros cessantes.

Outro exemplo: imagine que você tem uma casa alugada e, certo dia, o vizinho foi fazer uma reforma e furou o encanamento da sua propriedade, o que deixou a casa inabitável e obrigou o inquilino a morar em outro lugar até que tudo seja resolvido. Além de cobrar pelos consertos, você também tem direito a uma indenização pelos aluguéis que ficou sem receber nesse período.

Repito: não se preocupe com os nomes técnicos, o que vale é que você entenda que pode ter direito a uma indenização tanto por aquilo que perdeu quanto pelo que deixou de ganhar.

Dano Moral

O dano moral é bem diferente. Enquanto no dano material você consegue ver um prejuízo concreto, um estrago, uma perda ou desvalorização econômica de um bem, no dano moral não temos como saber o valor do que foi "danificado".

Nesse caso, as questões envolvidas são sentimentais, emocionais, psicológicas, relacionadas à forma como cada pessoa se vê e como as outras pessoas a veem.

Ofensas pessoais, difamações em público, situações que exponham alguém ao ridículo, aborrecimentos graves causados por empresas de má qualidade, essas são ocorrências que mais costumam gerar danos morais.

Uma observação inicial é que você pode pedir uma indenização por danos morais junto aos danos materiais.

Lembre-se do nosso exemplo do acidente de trânsito. Imagine que, logo depois da batida, o motorista do outro carro começou a te xingar e ofender. Esse fato pode gerar uma indenização além dos prejuízos que o réu já terá que reparar por conta do acidente que provocou.

"E como eu faço para provar que sofri danos morais?"

Essa é uma ótima pergunta, porque, se nós estamos falando de questões psicológicas, cada um interpreta a mesma situação de formas diferentes. Por essa razão, é impossível você conseguir demonstrar ao juiz como se sentiu em relação a uma determinada situação.

A Justiça percebeu esse problema e passou a considerar que não é preciso provar o dano moral em si, o que você precisa provar é que a situação constrangedora aconteceu. O juiz analisará os fatos e decidirá se considera que os acontecimentos são ofensivos ou não, de acordo com o entendimento dele.

Veja esse exemplo:

Você entrou com uma ação alegando que o seu vizinho fez várias ofensas contra você, te difamando para os outros vizinhos. Você tem provas: mensagens de texto que ele mandou no grupo de WhatsApp do condomínio. Agora o juiz vai analisar e dizer se considera que o que o réu disse sobre você é excessivamente ofensivo (dano moral) ou é só uma situação comum de desentendimento entre vizinhos que pode surgir nos debates do condomínio, coisa que não gera direito a uma indenização.

Isso mesmo! Não temos uma forma objetiva e clara de saber o que é e o que não é dano moral. É o juiz que vai fazer essa definição, caso a caso, de acordo com a própria opinião.

Mas não se preocupe com isso. Se você sentiu que sofreu um dano moral, entre com o processo e aguarde o posicionamento do juiz.

Outro ponto que você tem que saber sobre os danos morais é como definir o valor da indenização. Como saber qual o preço para o abalo emocional que você sofreu? Difícil, não é? E mesmo que você defina um valor, as outras pessoas podem ter uma opinião completamente diferente sobre isso. É uma questão subjetiva.

A notícia que eu tenho para te dar é que nós não temos um critério para saber qual é o valor correto do dano moral. No fim das contas, o juiz vai dizer quanto ele acha que vale o seu aborrecimento.

"Ok, mas quanto eu devo pedir de indenização?"

Alguns juízes aceitam que você peça a indenização sem definir um valor, afinal, a última palavra é deles mesmo. Outros juízes vão exigir que você diga quanto pretende ganhar, por isso, recomendo que você já faça isso logo no início.

Mas a dúvida sobre quanto pedir ainda permanece.

Para resolver todas essas incertezas envolvendo o dano moral, vamos trazer aqui informações de uma pesquisa que foi publicada no portal *Jota*. Esse estudo analisou quais são as situações mais comuns em que os juízes consideram ter ocorrido dano moral, além da média de valor da indenização para cada caso.

Se você teve um problema, ele provavelmente vai estar nessa lista. Use-a para saber quando cabe a indenização e quanto você pode receber.

Mas não se esqueça: essa lista cita apenas as situações mais comuns, por isso você pode entrar com o processo mesmo que o seu caso não esteja aqui.

1. Algumas situações gerais:

1.1. Falta de cumprimento de obrigações assumidas em contrato (média de R$ 2.000,00 a R$ 10.000,00) – essa situação vai depender da análise do caso concreto, pois a Justiça entende que o mero descumprimento contratual não é passível de dano moral. O normal é que, se você pagou e o contrato não foi cumprido, o juiz conceda só a indenização por danos materiais, obrigando a empresa a devolver o dinheiro; se nada foi pago antecipadamente, geralmente não existe motivo para indenização. Acontece que, às vezes, o descumprimento do contrato gera uma situação tão constrangedora que justifica a indenização por danos morais. Pense no exemplo de uma empresa que é contratada para organizar um casamento ou uma festa de formatura e não entrega o serviço na data marcada.

1.2. Suspensão indevida de fornecimento de energia elétrica ou água em virtude de cobranças antigas ou indevidas (média de R$ 5.000,00).

1.3. Falta de notificação do devedor sobre a inscrição de seu nome em órgãos de proteção ao crédito (SPC, Serasa, SCPC) ou inscrição indevida (média de R$ 5.000,00).

1.4. Utilização de imagem sem autorização ou violação de direito autoral (média de R$ 4.000,00 a R$ 15.000,00) – essa situação é aquela em que um jornal ou empresa publicam seu nome ou sua imagem sem te consultar. Se você não for uma pessoa pública (um artista, um político etc.) ou se a foto não foi tirada em local público, você tem direito à indenização. Outro caso é quando usam textos, músicas, ou outras obras intelectuais que você criou sem sua permissão.

1.5. Exposição de conteúdo ofensivo sobre pessoas na internet ou qualquer meio de comunicação (média de R$ 5.000,00 a R$ 50.000,00) – note que, nesse caso, a indenização pode ultrapassar a quantia de 20 salários-mínimos, o que pode ser um obstáculo para que você abra o processo sem advogado. O que fazer então? Primeiramente, entenda que é muito raro que a indenização chegue a esse valor. A regra é que quanto mais grave a ofensa e quanto maior o número de pessoas que receberam o conteúdo, maior será o valor da indenização. Para que o dano moral ultrapasse os 20 salários é preciso que a difamação ocorra num grande canal de mídia (como rádio e TV) e seja grave (xingamentos pesados, ofensas a pessoas da família, à honra e à moral). Além disso, lembre-se de que você pode abrir mão de uma parte do valor para não precisar contratar um advogado. Em resumo: na maioria das vezes você vai sozinho ao Juizado; se a ofensa for amplamente propagada e muito séria, procurar um advogado fica a seu critério.

1.6. Cobranças abusivas, com ameaça, constrangedoras ou com publicidade negativa do devedor (média de R$ 5.000,00).

1.7. Vazamento de dados pessoais de clientes por empresas de telefonia ou TV a cabo (média de R$ 2.000,00 a R$ 5.000,00).

1.8. Bloqueio de linhas telefônicas fixas ou móveis sem aviso prévio (média de R$ 5.000,00).

1.9. Compra de produtos que tenham defeitos que impedem ou prejudicam o seu uso (média de R$ 3.000,00 a R$ 8.000,00).

1.10. Ingestão de produto alimentício impróprio para consumo, contaminação ou contendo corpo estranho (média de R$ 5.000,00 a R$ 12.000,00).

1.11. Perda de compromissos em decorrência de atraso de voo ou overbooking (média de R$ 2.000,00 a R$ 5.000,00).

1.12. Expedição de diploma sem reconhecimento pelo MEC (média de R$ 10.000,00) – pode parecer estranho, mas acontece de pessoas cursarem uma faculdade, formarem-se, e só quando precisam usar o diploma descobrirem que ele não é reconhecido pelo MEC. Isso é um caso de dano moral.

1.13. Recusa do plano de saúde em cobrir tratamento médico-hospitalar previsto no contrato ou considerado obrigatório pela Agência Nacional de Saúde Suplementar – ANS (média de R$ 5.000,00 a R$ 20.000,00).

1.14. Omissão da esposa ao marido sobre a paternidade biológica do filho (até R$ 200.000,00) – esse é um caso em que eu recomendo que você procure um advogado.

2. Principais casos envolvendo bancos:

2.1. Crimes ocorridos em instituições financeiras (média de R$ 2.000,00 a R$ 5.000,00) – os bancos têm o dever de garantir a segurança de seus clientes, seja a segurança física ou a segurança das informações. Crimes como a clonagem de cartão de crédito, obtenção de senhas e informações bancárias das pessoas de forma fraudulenta, golpes que ocorram por negligência dos bancos, todos são capazes de gerar indenização por danos morais. Crimes como roubos, furtos e estelionatos que aconteçam dentro de agências bancárias ou agências dos correios e lotéricas que funcionem como correspondentes bancários também podem gerar indenização pela falta de segurança. Se a pessoa sofreu algum ferimento ou passou por uma situação mais grave, a indenização pode ser maior.

2.2. Devolução de cheque indevida ou desconto de cheque antes da data estipulada (média de R$ 5.000,00) – o banco não pode devolver o cheque se a conta tiver fundos e se o preenchimento estiver correto. Já a pessoa que recebe o cheque não pode depositá-lo antes da data combinada com o devedor (nesse caso o processo deve ser aberto contra a pessoa que depositou o cheque antes da hora, não contra o banco).

2.3. Recusa de liberação de crédito/empréstimo em razão de dados incorretos ou desatualizados (média de R$ 5.000,00).

2.4. Retenção do salário de correntista para pagamento de dívidas com o banco (média de R$ 5.000,00).

2.5. Descontos em contas bancárias sem autorização do cliente (média de R$ 2.000 – a R$ 5.000) – esse caso é aquele em que o banco cobra taxas que não estão autorizadas por lei, cobra por empréstimos que o cliente não autorizou etc., e desconta esses valores da conta corrente.

3. Alguns casos envolvendo órgãos públicos:

3.1. Erro médico praticado em hospitais públicos (varia de R$ 10.000,00 a R$ 360.000,00) – você deve se lembrar de que nós vimos que os casos de erros médicos, geralmente, não vão aos juizados especiais porque costumam gerar indenizações maiores e precisam de provas mais complexas como a perícia. Acontece que, quando se trata de ações contra o governo, você também se recorda que o valor máximo dos juizados é mais alto (60 salários mínimos) e que provas complexas como uma perícia médica são permitidas. Por isso, você pode optar por entrar com um pedido de indenização por erro médico quando o réu for o governo, principalmente se o erro não for excessivamente grave. Por outro lado, se o erro médico gerou a morte do paciente ou sequelas graves e permanentes como a perda de um membro, de um órgão ou paraplegia, por exemplo, é recomendável pedir o auxílio de um advogado, até porque a indenização pode ultrapassar muito o limite dos juizados do governo.

3.2. Fraturas por quedas e acidentes em ruas, avenidas e estradas públicas por problemas de má conservação, falta de iluminação ou má sinalização (média de R$ 5.000,00).

3.3. Equívocos em atos administrativos como multas de trânsito, multas tributárias, multas ambientais etc. (média de R$ 1.000,00 a R$ 5.000,00).

3.4. Pessoa presa erroneamente (média de R$ 100.000,00) – esse é um caso em que também pode ser recomendável buscar um advogado, principalmente se a pessoa fica muito tempo presa por um erro das autoridades. Pode não parecer comum, mas acontece de pessoas com nomes idênticos (homônimos) serem presas uma no lugar da outra, pessoas que são parecidas fisicamente ou mesmo que uma pessoa que já cumpriu a pena seja presa novamente ou fique mais tempo do que deveria na cadeia sem ser libertada. Isso é uma ofensa muito grave aos direitos humanos, gera um abalo psicológico sério e, por isso, dá direito à indenização.

NEXO OU RELAÇÃO DE CAUSALIDADE

Já falamos sobre as duas pontas da responsabilidade: a ação e o dano. Agora precisamos ligar essas duas extremidades.

Essa ligação é chamada de nexo de causalidade ou relação de causalidade. A palavra nexo significa exatamente "ligação", por isso dizemos que alguém está falando coisas sem nexo quando não existe lógica no que ela diz.

Falar do nexo, dentro da responsabilidade, é justamente mostrar ao juiz como a ação da pessoa que estamos processando causou o dano que sofremos. Se não conseguirmos encontrar uma relação clara e direta entre essas duas coisas, não teremos indenização.

Veja que, em grande parte das vezes, o nexo já fica muito claro pela própria situação. Por exemplo: é evidente que o acidente de veículo causa danos ao carro. Não há muito o que dizer sobre isso.

Outras vezes pode ser preciso que você faça uma prova do nexo. Por exemplo: o acidente de veículo causou um ferimento na perna e a pessoa ficou com sequelas que dificultam os movimentos. Como saber se foi mesmo o acidente que causou esse problema? Será que o problema já não existia antes do acidente? Será que o ferimento foi mesmo tão profundo para deixar essa sequela? Percebe como só um médico vai poder responder essas perguntas e esclarecer se existe nexo entre a ação e o dano?

Resumindo: normalmente você não precisa se atentar tanto à questão do nexo porque a própria narrativa dos fatos e as provas já deixam claro que existe uma relação entre a ação e o dano; mas pode haver ocasiões em que você precisará de uma argumentação um pouco mais consistente e de provas específicas para demonstrá-lo ao juiz.

DEFESAS

Como você se defenderia de um processo de indenização? É bom que você conheça as principais formas de defesa, seja para saber o que o réu pode alegar quando você entrar com uma ação contra ele, seja para saber como se preparar se você for processado.

Lembre-se do velho ditado: "quem alega tem que provar". Se você está apenas negando um fato, não precisa provar nada. Mas se você alega um fato novo, vai ter que provar que isso aconteceu.

Esse é o princípio básico para analisarmos as possíveis formas de se defender que veremos a seguir.

Negação De Fatos E De Autoria

A primeira e mais básica forma de defesa é simplesmente negar os fatos. Não há muito o que dizer sobre isso.

Mas uma maneira específica de fazer essa defesa é negar a autoria, ou seja, negar que foi você que praticou o ato. Aquele fato até pode ter acontecido, mas você não tem nada a ver com isso.

Aqui podemos falar de uma defesa chamada álibi. O álibi nada mais é que provar que é impossível que você tenha causado aquele dano porque, no momento em que ele aconteceu, você estava em outro lugar fazendo outra coisa.

Exatamente, é possível provar o álibi. Você pode usar testemunhas para confirmar que você estava com elas naquele momento, pode usar a fatura do cartão de crédito para mostrar que você estava comprando alguma coisa em outro lugar ou até mesmo verificar no GPS do carro ou do celular que registram por onde você passou.

Negação De Culpa

Negar a culpa é como negar qualquer outro fato, mas algumas situações podem deixar mais claro que a culpa não existia naquele caso.

Uma forte causa de exclusão da culpa são os problemas mentais. Se a pessoa tem alguma doença que dificulte ou impeça que ela entenda as consequências do que está fazendo, ela não tem culpa. Quando existe uma causa que reduz a capacidade cognitiva de alguém, se essa pessoa causa um dano, o correto é processar os responsáveis.

Existe a possibilidade de que a pessoa só esteja temporariamente incapacitada e isso também impede que ela seja condenada a indenizar. Por exemplo: suponha que alguém estava dirigindo um carro e teve um derrame no meio de uma avenida, ela não tem culpa se isso causar um acidente; uma pessoa que é drogada por um criminoso não pode ser responsabilizada se causar um dano nesse estado.

Situações Que Excluem A Ilicitude

Existem algumas situações que fazem com que o seu ato não seja considerado ilegal (excluem a ilicitude), mesmo que tenha causado dano a outra pessoa:

» Legítima Defesa – a legítima defesa acontece quando você, ao se defender de uma agressão, acaba causando dano ao próprio agressor. Logicamente, você não pode ser obrigado a indenizá-lo, porque foi ele quem iniciou o conflito. Acontece que, para que a legítima defesa seja válida, a força utilizada deve ser somente aquela estritamente necessária para parar a agressão. Não pode haver excesso, caso contrário você terá que indenizar. Imagine que você está andando na rua e uma pessoa ameaça te dar um soco; se você revida o soco para pará-lo, será considerado legítima defesa, mas se você atira nela, será considerado excesso.

» Estado de Necessidade – o estado de necessidade é uma situação em que você precisa causar um dano a um bem de outra pessoa para poder se livrar de um risco mais grave. Um exemplo seria você estar em um prédio que começa a pegar fogo e, para fugir, você causa danos aos bens que estão lá dentro. Acontece que, mesmo com o estado de necessidade, o juiz ainda pode te obrigar a pagar a indenização, mas você tem direito a cobrar esse prejuízo de quem gerou a situação de perigo. Você não pagará nada se o causador do perigo for a própria pessoa que sofreu o dano. Por exemplo: se o incêndio no prédio aconteceu por falta de manutenção nas instalações elétricas, a culpa é do próprio proprietário e ele não pode pedir indenização a ninguém; mas se foi um incêndio provocado por um criminoso, ele poderá pedir a indenização às pessoas que causaram dano para se livrarem e essas pessoas podem cobrar depois do causador do problema.

Situações Que Excluem O Nexo De Causalidade

Alguns fatos podem quebrar a relação de causalidade entre a conduta de uma pessoa e os danos que outra possa ter sofrido. Isso significa que, mesmo que seja provado que houve um ato e que aconteceu um dano, não há relação entre essas duas coisas por conta de um terceiro acontecimento.

Quebrando o nexo de causalidade, não teremos mais a responsabilidade. Veja como fazer isso:

» Força Maior – se acontecer um fato que você não provocou e que seja muito grave para te impedir de cumprir um contrato, chamaremos isso de força maior. Um exemplo de força maior são as catástrofes naturais, fortes chuvas, deslizamentos de terra, incêndios etc. Acidentes graves que te impeçam de cumprir uma obrigação, chegar a um local no horário marcado ou outro dever que não possa ser adiado também podem ser considerados força maior.

» Culpa da Própria Vítima – o nome já é autoexplicativo. Se a culpa pelo dano é da própria pessoa que sofreu com ele, ela não tem que pedir indenização a ninguém. Lembre-se de que, nesse caso, é você quem alegará um fato novo no processo, ou seja, é preciso provar essa culpa. Se a culpa não for exclusivamente da vítima, mas cada uma das partes tiver uma parcela de culpa, isso significa que o valor da indenização deve ser reduzido proporcionalmente à culpa de cada um.

» Ato de Terceiro – via de regra, ninguém tem responsabilidade por atos de outra pessoa. Se você conseguir provar que aquele dano foi causado por um terceiro, você não será responsabilizado por nada. Porém, existem algumas exceções em que uma pessoa pode ter que se responsabilizar pelo ato praticado por outra. Veremos nos próximos tópicos.

Negação Do Dano E Excesso De Valor Da Indenização

Perceba uma questão importante: você pode usar uma, algumas ou até todas essas defesas, desde que uma delas não contradiga a outra.

Você poderia se defender da seguinte forma:

> Os fatos não são verdadeiros e o autor não provou suas alegações. Além disso, eu não poderia ter causado o dano porque estava em outro local. Também é preciso perceber que foi o próprio autor quem causou a situação que ele alega ter gerado o dano.

Por isso, nada impede que você diga ao juiz que os fatos não aconteceram, mas, se ele achar que realmente ocorreram, nenhum prejuízo foi causado ou o prejuízo não é tão grande quanto o autor está dizendo.

Quando você estiver se defendendo, é muito importante que você verifique se o dano material que está sendo cobrado é realmente daquele valor.

Pense mais uma vez no acidente de carro: imagine que o autor está cobrando o valor de R$ 10.000,00 pela troca da tampo do porta-malas, mas você pesquisou em várias oficinas e descobriu que o preço da peça mais a mão de obra do mecânico não passaria de R$ 2.000,00. Existe claramente um excesso aqui e você poderá prová-lo ao juiz juntando ao processo dois ou três orçamentos que demonstrem que o valor alegado pelo autor não tem justificativa.

Nesse caso, mesmo que o juiz considere que você é, de fato, culpado pelo dano, vai reduzir o valor da indenização apenas ao que seria adequado para cobrir o prejuízo.

Em algumas situações, é possível até negar totalmente o dano material. Por exemplo: alguns veículos têm latarias mais flexíveis que amassam numa batida, mas depois recuperam sua forma normal. Se isso acontecer, o autor não terá sofrido nenhum dano e não terá provas para dizer que foi prejudicado, ou seja, mesmo que você tenha provocado o acidente, não haverá prejuízo a ser reparado.

Quando você estiver sendo processado por dano moral, sempre negue o dano em sua defesa.

Lembre-se de que é o juiz quem decide se aquela situação gera ou não um abalo psicológico. Seu papel é dizer que ela é um acontecimento normal do cotidiano, que é só um aborrecimento menor, que não é suficiente para justificar uma indenização.

Por último, ainda temos que pensar no valor dos juros que serão cobrados. Pode acontecer do autor cobrar mais juros do que teria direito e, sabendo disso, você deve apontar o erro.

Para que você se oriente melhor nessa questão do valor da indenização, vamos explicar o passo a passo de como fazer o cálculo logo adiante.

RESPONSABILIDADE POR ATOS DE TERCEIROS

Dissemos que a regra é que ninguém seja responsabilizado por atos que não praticou. Mas, em alguns casos, você pode ter que arcar com os prejuízos causados por outras pessoas. Vamos ver as 5 principais situações:

1. Os pais respondem pelos atos dos filhos menores sob sua autoridade e que estejam em sua companhia;

2. Os tutores e curadores (pessoas que ficam responsáveis por crianças ou incapazes) respondem pelos atos das pessoas que estejam sob sua guarda e em sua companhia;

3. As empresas e ONGs respondem pelos atos das pessoas que trabalham para elas (mesmo que voluntariamente), desde que essas pessoas estejam cumprindo as funções para que foram contratadas;

4. Os donos de hospedagens remuneradas, inclusive as pessoas que alugam casas ou apartamentos por meio de aplicativos como o Airbnb, respondem pelos atos dos hóspedes;

5. O governo responde pelos atos dos seus funcionários.

COMO CALCULAR O VALOR DA INDENIZAÇÃO?

Veja o que diz o nosso Código Civil:

> Art. 944. A indenização mede-se pela extensão do dano.

É exatamente isso: o valor da indenização está diretamente relacionado ao valor do dano. Basicamente, você receberá uma quantia igual ao prejuízo que você conseguiu provar.

"Até aí eu já sei, mas como fica a questão dos juros?"

Juros são o preço do dinheiro. Num empréstimo, você paga juros pelo tempo que ficou com o dinheiro do banco. Quanto mais você demora a pagar, mais juros você paga.

No caso de uma indenização, os juros são o preço que o réu tem que pagar pelo tempo que te deixou no prejuízo até finalmente te ressarcir.

"Certo, mas quanto é que se paga de juros, afinal?"

Temos duas possibilidades: ou a pessoa te causou um prejuízo mas ela não tinha nenhuma relação anterior com você, como é o caso do acidente de trânsito; ou existe um contrato entre você e a outra parte e esse contrato define uma taxa de juros.

Se existe um contrato, você segue a taxa de juros que está estabelecida ali; se o contrato não diz nada ou se não existe nenhum contrato que ligue as duas partes, a taxa é de 1% ao mês. Lembre-se: 1% ao mês, ou seja, a cada mês você soma 1% do valor do dano.

Se o dano é de 100, o juro é 1. Assim que completar o primeiro mês o valor da indenização será de 101; no segundo mês aumenta para 102; no terceiro, 103 e assim em diante.

"Outra pergunta: a partir de quando esses juros começam a contar?"

Simples: no caso em que a indenização surge de um contrato que foi descumprido, os juros começam a contar a partir do dia em que esse descumprimento aconteceu; já nos casos em que o dano não está relacionado a um contrato, os juros serão contados a partir do dia em que o dano ocorreu.

Daí em diante você vai acrescentando o valor dos juros ao valor principal da dívida mês a mês.

Para podermos finalizar este capítulo, vamos calcular a indenização em um exemplo prático partindo do nosso velho exemplo do acidente de trânsito.

No mês de agosto de 2017 João estava dirigindo tranquilamente pela cidade quando o José bateu na traseira do carro. Logo após o acidente, José desceu do carro e ofendeu João gravemente, voltou para o veículo e fugiu. Mas João conseguiu anotar a placa, pegou o contato e as informações das testemunhas que estavam ali por perto, tirou fotos do acidente e falou com os proprietários das casas e comércios próximos para pegar cópias das imagens das câmeras de segurança.

João levou seu carro à oficina e descobriu que o custo do conserto ficaria em 5 mil reais. Ele pegou mais dois orçamentos com outras empresas que deram os preços de 4,5 mil e 5,5 mil reais. Mesmo assim, ele preferiu deixar o carro com a primeira oficina porque já tinha confiança nos mecânicos que trabalhavam lá.

João pagou o conserto do carro porque precisava trabalhar. Ele era motorista e ganhava 1.500 reais por mês. O veículo ficou duas semanas na oficina.

Ele não quis ficar no prejuízo. Então, no mês de fevereiro de 2018, decidiu processar José. Calculou o valor da indenização da seguinte forma:

O dano ao carro foi de 5 mil reais, mais 1.500 de lucros cessantes. João também sofreu um dano moral e ele achou razoável cobrar o valor de 7 mil reais por essas ofensas.

Até aí temos 13.500 reais.

Agora vamos calcular os juros, que serão de 1% ao mês porque não se trata de um contrato.

Com relação aos 6.500 reais de danos materiais, os juros serão de 65 reais a cada mês e, em 6 meses, somam 390 reais.

Com relação aos danos morais de 7.000 reais, temos 70 reais mensais de juros que, em 6 meses, somam 420 reais.

AUTODEFESA LEGAL

Totalizamos 6.890 reais em danos materiais mais juros e 7.420 reais em danos morais mais juros. Portanto, o valor final dessa causa será a soma dos valores finais das duas indenizações, ou seja, R$ 14.310,00.

Lembre-se de que os juros continuam contando durante o período que o processo estiver correndo até que a dívida seja efetivamente paga. Se o processo demorar mais 8 meses, acrescente mais esses juros na conta quando for executar a dívida (veja o Capítulo 6 sobre execução).

Está feito o cálculo da indenização!

CAPÍTULO 4

COBRANDO SUAS DÍVIDAS

SERÁ QUE VOU RECUPERAR MEU DINHEIRO?

Não é de hoje que os brasileiros têm o hábito de pegar empréstimos, de comprar a prazo ou de se endividar de alguma forma. Com as dificuldades econômicas que envolvem o nosso país, é muito difícil para a maioria das pessoas juntar dinheiro para comprar sempre tudo à vista. Tanto é que as pesquisas mostram que, em média, 65% das famílias brasileiras estão arcando com alguma dívida nesse momento.

Por isso mesmo é que, se você quiser fazer negócios no Brasil, precisa se acostumar a conceder algum tipo de crédito. Se você tem uma empresa, pode perder muitas vendas se não fizer parcelamentos; se você quer vender uma casa ou um carro, pode ser difícil achar alguém que pague tudo à vista.

Além disso, pode acontecer de um familiar ou amigo estar passando por um problema grave de saúde, por exemplo, e precisar de um dinheiro que só você tem para emprestar. Você não quer deixar seu amigo na mão, mas também não quer ficar sem o fruto do seu trabalho, certo?

Acontece que, daquela parcela da população que está endividada, aproximadamente 24% das pessoas não estão pagando em dia, ou seja, são inadimplentes.

Daí você me pergunta:

"O que é preciso fazer para emprestar dinheiro, vender a prazo ou conceder qualquer tipo de crédito de forma segura e garantir que vou conseguir recuperar o dinheiro se precisar fazer a cobrança?"

A resposta é que, antes mesmo de dar crédito a alguém, você precisa se preparar com as ferramentas certas que vão te permitir usar todos os meios que a lei tem para fazer uma cobrança. Se as coisas chegarem ao ponto de ser necessário cobrar na Justiça, suas chances de sucesso aumentam muito se você tiver um documento que prove a dívida, garantias de que ela será paga e mecanismos para fazer que o processo seja mais rápido.

Neste capítulo vamos ver tudo que você pode fazer para não tomar um calote. Algumas coisas são mais específicas para comerciantes, outras servem melhor a pessoas físicas.

Algumas pessoas podem não querer fechar negócios se você pedir muitas garantias, mas é preciso ter em mente que quanto menos precauções você tomar, mais riscos correrá. Cabe a você decidir quais ferramentas usar e quanto risco está disposto a correr. Vamos lá!

INFORME-SE ANTES DE EMPRESTAR (PRÉ-CONTRATO)

Mesmo que esteja simplesmente querendo emprestar dinheiro a um primo ou seja um pequeno comércio que quer vender fiado ou a prazo para as pessoas da região, é sempre importante fazer uma análise de crédito antes de fechar o contrato. Esse é o primeiro passo para que, no futuro, você receba o que é devido.

"Mas análise de crédito não é coisa de banco grande?"

Não. Qualquer pessoa pode fazer uma análise de crédito com medidas simples, basta buscar as informações certas para isso.

Faça Um Cadastro E Conheça O Devedor

É fundamental que você tenha um cadastro da pessoa que está pedindo crédito. Nome completo, profissão, endereço, telefones, identidade, CPF, todos esses dados são essenciais para que você possa prosseguir com segurança.

Você pode ir além e pedir informações mais detalhadas como a renda mensal, referências que podem confirmar se aquela pessoa é uma boa pagadora, indicação de pessoas para serem fiadoras do negócio ou indicação de bens que podem servir como garantia. Tudo vai depender do tamanho do negócio que você vai fazer e do risco que está disposto a correr.

Se você tem uma empresa, provavelmente já tem um sistema para cadastrar seus clientes com fichas ou no computador. O importante é que você tenha acesso fácil a essas informações quando precisar e consiga controlar se a dívida está sendo paga em dia.

A pessoa física também precisa ter essas informações à mão, mas nesse caso você pode simplificar guardando tudo numa pasta que possa ser encontrada com facilidade depois.

Também é importante arquivar cópias dos documentos que comprovam as informações que o devedor está te fornecendo. Não precisa autenticar no cartório, mas tenha cópias da documentação de identificação (RG, CNH, CPF, Contrato Social, CNPJ etc.), comprovante de endereço, comprovante de renda (contracheque), declaração de Imposto de Renda, escritura de imóveis e até mesmo o IPVA se achar necessário. É óbvio, se a pessoa te diz que tem um carro ou um imóvel, ela precisa ter o documento que demonstre isso.

Previna-se Contra Fraudes

De acordo com a Serasa Experian, a cada minuto ocorrem 3,7 tentativas de fraude com documento falso no país. Segundo o Serviço de Proteção ao Crédito (SPC Brasil), em 2018, golpes praticados por estelionatários causaram prejuízos financeiros a 11% das micro e pequenas empresas brasileiras.

Entre os golpes mais comuns estão o recebimento de cheques falsificados ou roubados (33% dos casos) e as transações feitas com cartões de créditos clonados (25%). Em seguida vêm as compras com RG, CPF ou CNH de terceiros (10%), o uso de documentos falsificados (10%) e as compras feitas com cartão de débito clonado (8%).

"Como faço para me proteger disso?"

O mais importante é saber que os golpistas se aproveitam da desatenção do empresário. É preciso ficar ainda mais alerta em vésperas de feriado e no final da tarde de sexta-feira. Segundo a Serasa, o risco de golpes aumenta em cerca de 25% nesses períodos. Também aumentam as fraudes em momentos de pouco movimento nas lojas, quando as empresas acabam relaxando um pouco com a segurança.

Aqui vão alguns cuidados que você pode tomar para minimizar ao máximo o risco de sofrer uma fraude:

1. Exija sempre a apresentação de documentos originais;

2. Confira com atenção todos os detalhes do documento. Foto recente em uma carteira de identidade emitida há 20 anos é indício de falsificação;

3. Compare as informações dos documentos apresentados. O comprovante de residência deve trazer exatamente o mesmo nome apresentado no RG. Os falsários se aproveitam de pequenas variações (exemplo: RG em nome de Sérgio de Lima Santos e conta de energia em nome de Sérgio de Lima);

4. Verifique a assinatura na documentação e veja se ela é similar à assinatura que a pessoa fez no contrato;

5. Fotografe o cliente e arquive junto ao cadastro. Um estelionatário vai pensar duas vezes antes de dar um golpe se precisar ser fotografado;

6. Peça telefones residenciais para referência e faça a checagem imediatamente. Quando desconfiam de fraude na documentação, alguns lojistas ligam e pedem informações no nome de outro cliente para testar se a pessoa na linha é cúmplice;

7. Uma simples conversa durante o atendimento pode revelar indícios de fraude. Por exemplo, o funcionário checa o endereço fornecido pelo consumidor e verifica no Google Maps. Basta inventar um nome de rua e perguntar se fica próxima à casa do cliente. Qualquer sinal de hesitação indica risco de fraude.

8. Em último caso, peça o pagamento de uma entrada com valor alto. Algo em torno de 50% do valor da compra. Isso costuma afugentar o estelionatário.

(Adaptado do *Blog do Meu Crediário*: https://meucrediario.com.br/blog/10-dicas-para-evitar-golpes-no-seu-crediario/)

Se mesmo com todos esses cuidados uma fraude acontecer, faça imediatamente um Boletim de Ocorrência para evitar ser responsabilizado pelos danos que isso possa causar a terceiros.

Analise Os Riscos De Inadimplência

Agora que já tem informações sobre a pessoa que quer fazer negócios com você e já tomou as precauções para não sofrer um golpe, é hora de analisar se aquela pessoa tem condições de arcar com a dívida, se é provável ou não que vai conseguir cumprir com o compromisso que está assumindo.

Uma análise de crédito começa por definir o que você considera mais arriscado ou não. As empresas chamam isso de "política de crédito", porque elas estabelecem critérios, considerando o perfil do contratante e da dívida, que vão dizer se elas devem conceder mais ou menos crédito a uma pessoa, com juros maiores ou menores, prazo mais longo ou mais curto.

Você não precisa ser um expert em estatísticas e análise de risco, basta que tenha seus próprios critérios e isso já melhorará muito a qualidade do crédito que você concede.

Por exemplo: dar crédito a uma pessoa mais velha pode ser menos arriscado que dar crédito a uma mais nova; uma pessoa casada pode ter uma tendência a ser uma pagadora melhor que uma solteira; uma pessoa com filhos pode ser mais arriscada dependendo da situação. O tamanho do crédito também influencia: emprestar 500 reais é diferente de emprestar 5 mil, emprestar em 3 parcelas é diferente de emprestar em 24.

Além disso, um dos critérios mais comuns é limitar a parcela da dívida a um percentual da renda do devedor. Normalmente as empresas trabalham com um limite máximo de 20% a 30% da renda.

Você pode estar pensando:

"Ok, mas mesmo que eu saiba quanto a pessoa ganha e coloque um limite, eu não sei se ela já tem outras dívidas que podem comprometer a capacidade que ela tem de pagar o que me deve."

Essa é uma questão muito relevante e por isso vamos usar algumas ferramentas para nos ajudar nisso.

» **Confirme as referências**

Se você pediu que o devedor desse referências, pode ligar ou mandar um e-mail para que elas te confirmem se aquela pessoa é uma boa pagadora.

Empresas em que a pessoa tenha crediário em aberto podem ser uma boa fonte de informação; bancos em que ela tenha conta também podem te ajudar a saber mais sobre o perfil de quem está te pedindo crédito.

» **Consulte gratuitamente se existem Protestos em aberto**

Você só precisa do CPF ou CNPJ.

Entre no *site* https://*site*.cenprotnacional.org.br/ e faça a pesquisa instantaneamente e sem nenhum custo.

O *site* mostrará se existe algum protesto em nome do titular do CPF pesquisado, além do valor da dívida e o cartório em que o protesto foi feito.

Se você localizar algum protesto por meio dessa pesquisa, já pode ligar o alerta vermelho, porque as dívidas já estão bem avançadas quando chegam a ser protestadas. Pode até ser que já exista alguma ação na Justiça e que os bens do devedor já estejam bloqueados. Dar crédito a alguém nessa situação é, no mínimo, arriscado.

Acontece que, mesmo se você não achar nenhum protesto, não significa que está tudo tranquilo. Justamente porque o protesto é uma das últimas coisas que se faz numa cobrança é possível que a pessoa já esteja inadimplente com outras dívidas que ainda não foram protestadas. Então é importante ter em mente que a pesquisa de protestos é só o primeiro filtro.

» **Consulte o CPF nos órgãos de proteção ao crédito**

Uma ferramenta muito eficiente para saber se alguém já tem dívidas em atraso é a consulta do CPF ou CNPJ nos órgãos de proteção ao crédito. Eles são empresas independentes que armazenam e fornecem informações sobre maus pagadores com o objetivo de evitar a inadimplência.

O SPC é a principal empresa de proteção, focada nos devedores do comércio. Já a Serasa trabalha principalmente com inadimplência em dívidas bancárias. Ainda existem outras como a Boa Vista (SCPC) e a Quod (focada no cadastro positivo).

É importante notar que alguém pode estar negativado em uma e não estar em outra dessas empresas, mas isso é raro, porque há intercâmbio de informação. Mesmo assim, para vendas e negócios maiores, é recomendável consultar nos três órgãos (SPC, Serasa e SCPC).

Você vai precisar pagar uma pequena taxa para cada consulta que fizer. Por outro lado, cada pessoa pode consultar gratuitamente o próprio CPF pela internet, então você pode combinar com o interessado em obter crédito que faça a própria consulta e apresente o resultado a você.

Se você é um comerciante, não tenha medo de consultar o CPF dos seus clientes. As pessoas que querem comprar no crediário já sabem que irão ser analisadas. Se você perder uma venda simplesmente por esse fato, saiba que, muito provavelmente, evitou uma enorme dor de cabeça no futuro.

» Score

O score é uma pontuação que é calculada com base em estatísticas e informações públicas e prevê a probabilidade de alguém pagar uma dívida dentro de um certo prazo. Quanto maior a pontuação, menor é o risco do cliente se tornar inadimplente. Em outras palavras, esse índice ajuda a sabermos a viabilidade de uma negociação.

Além do perfil de risco e hábitos de consumo de cada pessoa, o score leva em consideração os seguintes dados:

- Histórico e tendência a inadimplência;
- Dívidas com bancos e financeiras;
- Protestos;
- Emissão de cheques sem fundo;
- Ações de busca e apreensão;
- Participação em falência ou recuperação judicial de empresas;
- Roubo, furto ou extravio de documentos.

No *site* do Serasa ou da Boa Vista (SCPC) você pode consultar o seu próprio score de graça. Porém, essa função está ativa apenas para pessoas físicas. Caso queira consultar a pontuação de crédito de seus clientes, terá que pagar um valor por cada consulta. Você pode pedir que a pessoa com quem você vai contratar consulte o score e envie para você.

» Pesquise sobre ações judiciais

Se você quiser ter mais segurança ainda, pode pesquisar se a pessoa que está pedindo crédito está sendo processada na Justiça por alguma dívida que não pagou. Basta procurar na internet o *site* dos tribunais do seu estado. Lá você consegue consultar processos com base no nome completo ou no CPF de qualquer pessoa.

O ideal é que você busque em dois locais: 1) o *site* do Tribunal de Justiça do seu estado; e 2) o *site* do Tribunal Regional do Trabalho que funciona no seu estado.

Além disso, você pode ir ao fórum da sua cidade e pedir uma certidão ao cartório distribuidor. O cartório distribuidor é um órgão que mantém o registro de todos os processos daquele tribunal.

Essas informações são públicas, mas pode ser que você precise pagar uma taxa para obter a certidão. Nesse caso, basta solicitar que a pessoa que está interessada no crédito retire a certidão e apresente a você.

Pesquisa De Bens E Renda

Até agora você tem as informações pessoais do seu devedor e fez a análise do risco de inadimplência. Isso já é um grande passo para conceder crédito com segurança. Mas o que fazer se a inadimplência acontecer mesmo assim?

Aí é importantíssimo que você já saiba de antemão se o devedor tinha renda e bens para cobrir o pagamento da dívida. É muito arriscado emprestar dinheiro ou conceder crédito a alguém que não tenha renda comprovada ou mesmo algum patrimônio.

"E como eu faço para saber se alguém tem renda ou bens?"

A primeira dica é pedir os 3 últimos contracheques. Se a pessoa for um servidor público, o valor dos rendimentos mensais dele estará publicado no portal da transparência do órgão em que trabalha.

Como já vimos, é costume das empresas de varejo e dos bancos não deixar que o valor da parcela não ultrapasse 30% da renda da pessoa.

Quanto aos bens, o que certamente te dará mais segurança é se o seu devedor for dono de um imóvel, simplesmente porque é mais difícil desaparecer com esse tipo de propriedade mesmo que a pessoa esteja com más intenções.

Você pode pesquisar se alguém tem casas, apartamentos ou terrenos indo aos Cartórios de Registro de Imóveis da sua cidade. A informação também é pública, mas você pagará uma taxa se quiser retirar uma certidão. Se quiser pesquisar em outras cidades ou estados, algumas empresas na internet fazem esse serviço.

Além disso, você pode pesquisar se existem veículos em nome da pessoa a quem vai emprestar dinheiro. Alguns *sites* conseguem fazer a busca com base no CPF.

Repito: não tenha vergonha de pedir ao devedor que providencie esses documentos para você, afinal é ele que está precisando do crédito e nada mais justo que ser transparente sobre a situação financeira dele.

FAÇA UM CONTRATO POR ESCRITO

Pode até parecer óbvio, mas a imensa maioria das pessoas, até mesmo advogados experientes, esquece ou deixa de lado a definição do contrato quando entra em alguma negociação. Nós sempre temos a tendência de achar que nada vai dar errado e, por isso, negligenciamos as medidas básicas de segurança.

Para começar é preciso entender que um contrato não é um documento em papel. Um contrato é, simplesmente, um acordo, um ajuste em que você combina com outra pessoa quais serão as regras de um negócio. Esse acordo/contrato pode ser feito de forma verbal ou por escrito.

Não quero dizer que todo negócio que você faz precisa de um contrato escrito; você não precisa fazer um contrato para comprar na mercearia da esquina, ir ao salão de beleza ou ir ao cinema, mas se você pretende vender um carro, contratar um empreiteiro para construir sua casa ou emprestar uma quantia considerável em dinheiro, recomendo fortemente que defina todas as regras desses negócios por escrito.

Quanto mais importante e quanto maior o valor do negócio que você pretende fazer, mais recomendável é fazer um contrato escrito.

A grande questão é que é infinitamente mais fácil provar que aquele contrato realmente existe e quais eram as regras se tudo estiver registrado em um documento assinado por ambas as partes.

Se você não tem esse contrato documentado, vai precisar de testemunhas para confirmarem aquilo que vocês negociaram e, mesmo assim, o juiz pode desconfiar da testemunha e exigir que você apresente pelo menos algum documento que indique que realmente existia um contrato (por exemplo: notas fiscais, recibos, ordens de serviço, e-mails, mensagens de texto, cartas etc.).

Lembre-se de qualificar as partes do contrato de forma bem completa, ou seja, indicando no começo do documento os nomes, RGs, CPFs, endereços e outras informações relevantes de quem estiver participando do negócio.

As empresas que trabalham concedendo crédito para que os consumidores comprem a prazo, que fazem carnês ou as velhas cadernetinhas de fiado, podem usar esses documentos como um contrato escrito. Basta deixar escrito no carnê todas as regras do contrato e ter certeza de que o cliente leu e concorda com ele.

ATENÇÃO! MUITO IMPORTANTE! Você verá no capítulo sobre execução que um contrato escrito pode se tornar um título executivo se, além da assinatura das partes, estiver assinado também por duas testemunhas. Isso vai facilitar muito a sua vida se precisar cobrar a dívida judicialmente. Por isso, sempre que for possível, inclua nos seus contratos a assinatura de duas testemunhas.

"Como faço isso?"

Simples, deixe um campo no contrato para assinatura da Testemunha 1 e da Testemunha 2, logo abaixo das assinaturas das partes.

Juntamente às assinaturas, coloque também o nome completo e o CPF de cada uma delas.

A lei não especifica restrições para essas testemunhas, pode até ser alguém da sua família. Mesmo assim, por segurança, prefira alguém que não seja um parente seu.

Para você entender o quanto é importante ter um simples contrato assinado por duas testemunhas, isto é, um título executivo: se o contrato não tem essas assinaturas, o processo de cobrança da sua dívida vai seguir as etapas do Capítulo 2 deste livro e só depois passa para o Capítulo 6 (que fala sobre a execução); mas se seu contrato tem testemunhas, você pega um atalho enorme e seu processo já começa seguindo as regras do Capítulo 6.

O QUE PRECISO COLOCAR NO CONTRATO? (CLÁUSULAS E OBRIGAÇÕES)

Agora vamos entrar no conteúdo do contrato.

Nós costumamos chamar de "cláusula" cada parágrafo de um contrato, que pode ou não ser subdividido. As cláusulas contêm obrigações, ou seja, cada uma delas estabelece algo que uma das partes precisa fazer em benefício da outra (por exemplo: pagar uma quantia em dinheiro, prestar um serviço, entregar um produto, obedecer a um prazo, pagar uma multa se uma cláusula for desrespeitada etc.).

Se uma das partes não cumprir uma determinada obrigação, o contrato pode ser levado à Justiça para forçar o cumprimento.

"Mas quais são as regras mais importantes que eu preciso incluir no contrato?"

Objeto Do Contrato

O objeto do contrato é aquela obrigação principal, o motivo de estarem celebrando o negócio.

Temos, basicamente, três tipos de obrigações:

- Obrigação de entregar alguma coisa (inclusive dinheiro);

- Obrigação de fazer alguma coisa; ou

- Obrigação de não fazer alguma coisa.

Seja muito claro e objetivo ao definir o objeto do contrato, indique sempre as características daquilo que está sendo contratado de uma maneira que não deixe dúvidas ou margem para interpretação:

Por exemplo: se é um contrato de compra e venda de um carro, especifique o modelo, o ano, a cor, a placa, o chassi, o estado de conservação etc.; se o contrato é para fazer uma reforma no seu apartamento, defina quais os materiais a serem usados, quais os cômodos serão reformados etc.

Obrigação Alternativa

Ainda sobre o objeto do contrato, temos a possibilidade de estabelecer formas alternativas para que ele seja cumprido.

Imagine que você quer comprar um carro de uma determinada marca, mas ele ainda não saiu da fábrica. O vendedor diz que o carro virá nas cores branca ou preta e que você poderá escolher depois. Se você assinar esse contrato, estabelecerá uma obrigação alternativa, de maneira que você já adquiriu o carro mas pode escolher a cor depois.

Nesse tipo de contrato é importante que fique muito claro quais são as alternativas e quem tem o direito de escolha.

Resultado Esperado Com O Contrato

Em alguns contratos é importante estabelecer qual é o resultado que você espera obter.

Vamos supor que você contratou um artista para pintar o retrato da sua família. Você certamente tem uma expectativa para esse contrato e, por isso, deve estabelecer por escrito que só considerará que a obrigação foi cumprida se o retrato for fiel e de qualidade. Por outro lado, temos certos contratos em que não cabe esperar um resultado específico: quando você contrata um médico, o que ele garante é que vai usar as melhores técnicas para tratar da sua saúde, mas ele não garante que você será curado com certeza.

Quem Deve Cumprir A Obrigação

Aqui estamos trabalhando com um contrato com mais de uma pessoa.

Pense numa situação em que você aluga um apartamento para três universitários. É possível que somente um deles se responsabilize pelo pagamento do aluguel, mas também é possível definir no contrato que dois ou todos os três possam ser cobrados de forma independente se não houver o pagamento em dia.

Quando mais de uma pessoa se responsabiliza pela mesma dívida chamamos isso de solidariedade.

Imagine outro exemplo: você e um amigo são donos de um carro e resolvem vendê-lo, se o carro não for entregue, qualquer um dos dois (ou mesmo ambos) pode ser acionado na Justiça.

Quando A Obrigação Deve Ser Cumprida (Termo Ou Condição)

Termo é o mesmo que data. Sempre que você define uma data para que uma obrigação seja cumprida, você está estabelecendo um termo.

Já a condição é um acontecimento que você não sabe ao certo se e quando vai ocorrer.

Vamos supor que você empreste seu apartamento a um amigo e diga que ele pode usar o imóvel até terminar a faculdade. Você não sabe exatamente quando ele vai terminar ou se vai desistir, mas colocou a condição de que ele terá que desocupar o apartamento quando se formar.

Outros exemplos são o seguro de vida e o seguro do carro. Fazemos o seguro de um carro por um ano; se ele for danificado ou roubado durante esse período, recebemos a indenização.

E o seguro de vida? Nesse caso temos certeza de que a condição vai acontecer em algum momento, só não sabemos quando.

Forma De Pagamento

É importante que você combine a forma de pagamento com a outra parte.

O pagamento pode ser à vista ou a prazo, em dinheiro, cheque, depósito bancário ou em outros bens. Você ainda pode definir qual é o local onde o pagamento será feito e como ele será recebido.

Note que ninguém é obrigado a receber um pagamento feito da forma errada, ou seja, se o combinado é que o pagamento seria de sacas de café, não adianta o devedor querer pagar em dinheiro.

Cláusula De Escolha Do Local Do Processo (Cláusula De Eleição De Foro)

O contrato pode dizer em que cidade deverá correr o processo se for necessário discutir suas cláusulas na Justiça. Isso pode ser muito útil.

Pense na possibilidade de a pessoa para quem você emprestou dinheiro se mudar. Você teria que processá-la no local onde foi morar. Mas o seu contrato pode ter uma regra que diga que qualquer processo envolvendo o negócio só poderá ser aberto na sua cidade. O termo técnico é "cláusula de eleição de foro".

Essas são as cláusulas mais básicas que costumam aparecer em um contrato. Agora vamos ver algumas cláusulas especiais que te protegem da inadimplência.

CLÁUSULAS ESPECIAIS CONTRA INADIMPLÊNCIA

Sinal

Tenho certeza de que você já fez algum negócio em que precisou dar um sinal. Que tal usar isso a seu favor?

O sinal é uma garantia que uma das partes dá à outra como prova de que pretende cumprir aquele contrato e que não vai desistir do negócio. Pode ser um valor em dinheiro ou em outros bens móveis (exemplo: grãos, metais ou pedras preciosas, máquinas e equipamentos etc.).

Para que seja efetivo, o sinal precisa estar formalizado por escrito numa cláusula do contrato.

Quando o contrato é cumprido corretamente, o sinal deve ser devolvido ou contado como um pagamento antecipado da prestação.

Vamos a um exemplo:

Você contratou uma empresa que organiza festas para preparar o casamento da sua filha. Quando assinaram o contrato, você precisou adiantar 30% do valor como forma de sinal para que a empresa pudesse iniciar os preparativos. Depois que a festa foi realizada, você terá que pagar apenas os outros 70% restantes. Agora suponha que você não tinha o dinheiro para dar o sinal, em vez disso a empresa sugeriu que você deixasse como garantia algumas joias. Nesse caso, as joias deverão ser devolvidas assim que você pagar pelo serviço.

"Até aí tudo bem. Mas o que acontece se uma das partes desistir de cumprir o combinado?"

A solução aqui é bem instintiva. Se uma das partes não cumprir o combinado ou desistir do contrato, a outra parte tem direito a ficar com o sinal.

Explico: você comprou um carro usado do seu primo e deu 10 mil reais como sinal, ficando combinado que pagaria outras duas parcelas de 10 mil reais em 30 e 60 dias. Acontece que você desistiu do negócio. O que você deve fazer é devolver o carro e seu primo ainda ficará com os 10 mil reais que foram dados como sinal.

Perceba que nesse exemplo quem desistiu do contrato é quem tinha dado o sinal. Mas como as coisas ficam se a pessoa que desistiu do contrato é quem recebeu o sinal?

O que a lei determina nessa situação é que a pessoa que recebeu o sinal deve devolvê-lo e, ainda, dar um valor equivalente à outra parte. Simplificando: o sinal deve ser devolvido em dobro.

Veja como isso ficaria no caso do exemplo anterior:

Você comprou o carro e deu 10 mil reais como sinal ao seu primo. Acontece que, no dia em que ele deveria te entregar o automóvel, ligou para você e disse que queria desistir do negócio. O que acontecerá então é que ele ficará obrigado a te devolver os 10 mil reais e pagar mais 10 mil por ter desistido da venda.

Esse exemplo ilustra bem o funcionamento do sinal.

Para ficar mais claro, pense na contratação de um empreiteiro para construir uma casa: o cliente normalmente adianta um valor ao empreiteiro como forma de sinal; se o empreiteiro não entregar a obra ou desistir do contrato, o correto é que ele devolva em dobro o valor do sinal que recebeu no início.

Agora que você entendeu como o sinal funciona, vamos ver quais são os dois tipos de sinais que podem ser incluídos nos seus contratos.

1. Sinal de Indenização Mínima – nesse tipo de contrato, as partes não têm o direito de se arrependerem e desistir do contrato. Isso significa que, caso uma delas não cumpra o combinado, a outra terá direito a ficar com o valor do sinal e, além disso, ainda poderá exigir na Justiça que a obrigação seja cumprida. Dizemos que esse sinal serve como uma "indenização mínima" porque, se ficar provado que o descumprimento do contrato causou um prejuízo maior que o valor do sinal, a parte prejudicada ainda pode pedir uma indenização extra para cobrir esses danos.

2. Sinal de Arrependimento – nesse caso o contrato permite que as partes se arrependam, ou seja, que desistam do negócio. É preciso que esse direito de arrependimento esteja escrito de maneira clara no documento. Dessa forma, a parte que se arrependeu perderá o valor do sinal para a outra, mas não poderá ser processada para cumprir o contrato ou para pagar uma indenização extra.

Multa

Não precisamos ir muito longe para explicar o que é uma multa. Todo mundo já fez algum contrato em que estava escrito que deveria ser paga uma quantia em dinheiro se uma certa obrigação não fosse cumprida.

O que é necessário é entender que você também pode incluir uma cláusula de multa nos seus contratos. Pode inclusive definir uma multa diferente para cada obrigação.

Por exemplo: num contrato de serviço para a reforma de uma casa, podem ser estabelecidas multas para atraso (até mesmo atraso para cada parte da obra, piso, paredes, pintura, acabamento etc.), multa para desperdício de materiais, multa para má qualidade, assim como pode haver multa para o contratante que atrasa o pagamento das prestações, a compra dos materiais etc.

Se alguma obrigação do contrato for descumprida, a parte culpada terá que pagar a multa. Isso não significa que ela ficará livre de cumprir o que foi combinado. Você pode exigir na Justiça a multa juntamente ao cumprimento da obrigação.

Você não precisa nem mesmo provar que sofreu algum prejuízo para cobrar o pagamento da multa por meio de um processo judicial, basta demonstrar que a obrigação foi descumprida de fato.

Por outro lado, é preciso que esteja escrito no contrato que a multa vale como "indenização mínima" caso você queira cobrar por prejuízos que vão além do valor estipulado da penalidade.

Comparando a multa com o sinal: se nada for dito no contrato, o sinal vale como indenização mínima (permite cobrar prejuízos adicionais) enquanto a multa não te permite cobrar prejuízos adicionais se isso não estiver expresso nas cláusulas.

"E como fica a questão do valor da multa?"

A primeira regra é que o valor da multa não pode ser maior que o valor da obrigação que ela busca assegurar. Além disso, o juiz pode reduzir a multa se considerar que ela é excessiva ou desproporcional.

É comum que multas por atraso de pagamento girem em torno de 2% a 5%, enquanto multas por outras questões mais graves possam ficar entre 20% e 50% do valor da obrigação que foi descumprida.

Ao estabelecer o valor de uma multa, tenha em mente que a função dela é garantir que a outra parte cumpra o contrato. A multa não serve para que alguém enriqueça às custas de outra pessoa, até porque, se fosse assim, o próprio credor iria torcer para que o devedor desrespeitasse o que foi combinado.

Juros

"Afinal de contas, o que são juros?"

Simples: juro é o preço que o devedor paga a você pelo tempo que ficou com seu dinheiro.

Quando damos um empréstimo a alguém a situação é muito parecida com o aluguel de um imóvel. Recebemos aluguel enquanto o inquilino estiver morando naquela casa assim como recebemos aluguel (juros) enquanto o devedor não devolver o dinheiro emprestado.

Além disso, quando alguém toma dinheiro emprestado tem uma data certa para pagar. Se não pagar até essa data de vencimento terá que pagar juros por esse atraso. Da mesma forma, paga-se juros quando ocorre atraso numa prestação do cartão de crédito ou nas contas de energia, água etc.

Na linguagem jurídica chamamos o primeiro tipo de juros remuneratórios – porque é a remuneração, o aluguel do dinheiro – e o segundo de juros moratórios – porque é o que se paga como penalidade pela mora, demora, em pagar.

É possível que o contrato defina taxas diferentes para os juros remuneratórios e moratórios (exemplo: um empréstimo em que o devedor paga 0,5% ao mês, mas pagará 1% ao mês se atrasar a parcela).

"E quanto eu posso cobrar de juros sem que eles sejam considerados abusivos?"

Simples: ou você define no contrato uma taxa de juros fixa, que pode ser de até 1% ao mês, ou você estabelece que os juros vão acompanhar a variação da taxa Selic.

A taxa Selic é determinada pelo governo para calcular os juros no caso de atraso no pagamento de impostos à Receita Federal. Não importa para nós aqui saber o que ela é exatamente, basta que você saiba que é só pesquisar no Google qual a taxa Selic em um determinado mês e dividir por 12 para saber qual serão os juros da parcela naquele mês.

Vamos ver um exemplo:

Imagine que você fez um contrato em janeiro, dividindo o pagamento em 10 parcelas com juros calculados pela taxa Selic. Quando o contrato foi feito, a taxa Selic era de 12%, mas ela passou para 18% em junho e depois para 6% em setembro. Isso significa que os juros da primeira parcela (em fevereiro) até a parcela de maio seriam de 1% ao mês; os juros de junho a agosto seriam de 1,5% ao mês; e os juros de setembro a novembro (última parcela) seriam de 0,5% ao mês.

Perceba que é mais fácil trabalhar com uma taxa fixa de 1% ao mês, mas fica a seu critério.

CURIOSIDADE: Algumas pessoas acreditam que somente os bancos podem emprestar dinheiro a juros. Isso não é verdade! O que pessoas comuns não podem fazer é cobrar juros maiores que 1% ao mês ou maiores que a taxa Selic. Se você cobra juros dentro desse limite, está agindo totalmente dentro da lei.

"Como faço para calcular o valor das parcelas de um empréstimo?"

Suponha que você pretende emprestar R$ 9.000,00 para pagamento em 5 parcelas a juros de 1% ao mês. A forma mais simples e mais segura de calcular o valor da parcela é multiplicar a taxa de juros pelo número de parcelas, somar o resultado ao valor emprestado e depois dividir pelo número de parcelas.

A conta fica assim:

5 parcelas X 1% = 5% -> R$ 9.000,00 + 5% = R$ 9.450,00 -> R$ 9.450,00/5 = R$ 1.890,00 (valor da parcela mais juros)

Note que, até agora, esse foi o cálculo dos juros remuneratórios (que já ficam embutidos na parcela). Mas como fica se uma parcela não for paga em dia?

Aí entram os juros moratórios, que serão calculados sobre o valor individual da parcela e serão cobrados até que ela seja paga.

Voltando ao nosso exemplo:

Imagine que o devedor pagou a primeira parcela mas atrasou a segunda. O valor da parcela era de R$ 1.890,00 e os juros de mora são de 1% ao mês, ou seja, a cada mês de atraso a dívida aumenta em R$ 18,90.

"E qual é a diferença entre multa e juros?"

É perfeitamente válido que um contrato tenha cláusulas de multa e de juros para o caso de atraso no pagamento. O que diferencia as duas coisas é que a multa é cobrada apenas uma vez enquanto os juros continuam se acumulando até que a dívida seja paga.

Reajuste (Correção Monetária)

Quando você empresta dinheiro a longo prazo ou faz uma venda com muitas parcelas, pode acontecer que ocorra inflação nesse período e que o seu dinheiro perca poder de compra quando o pagamento acontecer. Para que o dinheiro não perca valor, é comum estabelecer uma cláusula de reajuste, também chamada de correção monetária.

Perceba que o reajuste não tem nada a ver com o contrato ser cumprido ou não. É simplesmente uma proteção contra a perda de poder de compra do dinheiro ao longo do tempo.

Essa desvalorização da moeda é medida por índices publicados por órgãos públicos e privados. O mais usado atualmente é o IPCA.

Se o seu contrato tem uma cláusula de reajuste, basta aplicar o índice ao valor da parcela para descobrir qual é o valor corrigido pela inflação. Isso pode ser feito mês a mês, ou em períodos mais longos como o anual.

Num exemplo em que o valor da parcela é de R$ 1.000,00, se o IPCA for de 5% no período de um ano, o valor da parcela corrigida para o ano seguinte será de R$ 1.050,00.

Garantias

Mesmo depois de todas as precauções que nós tomamos até agora, você ainda corre o risco de tentar fazer a cobrança da dívida e não encontrar bens para serem transformados em dinheiro.

Aquelas pessoas que já são experientes em dever e nunca pagar, que não se importam em ter o nome sujo, já sabem que não podem deixar nenhum patrimônio em seu próprio nome para que a Justiça não o encontre; os bens ficam em nome de parentes e amigos que servem como "laranjas".

"O que fazer para evitar isso?"

Ter um contrato com cláusulas de garantia.

Uma cláusula de garantia tem o objetivo de vincular o pagamento da dívida a uma terceira pessoa ou a um bem específico. Isso quer dizer que, se ocorrer a inadimplência, você pode cobrar da pessoa que garantiu a dívida ou usar o bem dado em garantia para forçar o pagamento. Você não correrá o risco de não localizar o patrimônio do devedor.

Como já deve estar claro, a garantia precisa ser estabelecida por escrito no contrato. O ideal é que você faça um contrato específico para a dívida e outro contrato para a garantia, fazendo referência à dívida.

Vamos abordar nesse tópico os três tipos mais simples e mais utilizados de garantias: a fiança, o penhor e a hipoteca. Cada um deles tem características próprias que vamos ver adiante, mas todos são fortes aliados contra o risco de o devedor não ter bens para arcar com a dívida.

» **Fiança**

Você provavelmente já teve contato com a fiança. Se já alugou um imóvel ou conhece alguém que aluga com o auxílio de uma imobiliária, sabe que eles têm o costume de pedir dois fiadores como garantia para o caso de o aluguel não ser pago e só aceitam como fiadores pessoas que tenham renda comprovada ou imóveis em seus nomes.

Assim como fazem as imobiliárias, você também pode pedir fiadores para garantir que dívidas sejam pagas.

Dessa forma, o contrato de fiança (que deve ser escrito, nunca verbal) é feito com uma terceira pessoa que se compromete a pagar a dívida, ou uma parte dela, caso o devedor não pague.

Se o devedor não pagar e não possuir bens para serem vendidos, você – como credor – pode cobrar a dívida do fiador judicialmente e todos os bens que ele possui ficam sujeitos a serem executados para cumprir com o contrato.

Uma curiosidade é que até mesmo a casa onde o fiador mora (bem de família) pode ser penhorada e leiloada para transformar-se em dinheiro. Isso torna a fiança uma forma muito eficiente de garantia.

Fique atento pois a fiança só obriga o fiador a cumprir com aquilo que estiver explicitamente escrito. Não deixe de incluir no contrato de fiança a especificação sobre qual dívida ela se refere, o valor exato, o prazo de duração da fiança (que deve englobar todo o prazo da dívida e mais um período extra para que você possa ter tempo de cobrar o fiador). Especifique também se o fiador arcará com as penalidades do devedor, como juros e multas por descumprimento.

Recomendo que você peça, pelo menos, dois fiadores. Caso um deles não tenha condições de arcar com o pagamento, o outro ainda pode ser acionado.

No caso de precisar fazer a cobrança judicial, inclua na ação tanto o devedor principal quanto os fiadores.

» **Penhor**

Diferentemente da fiança, no penhor não é uma pessoa que garante o pagamento da dívida, mas sim um bem móvel.

Você e o devedor assinam um contrato em que ele concorda em te entregar alguma coisa de valor, que ficará na sua posse até que a dívida seja paga. É comum que pessoas em dificuldades financeiras vão a um banco levando joias para serem empenhadas como forma de conseguirem um empréstimo.

ATENÇÃO! Não confunda penhor com penhora. O penhor é a garantia que estamos estudando, em que alguém entrega (empenha) uma coisa de valor a outra pessoa para garantir o pagamento de uma dívida. Por outro lado, a penhora é um ato do juiz em um processo que serve para separar os bens do devedor que serão vendidos para serem transformados em dinheiro.

Observe que o penhor não te autoriza a ficar com a coisa no caso de a dívida não ser paga. Em caso de inadimplência o que você deve fazer é entrar com um processo judicial e pedir ao juiz que faça o leilão do bem empenhado, pagando a dívida e devolvendo o valor restante ao devedor.

Porém, se a dívida já estiver vencida o devedor pode simplesmente concordar que você fique com o bem como forma de pagamento, mas isso deve ser feito por escrito e nunca antes da dívida estar vencida para ser considerado válido.

Se o bem pertencer a mais de uma pessoa, todas precisam concordar que ele seja empenhado.

Se o valor da venda do bem não for suficiente para pagar a dívida, o devedor continua obrigado a pagar o restante.

Para que o penhor seja válido, é obrigatório constar no contrato: o valor da dívida; o prazo de pagamento; a taxa de juros, se houver; e a descrição detalhada do bem empenhado.

Além disso, esse contrato precisa ser registrado em cartório. Procure o Cartório de Títulos e Documentos da sua cidade para isso, informe-se sobre o valor da taxa e sobre quais documentos são necessários (isso pode variar de acordo com a localidade).

Como você ficará com a posse do bem empenhado, terá alguns deveres. Você precisa zelar e manter a coisa em segurança e deve devolvê-la assim que a dívida for paga. Se o bem se perder ou se deteriorar por culpa sua, você terá que pagar ao proprietário pelo prejuízo ou poderá descontar os danos do valor da dívida.

Perceba que você não tem o direito de usar o bem empenhado, a não ser que isso seja permitido no contrato.

- PENHOR DE VEÍCULO – No caso dos veículos o penhor tem algumas diferenças. A primeira delas é que você não ficará com a posse do veículo, exceto se isso for estipulado no contrato. Depois que o contrato for registrado no cartório também é necessário que ele seja registrado junto ao Detran. O prazo máximo do penhor de veículos é de 2 anos, podendo ser prorrogado por mais 2 anos.

» **Hipoteca**

A hipoteca funciona de forma muito semelhante ao penhor, a principal diferença é que o bem dado como garantia é um imóvel. Isso significa que você não fica com a posse do imóvel; ele continua com o proprietário, que pode usá-lo ou alugá-lo como bem entender.

Se o imóvel pertencer a mais de uma pessoa, cada um dos proprietários pode hipotecar a sua parcela do bem.

Outra diferença imprescindível é que o contrato da hipoteca só pode ser feito num cartório chamado Tabelionato de Notas. Esse contrato é chamado de Escritura Pública.

Depois de elaborar a escritura pública você precisará levá-la para ser registrada no Cartório de Registro de Imóveis para que o imóvel não possa ser vendido sem que todos saibam que existe uma dívida garantida por ele. Quem comprar esse imóvel já sabe que, se o devedor não pagar, o imóvel será tomado mesmo que ele não tenha nada a ver com o problema.

Como você percebeu, a hipoteca é bem burocrática, é preciso passar por dois cartórios diferentes e pagar as taxas. Por essa razão ela só é usada em situações envolvendo negócios de alto valor.

Com relação às demais regras, a hipoteca é muito similar ao penhor: você não será o dono do imóvel, seu direito é apenas de pedir a um juiz que o leve a leilão para pagar a dívida, devolvendo o restante do dinheiro ao proprietário.

AUTODEFESA LEGAL

OS ATALHOS DA COBRANÇA (TÍTULOS DE CRÉDITO)

Vamos falar várias vezes neste livro sobre a importância de se ter um título executivo que vai fazer com que suas cobranças judiciais sejam muito mais rápidas e eficazes. Vale até reforçar o conselho: quando fizer um contrato, sempre inclua a assinatura de duas testemunhas.

Como você verá no Capítulo 6, um título executivo é um documento que acaba com qualquer dúvida sobre a dívida e, consequentemente, acelera muito o processo de cobrança.

Agora vamos falar dos títulos de crédito, que nada mais são que outros documentos que também são considerados títulos executivos c, por isso, também agilizam e garantem uma cobrança mais efetiva.

Títulos de créditos são como minicontratos que não precisam da assinatura de testemunhas para terem a força de títulos executivos.

Os títulos que vamos estudar aqui servem especificamente para representar dívidas em dinheiro. Por isso, se a dívida for de outra coisa você precisará fazer um contrato comum assinado por duas testemunhas.

Se você tem um título de crédito, é como se aquela dívida fosse "inquestionável" porque já está definido quanto e quando o dinheiro deve ser pago.

Quando o devedor paga a dívida, você devolve a ele o título e ele pode destruí-lo. Assim vocês ficam quites.

Um título de crédito é um documento que só vale se for feito de acordo com as formalidades exigidas pela lei. O que estiver escrito no documento é o que vale; o que não estiver escrito não tem força legal. Não adianta questionar depois que alguma questão tinha ficado acertada verbalmente se o título não mostra isso.

Por essa razão, a cobrança só pode acontecer se você apresentar o documento original no processo.

Uma característica importante dos títulos de crédito é que eles podem ser facilmente transmitidos a outra pessoa.

Se A paga B com um cheque, por exemplo, B pode repassá-lo como forma de pagamento a C. Por sua vez, C tem todo o direito de cobrar de A a quantia escrita naquele cheque normalmente.

Alguns títulos são "ao portador", o que significa que quem tiver o documento em mãos tem o direito de cobrar a dívida (como costuma acontecer com o cheque).

Outros títulos são "nominais", o que significa que só quem é indicado como credor pode cobrar a dívida, mas esse mesmo credor pode transferir o título a outra pessoa. A transferência de um título nominal a um terceiro é feita simplesmente assinando no verso do documento. Isso é chamado de endosso.

O endosso pode ser nominal, quando for indicado quem está recebendo o título, ou pode ser em branco, o que faz que o título se transforme em "ao portador".

O endossante de um título assume a responsabilidade pelo pagamento juntamente com o devedor, a não ser que faça uma ressalva no documento quando for endossá-lo.

Além disso, uma terceira pessoa pode garantir o pagamento da dívida por meio do aval. Para que alguém se torne avalista de um título basta que ele assine no verso e escreva as palavras "por aval".

Observe que os títulos de crédito são feitos para serem simples e muito ágeis, mas é preciso ficar atento às regras.

Vamos ver então os tipos mais usados de títulos de crédito.

Cheque

Esse é um título de crédito que praticamente todo mundo conhece e já usou. A lei diz que o cheque é uma ordem de pagamento em dinheiro e à vista, ou seja, quem dá um cheque (emitente) está dando uma ordem para o banco (também chamado de sacado) pague uma certa quantia em dinheiro a quem tiver o cheque em mãos (tomador).

O cheque pode ser nominal, o que fará que ele somente possa ser sacado por quem está indicado como beneficiário, mas também pode ser "ao portador", sem indicação do beneficiário, o que autoriza qualquer pessoa a sacar o dinheiro. O cheque nominal pode ser endossado, transferindo o direito a outra pessoa (o endosso pode ser nominal ou em branco, transformando o cheque em "ao portador").

Você pode pedir que o cheque seja avalizado por alguém, bastando que essa pessoa assine no verso juntamente às palavras "por aval". Assim o avalista pode ser acionado com o devedor.

Uma questão importante é sobre o chamado "cheque pré-datado", aquele em que o cliente entrega as folhas já preenchidas, colocando datas futuras em que o depósito deve ser feito. Em vez disso, algumas pessoas colocam a data correta e escrevem no verso a expressão "bom para o dia...", significando que desejam que o cheque somente seja depositado naquele dia. Acontece que o banco não vai impedir o depósito pelo fato de o cheque ser pré-datado.

Por outro lado, quando você aceita um cheque pré-datado você está fazendo um acordo (um contrato) com o seu cliente de que vai respeitar a data que ele indicou para o depósito. Se você depositar antes da data combinada e vier a causar algum prejuízo, você pode ser processado por danos materiais ou morais. Por isso, o correto é respeitar esse acordo ou não aceitar um cheque pré-datado.

Por enquanto vimos o funcionamento do cheque perante o banco, mas como fica se o devedor não tiver dinheiro na conta para cobrir a dívida?

Temos que saber que você tem um prazo para depositar o cheque. Esse prazo é de 30 dias se o cheque foi impresso na mesma cidade onde ele será depositado e é de 60 dias se ele foi impresso em outra cidade.

"O que esse prazo significa?"

Se você depositar o cheque fora do prazo, o banco não vai deixar de recebê-lo. A consequência de perder esse prazo é não poder cobrar a dívida também dos avalistas, ou seja, daquelas pessoas que garantiram o pagamento junto com o emitente do cheque.

Passado esse prazo para depositar (apresentar o cheque ao banco) começa a correr o prazo de 6 meses de prescrição do cheque. Esse prazo é o tempo que o cheque tem força de título executivo e você pode cobrá-lo na Justiça por meio de um processo muito mais rápido.

Depois desses seis meses, o cheque deixa de ser um título executivo e passa a ser um simples documento que pode servir como prova de que a dívida existe. Isso significa que você ainda pode cobrar, mas a cobrança é mais difícil e você pode precisar de outras provas, até mesmo testemunhas.

Nota Promissória

Esse é um documento mais simples que o cheque e não é preciso um banco para poder imprimi-lo. Você mesmo pode escrever a nota promissória à mão numa folha em branco e ela valerá como um título executivo se todos os requisitos legais forem cumpridos.

Nota promissória nada mais é que uma promessa de pagamento feita por escrito.

Para que ela tenha força legal é preciso observar os seguintes requisitos:

1. É preciso conter as palavras "nota promissória";

2. Deve estar explícito que aquele documento cria o dever de pagar uma quantia exata;

3. Nome completo e qualificação de quem deve pagar;

4. Data de vencimento, ou seja, dia em que o pagamento deve ocorrer;

5. Lugar do pagamento;

6. Nome completo e qualificação do credor, quem tem direito a receber o pagamento;

7. Data em que o documento foi assinado;

8. Assinatura do emitente/devedor.

Agora você já sabe fazer uma nota promissória de próprio punho, mas é muito fácil encontrar um modelo na internet para imprimir ou comprar um bloquinho com várias notas numa papelaria.

A nota promissória também pode ser transmitida por endosso e garantida por aval.

Também existe prescrição para uma nota promissória. O prazo para cobrar a dívida é de 3 anos, que começa a correr a partir da data de vencimento.

COBRANÇA

Você tomou todos os cuidados que aprendeu aqui para evitar a inadimplência, mas, mesmo assim, ela infelizmente aconteceu.

"E agora?"

Bem, agora é a hora da cobrança. Se você se preparou e seguiu nossas recomendações, a probabilidade de recuperar seu dinheiro aumenta muito. Então fique tranquilo e vamos em frente.

Cobrança Direta

A primeira e mais comum forma de cobrar uma dívida é entrar diretamente em contato com o devedor.

Seja cordial e mantenha a calma, não faça ameaças nem ofensas. Lembre-se de que uma cobrança malfeita pode te transformar de credor em devedor.

Use a tecnologia a seu favor. Você pode começar mandando um SMS ou uma mensagem de WhatsApp para lembrar o devedor que o dia do pagamento já passou. Muitas vezes as pessoas simplesmente esquecem de pagar e resolvem isso assim que são lembradas.

Outra alternativa é mandar um e-mail. Por ser um meio de comunicação por escrito, o e-mail já causa uma impressão de seriedade. Use linguagem formal e seja sucinto e objetivo.

Algumas plataformas de e-mail possibilitam que você saiba quando a pessoa leu sua mensagem; se for o caso, guarde esse documento para servir de base para um futuro processo judicial.

O telefone, por outro lado, permite que você negocie com o devedor e evita que ele ignore a cobrança feita por mensagens eletrônicas. Mas é bom reforçar: não ligue fora do horário comercial; não seja ofensivo; não se passe por uma autoridade; não invente juros e multas que não existem.

Você pode se programar para fazer mais de uma ligação: ligar uma primeira vez para recordar o devedor sobre a dívida; uma segunda para informá-lo o quanto a dívida já aumentou pelos juros e multa acumulados; e, por último, ligar uma terceira vez para dizer que o nome do devedor será negativado caso ele não pague até uma data determinada. Em todas essas ligações você já pode oferecer uma proposta de acordo para tentar facilitar o pagamento.

Diferente da ligação, a carta traz uma sensação de formalidade ao processo de cobrança. Por ser um documento físico, ela pode servir como comprovação para uma futura negativação do cliente inadimplente. Por isso é bom que esteja registrada com Aviso de Recebimento (se possível), de maneira que você receba a confirmação de que o devedor realmente recebeu a cobrança.

Apesar de não ser tão pessoal quanto o telefone, a cobrança por carta apresenta um excelente índice de sucesso: em média, 40% das pessoas que recebem uma carta de cobrança pagam suas dívidas.

ATENÇÃO! Nunca usar envelopes que indiquem que se trata de uma cobrança; envie sempre para o endereço residencial do devedor, nunca para o trabalho ou parentes. Linguagem clara e objetiva, educada e formal.

Com a carta você pode usar o mesmo procedimento que sugerimos para o telefone: a primeira correspondência pode ser apenas informando sobre vencimento; a segunda já pode ter um tom mais sério, informando das multas e juros que já se acumularam e deixar aberta uma possibilidade de negociação; e, por último, você pode informar ao devedor que, se ele não pagar até uma certa data, haverá negativação do nome dele, protesto e cobrança judicial.

Todos esses meios de cobrança direta podem ser mesclados para uma cobrança mais eficiente. Uma sugestão é: você pode usar mensagens eletrônicas para lembrar o cliente sobre o vencimento da dívida, dar um telefonema para informar que a dívida vai aumentar caso não seja paga e oferecer uma negociação vantajosa e usar a carta para informar que a negativação será feita caso a dívida não seja paga até uma certa data. Tente manter registros de tudo.

Lembre-se de que as dívidas prescrevem. Então não é recomendável que o procedimento de cobrança dure mais de 6 meses antes da questão ser levada à Justiça.

Por isso, para as tentativas de cobrança direta, o primeiro contato pode ser feito com 7 dias de vencimento, o segundo com 1 mês e o terceiro contato com 45 dias. Ainda precisamos ter tempo para tentar as outras formas de cobrança sem que a dívida prescreva.

Negativação (Cadastros De Devedores)

A segunda forma de fazer a cobrança é por meio da negativação do nome do devedor. Pesquisas apontam que 35% a 50% das pessoas pagam suas dívidas quando são negativadas.

A negativação pode ser feita até pela internet, mas é uma forma de cobrança que é mais usada por empresas. Para dívidas não comerciais (por exemplo: um empréstimo feito a um amigo) você pode ir direto ao protesto porque não há custo e não é necessário ser inscrito em nenhuma associação de comerciantes.

Como já falamos sobre as empresas que mantém os cadastros de inadimplentes, vamos direto ao ponto. Vejamos o que é preciso para negativar um inadimplente:

AUTODEFESA LEGAL

1. Dados completos e atualizados do cliente e da dívida;

2. Documento assinado pelo devedor/cliente confirmando a dívida. Pode ser um contrato, um cheque, uma nota promissória, ou qualquer documento escrito em que o devedor reconhece que a dívida existe;

3. No caso do SPC, é necessário ser associado à Câmara de Dirigentes Lojistas (CDL) da sua cidade e pagar uma taxa de serviços.

O serviço enviará uma correspondência dando prazo de 10 dias (em média) para regularizar a situação. Passado esse prazo, o nome do devedor é inserido nos cadastros de inadimplentes e, a partir daí, ele terá muita dificuldade em conseguir crédito na praça.

"Quanto tempo preciso esperar para negativar alguém?"

Em geral, você pode negativar inadimplentes a partir de 1 dia da dívida vencida (ou do vencimento da parcela), mas alguns estados podem ter regras próprias.

No comércio, o recomendável é esperar 35 a 45 dias após o vencimento e, antes de negativar, tentar primeiro as outras formas de cobrança direta.

Protesto

O protesto é uma das ferramentas de cobrança mais conhecidas do brasileiro. É feito por meio dos cartórios de protestos e costuma ser muito eficiente: até 80% das dívidas protestadas são pagas.

Uma das dúvidas mais comuns que as pessoas têm é se vale a pena protestar dívidas de valor pequeno.

Em média, os custos com despesas cartorárias giram em torno de R$ 30,00 a R$ 80,00 (consulte no cartório da sua cidade). E esses custos devem ser pagos pela pessoa que está devendo para você.

Imagine que a dívida seja de 50 reais e a pessoa até queira pagar, mas ela terá que arcar com o custo de mais 30 reais. Para não desencorajar o devedor, sugiro protestar dívidas com valor que seja pelo menos três vezes o custo das taxas.

"Mas eu ouvi falar que os protestos são isentos de custos!"

Sim, você não paga nada ao protestar, mas a pessoa que é protestada precisa pagar a taxa (além da dívida) para retirar o protesto.

Mas fique atento: pessoas jurídicas ou pessoas físicas só terão direito à isenção da taxa inicial se o prazo de vencimento de seu título ou documento de dívida não ultrapasse um ano; para protestar dívidas mais velhas é preciso pagar no início.

Qualquer título ou documento que demonstre a existência de uma dívida pode ser protestado. Você pode protestar cheques, carnês, notas promissórias, duplicatas, boletos bancários (desde que acompanhado de duplicata), contratos, confissões de dívida, entre outros documentos.

Ao receber o protesto, o tabelião faz o registro do nome do consumidor inadimplente nos livros oficiais do cartório. Isso gera consequências para quem é protestado, que passa a enfrentar alguns obstáculos e limitações em futuras transações comerciais ou financeiras.

Entre outras limitações, a pessoa protestada fica impedida de se inscrever em concursos públicos e terá muitas dificuldades para financiar, construir ou regularizar imóveis em seu nome. Além disso, todos os processos que precisem de uma Certidão Negativa de Protesto ficam bloqueados.

Por último e não menos importante: o nome do devedor também é negativado nos principais órgãos de proteção do crédito, como SPC e Serasa.

Vamos ver o passo a passo do funcionamento do protesto:

1. Entrada em um cartório de protesto – com base no endereço do devedor, você deve procurar um cartório próximo de onde ele reside e apresentar o título ou documento original comprovando a dívida;

2. Análise do caso – a documentação será analisada e após a aprovação será emitida a intimação que será entregue pessoalmente no endereço do devedor;

3. Intimação do devedor – após receber a intimação, o devedor tem até três dias úteis para fazer o pagamento;

4. Pagamento ou protesto – se a dívida não for paga em até três dias úteis, o devedor será protestado em cartório e terá o nome incluído nas listas de negativados dos serviços de proteção ao crédito.

Negociação/Acordo

Nem sempre a inadimplência é voluntária. Muitas vezes a pessoa está disposta a pagar, mas precisa de condições facilitadas para conseguir arcar com a dívida.

Algumas dicas podem melhorar a disposição do devedor a fazer o acordo.

A primeira e mais usada estratégia é oferecer um desconto. Primeiro, analise se vale a pena desconsiderar uma parte dos juros e da multa. Se mesmo assim você achar que o devedor não se sentirá incentivado a aceitar, considere dar um desconto sobre o valor principal.

Além disso, analise a possibilidade de parcelar a dívida ou mesmo recalcular o parcelamento para que a dívida caiba no bolso do cliente. Nesse caso, você pode pedir uma garantia como a fiança para trazer um pouco mais de segurança.

Pode ser interessante tentar a negociação no fim do ano. É quando o devedor recebe o 13.º e pode estar disposto a quitar as dívidas para começar bem o ano.

Às vezes acontece de o cliente pagar a primeira parcela e esquecer ou deixar de pagar as outras. Lembre-se de acompanhar e alertar se isso ocorrer.

Jamais faça um acordo verbal! Acordos são contratos e é muito importante que sejam registrados por escrito, com todas as cláusulas combinadas, assinaturas das partes e de duas testemunhas. Se não for cumprido, o acordo escrito pode ser cobrado na Justiça.

Assim que o acordo for feito, retire a negativação do nome do devedor imediatamente, a não ser que você tenha estipulado no contrato uma cláusula dizendo que a retirada só vai ser feita depois do pagamento da primeira parcela.

Não deixe para depois. Dívidas com mais de 180 dias são mais difíceis de cobrar extrajudicialmente, ou seja, nesses casos você precisará recorrer ao Judiciário.

Cobrança Na Justiça

Por último, se nada mais funcionar, você deve cobrar a dívida por meio do Poder Judiciário.

Aplique todos os conhecimentos que tem a respeito dos Juizados Especiais e suas chances de sucesso serão altas. Ler nosso Capítulo 6 sobre a execução é fundamental.

CAPÍTULO 5

ZERANDO SUAS DÍVIDAS E LIMPANDO SEU NOME

MANTENHA O EQUILÍBRIO FINANCEIRO

Fazer um controle minucioso das suas finanças é essencial para que você consiga se manter e alcançar todos os seus objetivos.

Isso é principalmente importante para aquelas pessoas que querem se tornar financeiramente independentes, viver de renda ou de empreendimentos e negócios. Ter uma vida tranquila passa inevitavelmente por estar financeiramente equilibrado.

A primeira etapa para alcançar uma situação financeira estável é não ter dívidas ou, se tiver, mantê-las em dia e evitar ao máximo pagar juros. Você precisa fazer com que os juros trabalhem a seu favor e não contra você.

O que pode acontecer – e acontece com frequência – é que muitas das dívidas que você esteja pagando, na verdade, sejam indevidas. Você pode estar pagando mais do que deveria, pagando juros estratosféricos ou tarifas escondidas.

Infelizmente, por desconhecimento ou simples falta de atenção, muitos consumidores acabam sendo prejudicados por essa prática.

Apenas em um ano a Anatel chega a receber mais de 900 mil queixas por cobranças indevidas em serviços de telefone, internet e TV por assinatura. Os Procons também têm registrado que a principal causa de reclamação é a cobrança indevida.

Nós já falamos sobre esses tipos de cobranças indevidas quando estudamos os direitos do consumidor. Neste capítulo vamos expandir seu conhecimento para que você se defenda de qualquer cobrança, inclusive se estiver devendo para um vizinho, devendo aluguel ou qualquer outra dívida, mesmo se não estiver relacionada a uma relação entre consumidor e fornecedor.

ATENÇÃO! O que vamos falar aqui sobre como se defender de uma cobrança não vale para os bancos. Eles têm regras especiais e são mais favorecidos pela legislação.

ERRO NA COBRANÇA, COBRANÇA INDEVIDA E DEVOLUÇÃO EM DOBRO

Quando estudamos o Código de Defesa do Consumidor, vimos que, se o consumidor pagar indevidamente por uma cobrança feita com o valor errado ou pelo que já foi pago, ele terá direito a receber em dobro a quantia que pagou a mais, além de juros e correção monetária sobre esse valor.

Para não ter que pagar em dobro, o fornecedor precisará mostrar ao juiz que não tinha má fé, que só cometeu um erro e não tinha a intenção de prejudicar o consumidor.

É sempre mais fácil quando estamos falando de consumidor. Mas você sabe que nem todas as suas dívidas são com fornecedores de produtos ou serviços e, nesse caso, as regras mudam um pouco.

Para começar, uma cobrança pode estar errada pelos seguintes motivos:

- a dívida não existe;

- a dívida já foi paga;

- a cobrança foi feita a maior;

- a cobrança foi feita antes da data de vencimento.

"Certo, mas o que acontece quando eu faço um pagamento em alguma dessas situações em que a cobrança era indevida?"

Simples, quem recebeu tem que devolver aquilo que não era devido.

Se a dívida já tinha sido paga ou se não havia nenhuma dívida, quem recebeu devolve todo o valor; se o pagamento foi feito a mais, será devolvido o que foi pago em excesso.

Temos também o caso em que a dívida é paga antes da hora certa, ou seja, antes da data de vencimento.

Vamos dizer que alguém te emprestou um dinheiro para que você pagasse daqui a 5 anos, mas, no mês seguinte, ele já vem te cobrar e você paga. Pode parecer estranho, mas você tem direito a receber o dinheiro de volta e só pagar na data que tinha sido estipulada.

Mas não é tão simples assim. Para ter direito à restituição, você precisa provar que errou na hora de fazer o pagamento indevido. O juiz não estava presente quando você pagou, então ele não sabe se você realmente cometeu um erro; pode ser que você apenas queria doar aquele dinheiro à pessoa ou pode ser que você estava pagando por um outro serviço totalmente diferente.

"E como faço para provar que houve um erro no pagamento?"

A primeira forma de provar é por meio de documentos. Por exemplo, se a cobrança foi feita por escrito basta que você leve esse documento ao processo e mostre ao juiz que você foi cobrado de maneira indevida e isso te induziu a erro na hora de pagar.

Outro documento que pode ser muito útil nessa hora é o recibo. Sempre que pagar alguma dívida, peça um recibo detalhado que indique quem está pagando, para quem o pagamento está sendo feito, quanto está sendo pago, a que dívida o pagamento se refere, quando e onde o pagamento aconteceu e qualquer outra informação que você considere relevante.

É muito importante guardar provas de todos os pagamentos que você fizer por, pelo menos, 5 anos.

"E se tudo aconteceu apenas de forma verbal?"

Nesse caso você vai precisar de testemunhas. Veja que essa situação não é a ideal; o melhor é que você sempre tenha documentos de todas as coisas importantes que você fizer, mas, se isso não for possível, certifique-se de saber quem estava presente no dia em que você fez o pagamento para que, se necessário, essa pessoa possa relatar o que presenciou.

Observe que, em algumas situações, o pagamento não é feito em dinheiro. Pode ser que o que você deva seja a entrega de um bem (um carro, um computador etc.) ou mesmo a realização de um serviço. Esse tipo de pagamento também pode ser recuperado se for feito de forma indevida.

"Mas como fica a questão da devolução em dobro do valor que foi pago indevidamente?"

Você deve se lembrar de que, quando estudamos o CDC, a devolução deveria ser feita em dobro se a cobrança fosse indevida e era o fornecedor quem precisava provar que não cobrou incorretamente de má-fé.

Agora, como não estamos falando mais de consumidores e fornecedores, a questão é diferente.

A devolução do valor cobrado indevidamente só vai ser em dobro se a dívida já tiver sido paga e, mesmo assim, o cobrador tentar cobrá-la de novo na Justiça. Perceba: você só tem direito a receber o valor em dobro se a outra parte entrar na Justiça para cobrar uma dívida que já foi paga.

JUROS ABUSIVOS

Já vimos que juro é o preço que você paga pelo tempo que o dinheiro de outra pessoa fica com você.

Da mesma forma temos que pagar juros quando não cumprimos com nossas obrigações no vencimento.

Relembrando: temos dois tipos de juros, os remuneratórios e os moratórios, ou seja, aqueles que pagamos num empréstimo e os que pagamos quando atrasamos um pagamento.

"Como saber se os juros que estou pagando são abusivos ou não?"

A lei nos diz que tanto os juros remuneratórios quanto os moratórios não podem ser maiores que a taxa usada para calcular os juros no caso de atraso no pagamento de impostos à Receita Federal. Essa taxa é a famosa taxa Selic.

Vamos supor que, quando você fez o empréstimo, a taxa Selic estava em 6% ao ano (0,5% ao mês). Se os juros cobrados no seu empréstimo são de 9,5% ao ano (0,79% ao mês), por exemplo, esses juros podem ser considerados abusivos.

Veja que eu usei a palavra "podem". Essa não é uma regra exata. A taxa Selic é só um norte para que você possa comparar.

Porém, o que acontece na prática é que a imensa maioria dos juízes não vai considerar abusivos juros que sejam de até 12% ao ano (1% ao mês).

Por isso dissemos no capítulo anterior que é possível definir juros com base na taxa Selic ou especificar uma taxa mensal fixa, que não pode ultrapassar 1% ao mês.

"O que eu faço se eu não souber exatamente quanto estou pagando de juros?"

Existem duas possibilidades: 1) ou o seu contrato não diz qual a taxa de juros que está sendo cobrada; ou 2) ele diz, mas você desconfia que estão te cobrando a mais.

Para qualquer uma dessas situações você pode usar a Calculadora do Cidadão, que está disponível no *site* do Banco Central do Brasil. Ela consegue calcular os juros a partir do valor e número de parcelas, além de calcular também se o valor de uma parcela está correto para uma certa taxa de juros.

Com os cálculos em mãos você consegue saber quanto é a taxa de juros que você está pagando e quanto realmente deveria pagar. No caso de não estar escrito nada no contrato em relação à taxa de juros, a lei diz que vale a taxa Selic.

"Isso está confuso! Como devo fazer minha defesa, então?"

Fique tranquilo e siga o passo a passo:

1. Veja a taxa de juros que está definida no contrato do seu empréstimo. Se não estiver especificada por escrito, o máximo de juros que pode ser cobrado é a taxa Selic;

2. Se a taxa de juros cobrada no seu empréstimo for menor ou igual a 12% ao ano (1% ao mês), a probabilidade de você conseguir uma redução na Justiça é quase zero. Nesse caso, o melhor é tentar a negociação com o credor;

3. Descubra na internet qual era a taxa Selic do mês em que você fez o contrato. Se ela estiver maior que 12% ao ano, vamos usá-la para a comparação com os juros do contrato (o Brasil já teve taxa Selic acima de 20%, mas hoje em dia está em torno de 5%); se estiver menor, a comparação dos juros do contrato será feita com 12%;

4. Para saber se os juros são abusivos, veja se os juros do contrato estão acima de 12% ao ano (ou da taxa Selic);

5. Use a Calculadora do Cidadão para saber se o que você está pagando de juros está de acordo com a taxa definida no contrato. Se você estiver pagando mais do que deveria, essa já é uma cobrança indevida;

6. Use a Calculadora do Cidadão para descobrir a diferença entre o que você realmente está pagando e quanto você deveria pagar se os juros não fossem abusivos, ou seja, faça uma simulação usando a taxa de 12% ou a Selic;

7. Entre na Justiça! Com os cálculos você vai saber exatamente quanto está pagando a mais e quanto seria o certo a pagar sem juros abusivos. Com relação às parcelas que você já pagou, pode pedir a restituição ou o abatimento do valor final que você ainda possa estar devendo; com relação às parcelas que ainda vão vencer, peça para o juiz mandar que elas sejam reduzidas.

Você só consegue recuperar o que pagou indevidamente até os últimos 5 anos. Você perde o direito de restituir os valores anteriores a 5 anos por causa da prescrição.

LEMBRANDO: tudo o que vimos aqui não serve só para empréstimos, também serve para juros em outras cobranças. Por exemplo: se você atrasou o aluguel e o proprietário está cobrando juros ou se você comprou um produto parcelado, as regras sobre juros abusivos continuam valendo.

MULTA! COMO ME DEFENDER DELA?

Alguns contratos podem estipular multas caso você não cumpra com o combinado. Isso serve tanto para o caso do empréstimo de dinheiro quanto para os casos em que você se compromete a entregar um bem à outra parte ou a fazer alguma coisa em favor dela.

A diferença entre os juros e a multa é que os juros vão sendo contados mês a mês enquanto a multa só é aplicada uma vez.

Em qualquer caso, para que exista uma multa é imprescindível que as partes tenham combinado isso antes. Normalmente, a multa está especificada por escrito no contrato, mas nada impede que o contrato seja apenas verbal e tenha sido definida uma multa para o caso dele ser descumprido.

Mas, se a multa não estiver num documento escrito, a outra parte vai ter que provar que ela tinha sido combinada. Essa é a primeira forma de se defender nesse caso, mostrar ao juiz que não existe multa no contrato.

Além disso, para que você possa sofrer a aplicação da multa, a pessoa que está fazendo a cobrança deve provar que você teve culpa por deixar de cumprir o contrato. Na sua defesa você pode argumentar que não cumpriu o contrato por um motivo de força maior, uma situação que estava fora do seu controle e te impediu de fazer o que devia (exemplo: você ia depositar o dinheiro no banco mas uma chuva muito forte fez todos os sistemas ficarem fora do ar; você ia entregar o gado ao comprador mas as estradas estavam bloqueadas etc.).

Em último caso você ainda pode pedir ao juiz que reduza a multa para um valor mais razoável. A lei diz que o valor da multa nunca pode ser maior que o valor do próprio contrato. Não faria sentido que você pegasse 100 reais emprestados e, se não devolvesse em dia, tivesse que pagar 200 só de multa e ainda continuar tendo que devolver os 100 reais.

Mesmo que a multa não seja tão alta a esse ponto, você ainda pode argumentar que ela é excessiva, principalmente se você cumpriu pelo menos uma parte do contrato.

Imagine que você tinha que construir uma casa de quatro cômodos em 6 meses e teria que pagar uma multa de 5 mil reais se a casa não ficasse pronta, o prazo passou e ficou faltando terminar um dos cômodos. Você pode argumentar que seria justo que a multa fosse reduzida proporcionalmente, ou seja, se 3/4 da casa ficaram prontos, o correto seria manter só 1/4 da multa.

PRESCRIÇÃO, COMO USAR A MEU FAVOR?

A essa altura do nosso livro você já sabe bem o que é a prescrição. É simples: se a cobrança da dívida demorar muito a ser feita, o direito de cobrar é perdido.

Por isso a prescrição é uma ótima forma de se defender de uma dívida.

Na grande maioria dos casos, o prazo para que a prescrição aconteça é de 5 anos. Então nunca esqueça de verificar se a dívida é mais antiga que isso para usar em sua defesa.

ATENÇÃO! Se você pagar uma dívida que já estava prescrita esse pagamento é válido. Você não vai conseguir reaver o que pagou. Por isso é bom sempre ficar atento para não pagar algo que já venceu há mais de 5 anos.

COBRANÇA ABUSIVA

Mesmo que você não seja enquadrado como consumidor numa determinada situação isso não significa que a cobrança pode ser feita de qualquer jeito, com ofensas, ameaças, fraude ou violência.

Quem está cobrando precisa tomar alguns cuidados para que a cobrança não passe dos limites.

Recapitulando: a lei diz que, mesmo que uma pessoa esteja devendo, ela deve ser tratada com respeito e dignidade quando for cobrada. Uma cobrança abusiva é uma cobrança ofensiva. A lei dá alguns exemplos:

- Cobranças que exponham o devedor ao ridículo;
- Cobranças que coloquem o devedor em constrangimento;
- Cobranças que ameacem o devedor.

Como você já sabe, a consequência de uma cobrança abusiva é que quem está cobrando vai ter que pagar danos morais a quem está sofrendo com isso.

CADASTROS DE DEVEDORES E NEGATIVAÇÃO INDEVIDA

Já estudamos os cadastros de devedores quando vimos os direitos do consumidor, mas aquelas regras valem mesmo quando a situação não envolve consumidores. Para resumir:

- o devedor tem o direito de receber uma notificação por escrito que diga que o nome dele será negativado e indique qual a dívida dele. A negativação é indevida se essa notificação não for feita;
- o devedor tem direito a conhecer todas as informações cadastradas sobre ele e pedir alterações se houver algum erro;
- se a negativação for feita de forma indevida, o devedor tem direito a receber indenização por danos morais.
- : a negativação é indevida:
- quando a dívida já está paga;
- quando a dívida não existe;
- quando existe algum erro ou informação incorreta;
- quando a cobrança é ilegal ou em excesso;

- quando a dívida está prescrita.

- OBSERVAÇÃO: empresas também podem pedir indenização por negativação indevida.

CAPÍTULO 6

EXECUÇÃO

A SEGUNDA ETAPA DO PROCESSO

Tudo que estudamos no Capítulo 2 sobre o processo no juizado foi só a primeira etapa. Começando pelo pedido, passando pela defesa, pela audiência até chegar à sentença, tudo foi feito para que o juiz dissesse definitivamente quem tem razão, quem tem direito e quem não tem.

Agora que a primeira etapa acabou, não resta mais dúvida sobre o que deve ser feito. Mas, mesmo assim, uma sentença ainda é só um pedaço de papel.

Se a parte não quiser cumprir com sua obrigação, é preciso pedir ao juiz que dê início à etapa de execução, em que ele poderá usar todas as formas para forçar que a dívida seja paga, nem que ele mande transferir o dinheiro diretamente da conta bancária do devedor.

A partir do momento em que você pede uma execução, passa a ser chamado no processo de Exequente. A outra parte, de quem você cobra a dívida, será chamada de Executado.

Portanto, podemos dizer que a execução é a segunda etapa do processo, a etapa em que não existe mais dúvida sobre a dívida e, por isso, o juiz vai simplesmente obrigar que ela seja paga.

QUAIS SÃO OS TIPOS DE EXECUÇÃO?

Para começar a execução o juiz precisa ter certeza absoluta de que a dívida que está sendo cobrada realmente existe, que nada mais pode modificá-la, que o valor é exatamente o que a parte exequente está pedindo.

Essa certeza é conseguida por meio de um documento, que tem o nome de Título Executivo, ou só título.

Nós temos, basicamente, dois tipos de execução, considerando o tipo de título executivo em que a dívida está certificada:

» tipo 1: execução da sentença;

» tipo 2: execução de título extrajudicial.

Vamos conhecer a fundo cada um deles.

TIPO 1: EXECUÇÃO DE SENTENÇA (CUMPRIMENTO DE SENTENÇA)

O tipo mais óbvio de execução é o Cumprimento da Sentença. Nós passamos pela primeira etapa do processo para que o juiz definisse quem tem direito a quê e, no final dela, conseguimos uma sentença.

Então, podemos dizer que o objetivo da primeira etapa do processo é criar um título executivo. Como a sentença foi feita pelo próprio juiz, ela também é chamada de título executivo judicial.

Para que você possa executar um título judicial no juizado é necessário que ela tenha sido feita pelo próprio juizado. Não adianta querer executar uma sentença feita em Fortaleza se ela foi dada num juizado de Natal; só o mesmo juizado de Natal pode mandar cumpri-la.

Se uma das partes tiver recorrido e a sentença vier da Turma Recursal, você deve pedir a execução no mesmo juizado em que o processo começou.

Não se esqueça de que a sentença precisa ter transitado em julgado para poder ser executada. Lembra-se do que isso significa? O trânsito em julgado é a situação em que a sentença não pode mais ser modificada, seja porque o prazo para recorrer já passou ou seja porque o recurso já foi decidido.

O último ponto importante para podermos começar uma execução de título judicial é que é preciso ter um valor exato na própria sentença.

Se o juiz diz "A deve a B" mas não fala de quanto é essa dívida, você precisa pedir que ele delimite qual é o valor exato antes de começar a execução. Ele pode definir essa quantia dando um número certo (exemplo: R$ 10.000,00) ou pegando alguma referência (é muito comum que o salário mínimo seja usado para isso: 10 salários mínimos, por exemplo).

"Mas e se a obrigação for para que a parte faça alguma coisa em vez de pagar um valor em dinheiro?"

Nesse caso é preciso que esteja muito claro exatamente o que o executado deve fazer. Acompanhei um caso em que a pessoa ganhou no juizado e a empresa aérea foi obrigada a dar a ela 3 passagens para os Estados Unidos e o juiz precisou especificar todos os detalhes: qual a classe do voo (econômica ou executiva), em que época a pessoa poderia viajar, para qual cidade etc.

Para terminar esse ponto é importante lembrar que o acordo que as partes fazem antes ou durante o processo e é confirmado pelo juiz posteriormente tem a mesma força de uma sentença e, por isso, também pode ser executado se o devedor se recusar a cumprir o combinado.

TIPO 2: EXECUÇÃO DE TÍTULO EXTRAJUDICIAL

E se eu te dissesse que você pode pular toda a primeira etapa do processo e ir direto à execução?

Imagine quanto tempo você economizaria se, logo após seu pedido ser recebido no juizado, o juiz já enviasse uma carta à outra parte mandando pagar imediatamente a dívida. Isso é particularmente bom para quem empresta dinheiro ou tem uma empresa e quer se prevenir contra os calotes.

É totalmente possível se você souber como se preparar. Para pegar esse atalho você só precisa seguir as instruções e terá um título executivo extrajudicial.

Como o próprio nome já diz, um título extrajudicial é um documento que, apesar de não ser produzido pela Justiça, permite que você já abra o processo na etapa da execução.

O título extrajudicial tem quase a mesma força de uma sentença, ou seja, quando você tem um documento assim a dívida ou a obrigação que estiver escrita nele é certa, não paira dúvida sobre quem deve, o que e quanto se deve.

"Parece muito bom, mas o que eu preciso para conseguir um título extrajudicial e cobrar minhas dívidas?"

Vimos vários títulos em detalhes no Capítulo 4. Lembra-se do contrato assinado por 2 testemunhas, do cheque e da nota promissória? Cada um deles tem regras específicas, mas todos precisam se enquadrar em duas condições básicas:

1. Exatidão da dívida – para que você possa executar um título, a dívida que ele expressa deve ter um valor exato em dinheiro. Se for uma obrigação, o título deve dizer com precisão o que deve ser feito, onde e quando. Assim como acontece na sentença, precisamos que o título não deixe nenhuma dúvida.

2. Vencimento da dívida – você não pode cobrar uma dívida que ainda não venceu. Mesmo que você tenha um título executivo, se ainda não terminou o prazo para a outra parte cumprir com a obrigação, você não poderá começar a execução.

Além disso, não se esqueça de que você só pode iniciar um processo no juizado sem advogado se a sua causa tiver um valor de até 20 salários mínimos. No caso dos títulos extrajudiciais é muito simples: o valor da causa é igual ao valor do próprio título.

Quais São Os Títulos Extrajudiciais?

Ter um título extrajudicial para cobrar uma dívida significa que você foi precavido e se garantiu mesmo antes dela existir. Portanto, esse é um tema que eu fiz questão de enfatizar no Capítulo 4.

Para não perder o foco da etapa da execução, agora eu farei só uma lista dos principais títulos e darei rápidas informações sobre eles. Vamos a ela:

» Escritura pública ou outro documento feito no cartório e assinado pelo devedor – uma escritura pública nada mais é que um contrato feito no cartório; o funcionário faz a redação do documento e as partes assinam. Esse contrato é o que usamos quando vamos comprar um imóvel, por isso dizemos "escritura da casa". O que as pessoas não sabem é que qualquer contrato pode ser feito no cartório e, por ter sido reconhecido pelo cartorário, valer como título executivo. E mais: não precisa nem mesmo ser um contrato entre duas partes, pode até ser uma declaração do próprio devedor confessando uma dívida de 10 mil reais, por exemplo. Mas fique atento! Não confunda um documento feito no cartório com um documento comum com firma reconhecida no cartório. O reconhecimento de firma só serve para comprovar que aquela assinatura é mesmo daquela pessoa, mas ele não transforma um documento comum em título executivo.

» Documento ou contrato comum assinado pelo devedor e por 2 (duas) testemunhas – aqui está a grande dica para você nunca mais ficar sem receber uma dívida. Muito importante para pequenas empresas. Um documento ou contrato comum, feito pelas próprias partes, pode se transformar num título executivo se for assinado também por duas testemunhas. Sim! Sempre que você fizer um contrato com alguém, basta chamar mais duas pessoas para assinarem junto com vocês e o documento já te permite dar início a uma execução se a dívida não for paga. Essa forma de título executivo tem a mesma validade que o documento feito no cartório, ou seja, você não precisa gastar nada para conseguir a mesma garantia legal. Nesse caso as testemunhas podem ser qualquer pessoa, até mesmo seus parentes e amigos; é só acrescentar no contrato um espaço para assinarem, com nome completo e CPF.

» Documento ou contrato que comprove dívida de aluguel de imóvel, de taxas e despesas de condomínio – a legislação traz um benefício especial para quem é dono de imóveis alugados. Ainda que você tenha um contrato comum, que não foi feito em cartório, e que não tenha sido assinado por duas testemunhas quando foi celebrado, se esse contrato for de aluguel de imóvel será considerado um título executivo. Com esse título executivo você poderá cobrar por meio de execução os aluguéis atrasados, as taxas de condomínio e as contas de água e luz que não foram pagas pelo inquilino. Você também pode cobrar o IPTU se tiver ficado combinado no contrato que o inquilino ficaria responsável por esse imposto. Basta anexar ao processo o contrato e o comprovante das contas e taxas que não tenham sido pagas. Mas fique atento! Mesmo com esse benefício legal eu recomendo que você sempre peça para duas testemunhas assinarem todos os seus contratos.

» A letra de câmbio, a nota promissória, a duplicata, a debênture e o cheque – cada um desses documentos é um tipo de título executivo. Provavelmente você já ouviu falar da nota promissória e, se trabalhou no comércio, já teve contato com uma duplicata. Com certeza você sabe o que é o cheque; nesse momento, o único detalhe que importa saber sobre ele é que um cheque só vale como título executivo dentro dos primeiros 6 meses a partir da data em que ele foi assinado. Veja mais detalhes no Capítulo 4.

Ok, agora que sabemos quais são os principais títulos executivos extrajudiciais, vamos prosseguir com a execução.

Posso Comprar Um Título Extrajudicial De Outra Pessoa E Executar Em Meu Nome?

A resposta curta e grossa que eu posso dar a essa pergunta é: sim!

Na verdade, muitas dessas empresas que trabalham com cobrança fazem exatamente isso: elas entram em contato com empresários e oferecem para comprar as dívidas que eles não conseguem receber. Por isso elas conseguem adquirir essas dívidas com um grande desconto, às vezes pagando 50%, 40%, 30% do valor ou até menos. Depois é só abrir o processo de cobrança na Justiça.

A resposta longa e detalhada: você pode comprar dívidas e executar em seu nome, mas precisa tomar algumas precauções. A primeira é se certificar que o devedor terá dinheiro para pagar. A segunda é não se esquecer que o limite de valor é 20 salários mínimos.

A terceira observação é em relação ao dono da dívida que você está comprando. Você se lembra que só pessoas físicas, MEI e as Micro e Pequenas Empresas podem abrir um processo no juizado? Isso significa que a pessoa que está te vendendo a dívida deve estar dentro de uma dessas categorias, do contrário você não poderá executá-la sem um advogado. A lei faz essa restrição para evitar que grandes empresas queiram burlar a regra e entrar no juizado indiretamente, vendendo suas dívidas para "laranjas" que fariam as cobranças usando a rapidez dos processos no juizado.

Não Tenho Certeza Se Um Documento Cumpre Todos Os Critérios Legais Para Ser Um Título Executivo. O Que Fazer?

Se você estiver em dúvida se o documento que você tem vale como um título executivo, não tem problema. Nada impede que você escolha começar o processo normalmente pela primeira etapa para que o juiz analise toda a questão e diga, por meio de uma sentença, se aquela dívida realmente existe.

Nesse caso o processo vai passar por todos os passos da primeira etapa: você precisará fazer o pedido normalmente, narrar e provar todos os fatos que geraram aquela dívida, o réu será citado para comparecer à conciliação e poderá se defender, as provas terão que ser produzidas na audiência de instrução etc.

Mesmo que você não tenha certeza se o documento é um título executivo, ele ainda vale como prova, uma prova muito forte de que o que você está dizendo é verdade.

PASSO A PASSO DA EXECUÇÃO

Agora é hora de começar a parte mais prática desse tema: o passo a passo da etapa de execução do processo.

A primeira informação relevante aqui é que nós vamos ter dois caminhos possíveis, dependendo do que está sendo cobrado por meio do título:

1. Uma obrigação de fazer, não fazer ou entregar alguma coisa.

2. Uma quantia em dinheiro.

Veja que não é você quem escolhe o caminho que quer seguir, ele será definido de acordo com o que está escrito no título.

Além disso, existem algumas pequenas diferenças entre a execução de uma sentença e a execução de um título extrajudicial.

Então, para que tudo fique bem-organizado para você, vamos fazer o seguinte: estudaremos os dois caminhos da execução de sentença (obrigação de fazer alguma coisa e cobrança de dinheiro) e, em seguida, veremos em que a execução de título extrajudicial é diferente. Vamos lá!

1.º CAMINHO: EXECUÇÃO DE OBRIGAÇÃO DE FAZER, NÃO FAZER OU ENTREGAR ALGUMA COISA

Para abreviar, chamaremos esse caminho de execução de obrigação de fazer e, para ilustrar, vou retomar o exemplo da empresa aérea que foi obrigada a fornecer passagens ao cliente.

O primeiro passo a seguir, depois que a sentença transitar em julgado, é pedir ao juiz para que ele mande a outra parte cumprir a obrigação. Esse pedido também pode ser feito oralmente na secretaria. Você não precisa argumentar, basta dizer:

> Senhor juiz, a sentença já transitou em julgado e, mesmo assim, a empresa aérea X ainda não cumpriu a obrigação. Portanto peço que Vossa Excelência execute a sentença.

Assim que o juiz recebe o pedido ele dá uma ordem, definindo um prazo para que o executado cumpra a obrigação e, se ele não cumprir, aplica uma multa para cada dia de atraso:

> Determino que a empresa X emita as passagens aéreas em até 48 horas, do contrário terá que pagar multa de R$ 2.500,00 por dia de atraso.

Se mesmo assim a parte executada ainda se recusar a cumprir sua obrigação, você pode pedir ao juiz que aumente o valor da multa depois de alguns dias. Você também pode pedir ao juiz que permita que outra pessoa ou empresa cumpra a obrigação e que a executada seja obrigada a pagar por essas despesas.

> Senhor juiz, como a empresa X ainda não emitiu as passagens mesmo depois de 15 dias, peço que a multa seja aumentada para R$ 5.000,00 por dia. Se ela continuar se recusando, peço que seja autorizado que a empresa YwZ preste o serviço aéreo e que a empresa X pague por todas as despesas.

Vamos modificar o exemplo: imagine que você emprestou o computador ao seu cunhado e ele não quis devolver. Você entrou com um processo para ter seu computador de volta e ganhou. Agora você pediu a execução.

Nesse caso o juiz pode optar por mandar um Oficial de Justiça diretamente à casa do executado para apreender o objeto e entregá-lo a você em vez de aplicar uma multa.

O que é importante que você entenda é que o juiz pode escolher entre várias formas para forçar que o executado faça o que foi determinado na sentença.

Depois de tudo isso, se o problema ainda continuar sem solução, você pode pedir ao juiz que transforme a obrigação numa indenização em dinheiro.

> Senhor juiz, como nada conseguiu fazer que a empresa X cumprisse a obrigação, peço que ela seja transformada em uma indenização no valor de R$ 15.000,00, porque esse seria o valor das passagens aéreas. Além disso, peço que seja acrescentado o valor da multa pelos 10 dias de atraso, que soma R$ 25.000,00. Totalizando R$ 40.000,00.

Percebeu que o valor dessa multa vai para você (exequente)? Sim, esse dinheiro é seu para compensar pelo atraso, mas não pense que quanto mais demorar vai ser melhor. No final o juiz pode reduzir o valor acumulado da multa se considerá-lo muito alto. No nosso exemplo, mesmo com a multa inicial de 2.500 reais por dia e 10 dias de atraso, o juiz poderia dizer que a empresa X deve pagar apenas 10 mil reais de multa. De qualquer forma esse dinheiro é seu!

Também pode acontecer que seja impossível cumprir a obrigação (exemplo: o computador foi destruído e, obviamente, não pode mais ser devolvido). Se tivermos uma situação assim, a solução só poderá ser transformar a obrigação em uma indenização em dinheiro.

> *"Ok, cobrar uma obrigação de fazer é bem simples, mas como faço para cobrar uma dívida em dinheiro, afinal?"*

2.º CAMINHO: EXECUÇÃO PARA PAGAMENTO EM DINHEIRO

O segundo caminho será seguido se a sentença for para pagamento de uma dívida em dinheiro ou se você tiver optado pela indenização em dinheiro quando a sentença mandava a parte cumprir uma obrigação (como vimos no tópico anterior).

Como Faço O Pedido Para Iniciar A Execução?

Depois que a sentença transitar em julgado você já pode pedir a execução. É um pedido simples para que o juiz execute a dívida, sem necessidade de argumentação.

Esse pedido também pode ser feito oralmente na secretaria.

Cálculos

Pode ser que seja necessário fazer algum cálculo para descobrir o valor exato da dívida. Quando for assim você só precisa acrescentar no pedido de execução uma solicitação para que o juiz encaminho o processo ao contador judicial.

Isso normalmente acontece quando a dívida já é antiga e é preciso saber qual foi a inflação naquele período.

Se você não quiser que o processo demore mais por conta disso, pode simplesmente executar o valor exato que está escrito na sentença.

Você também pode fazer os cálculos sozinho. Use a Calculadora do Cidadão, disponibilizada pelo Banco Central como aplicativo para celular ou pelo *site* https://www3.bcb.gov.br/CALCIDADAO/jsp/index.jsp.

Para descobrir o valor atualizado da dívida basta calcular a correção monetária – a partir do dia em que a dívida começou até o dia da cobrança – e acrescentar a esse resultado 1% de juros para cada mês de atraso.

Intimação Do Devedor Para Pagamento Voluntário

Assim que o juiz recebe o seu pedido de execução, ele envia uma intimação ao devedor para pagar a dívida voluntariamente dentro de 15 dias. Se o pagamento é feito, o processo se encerra.

Mas se o pagamento não acontece no prazo de 15 dias, será acrescentada à dívida uma multa de 10%, ou seja, se a dívida é de 5 mil reais e não é paga no tempo certo, passará a ser de 5.500 reais.

OBSERVAÇÃO 1: em alguns casos, a depender do juiz, você nem precisará fazer o pedido para iniciar a execução. O próprio juiz, quando dá a sentença, já emite também a intimação para que a parte perdedora pague a dívida dentro de 15 dias e faz o alerta sobre a multa caso o pagamento não aconteça a tempo.

OBSERVAÇÃO 2: se o devedor não pagar dentro do prazo, sempre peça o acréscimo da multa de 10% mesmo que o juiz não mencione nada sobre isso. Nem todos os juízes concordam com a aplicação dessa multa, mas você não terá nenhum problema por pedir.

Possibilidade De Protesto Da Dívida (Artigo 517 Do Código De Processo Civil)

Logo após o fim do prazo para o pagamento voluntário você pode pedir que o secretário emita um documento que comprova publicamente que a dívida existe e está sendo cobrada na Justiça.

Você não está obrigado a fazer isso, mas com esse documento em mãos você poderá ir a um cartório de protestos e solicitar o protesto da dívida. Isso faz com que o nome do devedor fique negativado em todo o país, o que vai gerar restrições de crédito a ele. Na prática vai ser muito mais difícil para ele fazer negócios na praça.

Essa é uma forma indireta de cobrança e, muitas vezes, faz com que o devedor pague rapidamente o que deve.

O documento é chamado de Certidão para Protesto e o direito a recebê-lo está definido no artigo 517 do Código de Processo Civil.

A certidão precisará ter os seguintes dados: qualificação das partes, número do processo, valor da dívida, o dia em que terminou o prazo do pagamento voluntário.

Você deve fazer a solicitação diretamente na secretaria. O pedido é oral e não passa pelo juiz. Basta dizer que você precisa de uma "Certidão para Protesto". Se os servidores ficarem na dúvida ou não entenderem o que você está pedindo é só dizer que você quer a certidão do artigo 517 do Código de Processo Civil (sim, nem sempre as pessoas que trabalham na Justiça conhecem as leis, mas agora você conhece!).

Mandado De Penhora E Avaliação

Se a pessoa não quer pagar o que deve, o juiz vai literalmente apreender os bens dela e vendê-los para arrecadar o dinheiro. Isso é uma execução na prática.

O mandado de penhora é o documento que o juiz faz para dar a ordem ao Oficial de Justiça a apreender os bens do devedor. Chamamos essa apreensão de penhora.

O juiz dará a ordem de penhora logo após o fim do prazo do pagamento voluntário. A partir dessa ordem o Oficial de Justiça vai procurar onde quer que possa haver alguma coisa de valor que possa ser transformada em dinheiro.

Caso você saiba onde estão e quais são os bens que o executado tem, poderá indicá-los ao juiz no pedido de execução ou a qualquer momento. Também é possível pedir ao juiz para consultar empresas e órgãos públicos sobre possíveis bens do devedor.

Depois que o Oficial de Justiça consegue encontrar coisas de valor, ele fará a apreensão e também uma estimativa sobre quanto exatamente valem de maneira que possa penhorar uma quantidade de bens suficientes para quitar a dívida.

Quando receber os bens o juiz vai escolher uma pessoa para ficar responsável por eles até que a questão seja resolvida.

OBSERVAÇÃO IMPORTANTE: você vai perceber que a execução só será bem-sucedida se o executado tiver patrimônio, coisas de valor que possam ser vendidas para garantir o pagamento da dívida. Do contrário nada poderá ser feito mesmo que você ganhe o processo. É o famoso "ganha, mas não leva".

Então, sempre que for fazer negócios com alguém, certifique-se de que essa pessoa poderá arcar com seus compromissos no futuro se as coisas derem errado; faça uma pesquisa, peça garantias, previna-se. O capítulo sobre cobrança de dívidas ensina você a se precaver.

Quais Bens Podem Ser Penhorados?

À primeira vista, quase todos os bens de valor que o executado tenha podem ser penhorados. Temos algumas exceções que serão estudadas no próximo tópico.

Na prática, é costume seguir uma ordem de preferência porque alguns são mais fáceis de vender que outros. Saiba qual é essa ordem:

1. Dinheiro em espécie ou em depósito bancário – a forma mais fácil de pagar a dívida é simplesmente a penhora de dinheiro. O juiz entrega o valor ao exequente e o processo termina. Temos duas formas para penhorar dinheiro: eletronicamente ou em espécie. Hoje em dia a maneira de penhorar dinheiro imensamente mais comum é chamada de penhora on-line: o juiz entra em contato com o Banco Central por meio de um sistema e recebe a informação sobre quanto e em quais bancos a pessoa tem dinheiro depositado, depois é só mandar bloquear o valor. Isso acontece muito rápido e a pessoa não consegue mais movimentar o dinheiro. Por outro lado, o dinheiro em espécie pode ser encontrado na casa da pessoa ou em outro local onde o Oficial de Justiça descubra que ela guardou, mas isso dificilmente acontece atualmente porque as pessoas não têm mais o hábito de armazenar muito dinheiro.

2. Veículos – os veículos, via de regra, são a segunda coisa mais fácil para encontrar e transformar em dinheiro. Se a penhora on-line não der certo, você pode pedir ao juiz que encaminhe uma correspondência ao Detran do seu estado e peça para que eles informem se a pessoa tem algum automóvel registrado e para bloqueá-lo. A partir desse bloqueio a pessoa não poderá mais vender o carro e, se for parada numa blitz, o veículo será apreendido.

3. Imóveis – os imóveis também são fáceis de penhorar e vender. Você pode consultar no cartório de imóveis da sua cidade se o devedor possui algum bem desse tipo registrado e pedir ao juiz que mande bloqueá-lo.

4. Bens móveis em geral – já falamos especificamente dos veículos, agora veremos outros bens móveis. Chamamos de bens móveis tudo aquilo que pode ser deslocado, removido. Pense nos eletrodomésticos, nos próprios móveis de uma casa, joias, computadores e celulares, máquinas e equipamentos, enfim, tudo aquilo que tenha valor e possa ser apreendido. Nesse caso o Oficial de Justiça precisa ir até a casa da pessoa, ou ao local onde ela guarde suas coisas, e retirar os bens de valor. Se houver resistência ele poderá chamar a força policial. Vale a pena mencionar também o gado, que, por ser um animal vivo, chamamos de bem semovente.

5. Percentual do faturamento da empresa devedora – se você está cobrando de uma empresa, uma parte do que essa empresa ganha pode ser penhorado para garantir o pagamento.

6. Outros – como quase todas as coisas que tenham valor podem ser penhoradas, é impossível listar aqui todas as possibilidades. Posso mencionar ainda que ativos negociados na bolsa de valores, como ações, títulos públicos e fundos imobiliários, também podem ser penhorados.

E O Que Não Vai Poder Ser Penhorado, Então? (Bens Impenhoráveis)

Agora vamos aos principais bens impenhoráveis, ou seja, que não podem ser apreendidos e vendidos para pagar uma dívida:

1. Móveis, utensílios e mantimentos domésticos básicos – as coisas que a pessoa tem em sua casa para suprir suas necessidades básicas não podem ser penhoradas. Armários, camas, sofás, mesas, talheres, pratos, panelas, alimentos, bebidas etc. Mas o que é considerado básico? Básico, para a lei, é aquilo que não tenha um valor muito elevado e não esteja em excesso. Alguns exemplos: uma mesa não

pode ser penhorada, mas se essa mesa for um móvel raro que vale 50 mil reais ela pode ser penhorada; se a pessoa tiver três mesas iguais também pode ser que o juiz autorize que uma ou duas delas sejam penhoradas. Vinhos caros, objetos de luxo e outras coisas semelhantes podem ser penhoradas porque isso não vai comprometer a sobrevivência da pessoa. Na prática, é o juiz que decide o que é básico ou não.

2. Roupas e pertences pessoais básicos – assim como os objetos domésticos, os pertences pessoais básicos não podem ser apreendidos. Aqui, da mesma forma, é o juiz quem decide o que é básico. Um vestido provavelmente é básico para as necessidades de uma pessoa, mas se ela tem um vestido que custa 20 mil reais ou 5 vestidos iguais é provável que a penhora aconteça.

3. Bens móveis utilizados para exercer a profissão – a intenção da lei é que a pessoa não fique impossibilitada de trabalhar, garantir o próprio sustento e mesmo pagar a dívida. Assim, os objetos usados pelo devedor para o trabalho, como livros, ferramentas, insumos, máquinas, dentre outros, não podem ser penhorados. O trabalhador rural, pequeno produtor, também tem essa proteção.

4. Salários do empregado, rendas do profissional autônomo, aposentadorias e pensões – a renda que a pessoa consegue por meio do próprio trabalho e também a aposentadoria ou a pensão não podem ser penhoradas. Mas essa regra poderá ser flexibilizada pelo juiz se o valor que a pessoa recebe é superior ao que ela precisa para viver razoavelmente. Por isso, se você souber que o devedor trabalha numa empresa ou recebe um benefício do INSS, pode pedir que o juiz busque a informação sobre quanto ele ganha e que penhore uma parte dessa renda que não prejudique a sobrevivência dele.

5. A quantia de até 40 salários mínimos que estiver depositada na caderneta de poupança – se alguém possui até 40 salários mínimos na poupança, a lei considera que esse dinheiro não pode ser bloqueado. Algumas pessoas podem pensar: então vou abrir várias poupanças e dividir o dinheiro entre elas. Isso não vai funcionar, a lei já previu essa manobra.

Essas são as principais proteções legais aos bens do devedor. O objetivo é impedir que ele fique totalmente desprovido de condições básicas de sobrevivência.

OBSERVAÇÃO: essas proteções não valem se a dívida foi feita para comprar o próprio bem. Um exemplo: se alguém compra uma ferramenta de trabalho usando um financiamento e não paga as parcelas, a ferramenta poderá ser penhorada.

Note que nós só falamos até agora sobre os bens móveis que não podem ser penhorados. Vamos ver agora os imóveis protegidos.

Quando Um Imóvel Não Pode Ser Penhorado? (O Bem De Família E A Pequena Propriedade Rural)

Se seguirmos a lógica do que já estudamos é fácil entender o motivo de alguns imóveis não poderem ser penhorados.

O primeiro tipo de imóvel que é impenhorável é chamado de Bem de Família. A residência da família, que seja de propriedade de um dos membros (pais, avós, filhos, tios, primos etc.), não pode ser tomada pela Justiça para pagar dívidas.

À primeira vista a lei não define um tamanho máximo para o bem de família, mas o juiz poderá fazer alguma flexibilização caso a caso.

O segundo tipo é chamado de Pequena Propriedade Rural. São duas condições para que um imóvel rural receba essa proteção:

1.ª Condição – ser trabalhado ou cultivado pela família para gerar renda aos membros.

2.ª Condição – ter área de, no máximo, 4 módulos fiscais.

"Mas o que é um módulo fiscal?"

É uma forma que o governo usa para calcular o ITR (Imposto Territorial Rural). O Incra é quem define, para cada município, quanto mede um módulo fiscal, variando de 5 a 110 hectares. Por exemplo: em Frutal/MG, é de 30 hectares, o que significa que uma terra de 120 hectares ainda será considerada pequena propriedade naquele município e, por isso, não pode ser penhorada.

"E se eu morar numa propriedade rural, mas não trabalhar nela?"

Nesse caso o juiz vai poder desmembrar essa propriedade e manter somente a sede da fazenda como bem de família.

Mas como quase tudo na vida, essa regra também tem exceções. O bem de família e a pequena propriedade rural vão poder ser penhorados para pagar dívidas do próprio imóvel, tais como impostos (IPTU e ITR), taxas de condomínio, financiamento para compra ou construção do imóvel, ou ainda, para pagar pensão alimentícia.

É muito bom que você conheça essas exceções para se prevenir e não perder sua propriedade.

Mas a exceção que mais nos interessa agora é a seguinte: o fiador de um contrato de locação pode ter o seu bem de família penhorado. É isso mesmo! Alguém te pede para ser fiador num contrato de aluguel de uma casa; se ele não pagar o aluguel você poderá ser executado e correr o risco de perder a sua própria casa.

A fiança é uma garantia muito forte para o locador e isso pode até fazer o preço do aluguel diminuir, por isso é recomendável que você peça um fiador quando for alugar seus imóveis, assim como fazem as imobiliárias. Por outro lado, quem é chamado para ser fiador deve ter muito cuidado ao aceitar.

"O que acontece se a família possuir mais de um imóvel e morar um período em cada um deles?"

Nesse caso o juiz vai escolher um deles para ser o bem de família, possivelmente o de menor valor, e executar os outros.

Uma última observação a respeito desse assunto é que uma pessoa de má-fé não vai conseguir enganar o juiz. Existem pessoas que tentam fraudar a lei fazendo várias dívidas, muito mais do que possuem em patrimônio, e depois vendendo tudo e comprando um único imóvel de alto valor para tentar se blindar, mas o juiz pode simplesmente corrigir essa tentativa de burlar a lei cancelando os negócios e mandando apreender os bens.

Defesa (Impugnação)

"Como assim? Depois de todo esse processo o executado ainda pode fazer uma defesa?"

Na verdade, essa defesa (que chamamos de impugnação) só serve para que o executado questione alguns pontos da execução. A sentença, que reconheceu que ele deve aquele valor X, não muda mais, independentemente do que o devedor diga.

Além disso, mesmo depois que a defesa é feita, a execução não para; o juiz continua procurando os bens para serem penhorados e, se encontrar, vendidos.

O prazo para fazer a defesa é de 15 dias depois do fim do prazo de pagamento voluntário. Isso quer dizer que o executado recebe a intimação para pagar a dívida em 15 dias e, se não quiser fazer o pagamento, ainda tem mais 15 dias para se defender.

Como já dissemos, a impugnação na execução de sentença é muito restrita. Então você só vai poder questionar cinco coisas:

1. Apontar um erro de cálculo.

2. Dizer que a dívida ainda não venceu.

3. Falta ou erro na citação – na primeira etapa do processo a pessoa precisa ser citada. Se acontecer um problema e ela nunca recebeu a correspondência de citação, poderá pedir que o processo volte desde o início. A falta de citação é um dos problemas mais graves que podem acontecer em um processo porque é o mesmo que não dar à pessoa a oportunidade de se defender.

4. Fatos posteriores à sentença que modifiquem ou impeçam a execução – aqui o exemplo mais comum é o pagamento. Se você provar que pagou a dívida depois que recebeu a sentença, o direito que a parte tem de executar fica impedido; se você pagou apenas uma parte, há uma modificação desse direito. Outro exemplo é chamado de compensação: se você deve 2 mil reais ao exequente

mas, por algum motivo, ele passa a te dever 2 mil reais também, as duas dívidas podem se compensar, ou seja, podem se cancelar.

5. Erros na penhora ou na avaliação dos bens – vamos supor que você está sendo executado e o juiz mandou bloquear 10 mil reais do dinheiro que você tem no banco, mas acontece que o bloqueio foi feito na sua caderneta de poupança. Você poderá usar a impugnação para pedir o desbloqueio, porque essa quantia era impenhorável. Também é possível usar a defesa para questionar a avaliação dos bens penhorados: imagine que seu carro, que vale 50 mil reais, foi apreendido e avaliado em 30 mil reais. Isso pode ser questionado na defesa.

Percebeu como é uma defesa bem limitada?

Outro ponto importante: apesar de existir um momento específico para a defesa na execução, você poderá questionar separadamente tudo o que acontecer depois desse prazo.

Um exemplo: você foi intimado para pagar mas preferiu se defender, dizendo que já havia pagado a dívida. O processo continua correndo e, 3 meses depois, o oficial de Justiça vai até a sua casa e penhora todas as suas roupas. O momento para a defesa já passou, o que você faz? Exatamente, basta fazer um pedido intermediário apontando o erro da penhora e pedindo para seus bens pessoais serem devolvidos.

Depois de receber a defesa o juiz não precisa parar a execução para analisá-la. Não existe uma ordem de prioridade. Tudo acontece simultaneamente: a busca dos bens de valor e o julgamento da impugnação.

Depois Da Penhora, Como Acontece A Venda Dos Bens Apreendidos?

Nesse momento nós já localizamos bens do executado com um valor suficiente para quitar a dívida. Agora precisamos transformar isso em dinheiro.

» **Adjudicação**

Essa palavra estranha, na verdade, é uma coisa bem simples. Adjudicação significa que o exequente pode aceitar o bem penhorado como forma de pagamento da dívida.

Suponha que o executado deve a você 15 mil reais e o oficial de Justiça conseguiu localizar um carro em nome dele que também foi avaliado em 15 mil reais. Você pode simplesmente aceitar ficar com o carro e encerrar o processo.

Não é preciso que o bem tenha exatamente o mesmo valor da dívida para que você opte pela adjudicação. Se o valor é menor que a dívida, você pode adjudicar esse bem e pedir ao juiz que continue procurando outros. Se o valor é maior que a dívida, você pode adjudicar o bem pagando a diferença ao devedor.

» **Venda Direta**

Se você não quiser ficar com os bens penhorados, o juiz vai mandar vendê-los. A venda pode ser feita diretamente ou por meio de um leilão.

A venda direta acontece quando você, o próprio devedor ou até mesmo um corretor encontra um comprador para o bem.

Imagine que foi penhorado um imóvel e você tem um amigo que trabalha como corretor. Você pode pedir a ele que procure um comprador para esse bem.

A venda pode ser à vista ou parcelada. Se o comprador quiser adquirir o bem parceladamente, precisará dar uma garantia: no caso do bem ser um imóvel, o próprio imóvel fica como garantia até que a dívida seja paga; no caso dos outros bens a garantia pode ser um fiador ou um outro bem do comprador (um imóvel, por exemplo).

» **Leilão**

A segunda maneira de vender os bens penhorados é por meio de um leilão. Nesse caso o juiz escolhe uma pessoa registrada oficialmente como leiloeiro e passa a ela a função de divulgar e realizar o leilão.

Um edital será publicado informando a qualquer pessoa interessada sobre o que está sendo vendido, local, data, hora e quais as regras para participar. Hoje em dia grande parte dos leilões acontecem na internet e você pode participar sem precisar se deslocar.

No leilão pode acontecer do bem ser vendido por um preço menor que o da avaliação, mas o juiz pode definir um preço mínimo para a venda. Se nada for dito quanto a isso, a lei estabelece que o bem não pode ser vendido por um valor menor que 50% da avaliação.

Aqui também existe a possibilidade de pagamento parcelado, mas a preferência será sempre de quem ofereça pagar à vista.

Como A Execução Termina?

Estamos chegando ao fim da execução. Já demos a oportunidade de o devedor pagar a dívida voluntariamente, encontramos e apreendemos bens dele, fizemos a venda e arrecadamos o dinheiro. E agora?

Agora é só entregar a quantia ao exequente! O juiz fará um documento chamado Alvará que autoriza quem o tiver em mãos a retirar o dinheiro no banco.

Feito isso, o juiz dará a quitação da dívida e o devedor ficará finalmente livre de sua obrigação.

"E se não conseguirmos encontrar bens para cobrir a dívida?"

Infelizmente, como já dissemos, não existe uma solução para isso. No Brasil, a Constituição diz que ninguém pode ser submetido a trabalhos forçados ou preso por causa de uma dívida.

O que pode ser feito é o seguinte: se você tiver como provar que o devedor tem condições de pagar mas está se escondendo ou escondendo seus bens, é possível pedir ao juiz que tome algumas providências que vão indiretamente forçar o executado a "aparecer". Mas quais são essas medidas? Vamos citar as principais:

1. Bloqueio de carteira de motorista;

2. Bloqueio de cartões de crédito;

3. Bloqueio de passaporte;

4. Outros bloqueios que possam ser capazes de fazer com que o devedor se sinta obrigado a pagar a dívida.

Então, se você conseguir demonstrar para o juiz que a pessoa está simplesmente fugindo do pagamento da dívida, mas que tem condições para isso, ele pode tomar uma dessas medidas. Exemplo: a pessoa não tem nenhum bem em seu nome nem dinheiro na conta bancária, mas vive postando nas redes sociais sobre viagens internacionais que faz, restaurantes que frequenta, o carro novo que está dirigindo.

Mas fica a dica: sempre certifique-se de que a pessoa com quem você faz negócios tem condições de arcar com as obrigações que vai assumir.

DIFERENÇAS DA EXECUÇÃO DE TÍTULO EXTRAJUDICIAL

Vimos todo o procedimento de uma execução de sentença, agora só precisamos saber em quais aspectos a execução de título extrajudicial é diferente.

Um Processo Novo Será Aberto

A primeira coisa que você precisa entender é que, quando você executa um título extrajudicial, você está abrindo um processo novo. Enquanto a execução de sentença é a segunda etapa de um processo, os títulos extrajudiciais já te permitem começar logo pela execução sem ter que passar por uma etapa anterior para o juiz decidir se a dívida existe ou não.

Aqui o processo já começa com a certeza de que a dívida existe, simplesmente porque você tem o título que comprova isso.

Como vamos abrir um processo novo para executar o título, temos que fazer um pedido inicial e informar a qualificação das partes, com atenção especial ao endereço do executado porque ele vai precisar ser citado para tomar conhecimento da execução.

O pedido não precisa de uma narrativa detalhada dos fatos e nem de uma justificativa. Tudo o que você tem que demonstrar é:

1º que você tem um título extrajudicial;

2º que a dívida já venceu e não foi paga;

3º o valor exato da dívida que você está cobrando ou a descrição exata daquilo que você pretende que a pessoa faça.

Você pode optar por calcular a correção monetária e os juros ou cobrar apenas o valor que está escrito no título.

Deixe claro que você quer que seja iniciada uma execução e, se possível, indique ao juiz quais bens do executado podem ser penhorados e onde estão.

Não se esqueça de anexar cópias dos seus documentos pessoais e o próprio título extrajudicial, além de documentos que você possa ter sobre o que pode ser penhorado.

Exemplos: se o devedor tiver imóveis em seu nome, você pode retirar uma certidão no cartório; se o devedor tiver veículos, você consegue um documento que comprove isso no Detran.

Outros documentos que podem ajudar são a carta de cobrança e a certidão de protesto.

O Executado Será Citado Para Pagar Em 3 Dias

Estamos num processo totalmente novo, então é preciso citar o executado, certo? Isso mesmo. Ele terá 3 dias para pagar ou o juiz mandará penhorar seus bens.

Alguns juízes acabam marcando uma audiência de conciliação antes de mandar penhorar os bens do devedor, mas normalmente só se tenta um acordo depois que a penhora já aconteceu.

Se o executado não for localizado ou se nenhum bem for encontrado para ser penhorado, o processo será finalizado.

Na Citação O Devedor Vai Ser Chamado Para Comparecer À Conciliação

O conciliador tentará buscar uma solução mais rápida e amigável para que a dívida seja paga.

Veja que aqui não falamos em multa de 10% por falta de pagamento. Essa regra só vale para a execução da sentença.

Se Não Acontecer Um Acordo, O Executado Poderá Fazer A Defesa Na Audiência De Conciliação

Relembrando: a defesa pode ser escrita ou oral.

A Defesa Não Tem Limitação Daquilo Que Pode Ser Questionado

Lembra-se de que na execução da sentença a defesa não poderia discutir se a dívida existe realmente ou não? Na execução do título extrajudicial essa restrição não existe.

Vamos imaginar que você está sendo executado por um cheque que voltou. No pedido inicial o exequente não precisará dizer qual o motivo de possuir aquele cheque nem em quais circunstâncias ele foi devolvido. Se é um cheque, um título extrajudicial, ele pode ser executado.

Acontece que, na sua defesa, é possível discutir todos os fatos que envolvem a situação em que você deu aquele cheque. Você poderia alegar, por exemplo, que você deu o cheque como pagamento da compra de um produto, mas esse produto não foi entregue ou veio com defeito.

Outro exemplo do que você pode argumentar na defesa é a chamada prescrição. Para a maioria das dívidas, se a cobrança não acontece dentro do prazo de 5 anos, a pessoa perde o direito de exigir o pagamento na Justiça porque ficou inerte por muito tempo. Falamos sobre prescrição em vários capítulos deste livro.

"Mas se o devedor pode argumentar qualquer coisa na defesa, o que adianta ter um título extrajudicial?"

Como já estudamos, o título extrajudicial é um documento que comprova que uma certa dívida existe e dá ao possuidor o direito de executá-la.

Então ter um título significa inverter o jogo: num processo comum, é quem está cobrando que precisa provar que a dívida realmente existe e, por isso, tem que passar por toda a primeira etapa até conseguir uma sentença e poder começar a execução. Já na execução de título extrajudicial é o devedor que precisará provar, em sua defesa, que não deve nada.

Além disso, mesmo que o executado faça a defesa, a execução vai continuar procurando e penhorando os bens até que seja o suficiente para cobrir a dívida.

Se O Executado Abrir Mão De Se Defender, A Dívida Pode Ser Parcelada Em Até 6 Vezes

Mesmo que o exequente não concorde, o devedor tem o direito de parcelar a dívida em até 6 vezes, desde que cumpra as seguintes condições:

1ª Condição: deve fazer o pedido até o dia da audiência de conciliação, abrindo mão de se defender e reconhecendo a dívida. No pedido você deve dizer em até quantas parcelas pretende pagá-la e fazer o cálculo incluindo correção monetária e juros de um por cento ao mês (você pode procurar um contador para isso ou usar a Calculadora do Cidadão).

2ª Condição: deverá depositar na conta judicial o valor de 30% da dívida, como forma de entrada, e anexar o comprovante ao pedido. Para fazer o depósito basta ir até a secretaria e solicitar as informações da conta judicial para onde o dinheiro deve ser transferido. A maioria dos juizados já permite que o depósito seja feito pela internet (pessoalmente gosto de usar o *site* de depósitos judiciais do Banco do Brasil).

3ª Condição: o restante da dívida poderá ser pago em até 6 parcelas mensais. O dinheiro deve ser depositado na conta judicial da mesma forma que os 30% da entrada.

O exequente será intimado para dizer se essas condições foram cumpridas, não para dizer se concorda, e o juiz decidirá se aceita ou não o parcelamento.

Enquanto o juiz não decide o executado precisa continuar depositando as parcelas normalmente.

Se a proposta for aceita o exequente poderá retirar o dinheiro com autorização do juiz.

O atraso no pagamento de qualquer parcela fará o devedor sofrer uma multa de 10% e o vencimento imediato de todas as parcelas seguintes, ou seja, o executado vai ter que pagar tudo de uma vez só.

Se o juiz não aceitar o parcelamento, a execução continua normalmente e o valor que você depositou já vai ser direcionado para o pagamento da dívida.

Você precisa ter duas coisas em mente:

1. Pedir o parcelamento é abrir mão de se defender.
2. O benefício do parcelamento obrigatório só pode ser pedido na execução de título extrajudicial. Infelizmente não vale para a execução de sentença.

OBSERVAÇÕES FINAIS SOBRE A EXECUÇÃO

Você já sabe que não se paga nada para abrir um processo nos juizados. Isso também vale para a execução.

Você só será obrigado a pagar custas se:

1. Praticar litigância de má-fé – estudamos anteriormente que litigância de má-fé é cometer algum tipo de fraude ou tentar induzir o juiz a erro mentindo propositalmente sobre algum fato. Nesse caso a pessoa será punida com o pagamento das taxas e da multa que o juiz aplicar.

2. Se o devedor, em vez de pagar ou pedir o parcelamento, escolher se defender e perder mesmo assim – essa regra só vale para a execução, ou seja, quando alguém se defende na primeira etapa do processo isso não leva ao pagamento de nenhuma taxa. Só haverá cobrança de taxa se o juiz não concordar com a defesa na etapa de execução.

Acabamos aqui as aulas sobre execução. Agora você é capaz de cobrar suas dívidas na Justiça de maneira totalmente independente, sem precisar de um advogado para isso.

CAPÍTULO 7

JUIZADOS DO GOVERNO: LEIS 10.259 E 12.153

OS JUIZADOS DO GOVERNO E SUAS PARTICULARIDADES

Temos juizados específicos para as causas envolvendo o governo. Para facilitar, daremos o nome de Juizados do Governo para englobar dois tipos de órgãos diferentes:

1. Os Juizados Especiais Federais; e

2. Os Juizados Especiais da Fazenda Pública.

Mas não se preocupe. Tudo o que já vimos até agora sobre os juizados cíveis também vale para os juizados do governo, com algumas diferenças.

E é por isso que o objetivo deste capítulo é esclarecer as particularidades que você precisa conhecer antes de processar o governo.

Em primeiro lugar nós temos os juizados federais, aonde você deve ir para processar os órgãos da União, ou seja, do governo federal: o INSS, a Caixa, os Correios, as Universidades Federais e a própria União.

Os juizados federais foram criados pela Lei n.º 10.259, de 12 de julho de 2001, e fazem parte de um ramo específico da Justiça chamado de Justiça Federal. Isso significa que você não vai encontrar os juizados federais no mesmo lugar onde encontra os juizados cíveis. Normalmente os órgãos da Justiça Federal estão em um prédio próprio e não no Fórum da cidade.

Para localizar o juizado federal mais próximo você pode buscar a Justiça Federal da sua cidade, entrar no *site* da Justiça Federal do seu estado ou ligar nos telefones desses departamentos.

Pode ser que na sua cidade não tenha um juizado federal. Nesse caso você precisa procurar o juizado da cidade mais próxima.

Oito anos depois dos juizados federais a Lei n.º 12.153, de 22 de dezembro de 2009, criou os Juizados Especiais da Fazenda Pública. A função que eles receberam é praticamente idêntica à dos juizados federais, mas eles são ligados à Justiça Comum e não à Justiça Federal. Por isso estarão localizados normalmente no fórum da sua cidade ou em um bairro próximo à sua casa.

Os juizados da fazenda pública servem para julgar causas envolvendo órgãos estaduais e municipais. Por isso, dependendo do tamanho da sua cidade, pode existir um juizado da fazenda pública estadual e um juizado da fazenda pública municipal, ou pode ser que as questões estaduais e municipais fiquem no mesmo juizado.

Se não tiver certeza de quais juizados existem na região, não se preocupe, você pode ligar ou ir ao Fórum para perguntar.

Feita essa introdução rápida, vamos ao estudo dos pontos específicos em que os juizados do governo se diferenciam dos juizados cíveis.

PARTES

Quem Pode Abrir Um Processo Nos Juizados Do Governo?

A finalidade dos juizados do governo é permitir que nós, cidadãos comuns, possamos processar o governo de maneira fácil e rápida. Isso quer dizer que você nunca vai ser processado nos juizados do governo; se algum órgão público quiser processar você, vai fazer isso na Justiça Comum.

Para que você possa ser autor de um processo num juizado desses, é necessário que preencha as mesmas condições dos juizados cíveis. Lembra-se delas?

É preciso ser maior de 18 anos e ser legalmente capaz, ou seja, ter capacidade mental de compreender seus próprios atos. O Microempreendedor Individual (MEI) também pode usar esses juizados.

Quanto às pessoas jurídicas, somente as Microempresas e Empresas de Pequeno Porte estão autorizadas a abrir processos aqui.

Quem Pode Ser Processado Nos Juizados Do Governo?

Como já explicamos antes, os juizados federais são específicos para processar os órgãos federais e os juizados da fazenda pública vão englobar os órgãos estaduais, municipais e do Distrito Federal.

Então, você pode processar nos juizados federais a União e seus órgãos. Dentre os órgãos federais nós temos as autarquias e fundações. O INSS é um exemplo de autarquia; a Funasa é um exemplo de fundação. Não se preocupe com a diferença, apenas consulte o *site* do órgão que você pretende processar para saber de que tipo ele é. Você sempre pode ligar e perguntar aos funcionários.

Além das autarquias e fundações, a União também tem estatais que podem ser processadas nos juizados federais. O critério para saber se uma estatal pode ou não ser processada nos juizados federais é saber se ela é uma empresa com 100% de investimento público ou se também existe investimento privado.

Por exemplo: a Caixa Econômica Federal e os Correios são empresas públicas federais com 100% de investimento público e, por isso, podem ser processadas nos juizados federais.

Por outro lado, empresas estatais que sejam negociadas na bolsa de valores, como a Petrobras e o Banco do Brasil, não são processadas nos juizados federais. Se você quiser abrir um processo contra elas basta ir aos juizados cíveis normalmente.

Para os juizados da fazenda pública a regra é a mesma. Você pode processar os órgãos do seu estado ou do seu município.

Também é possível processar autarquias e fundações estaduais e municipais. Um exemplo de autarquias estaduais são os Detrans. Você pode pedir a anulação de uma multa de trânsito diretamente no juizado da fazenda pública do seu estado.

Em relação às estatais, é só seguir a mesma lógica: se só tem investimento público, processe nos juizados da fazenda pública; se existe a possibilidade de comprar ações da empresa na bolsa, processe nos juizados cíveis. Cada estado tem uma realidade diferente, mas era costume que as empresas de água e luz tivessem 100% de investimento público. Hoje em dia muitas privatizações aconteceram e será necessário pesquisar caso a caso para ter certeza.

POSSO ABRIR UM PROCESSO SEM ADVOGADO NOS JUIZADOS DO GOVERNO?

Claro que pode! E aqui você ainda tem mais liberdade que nos juizados cíveis.

São duas diferenças básicas:

1. Valor da Causa – você se lembra de que, nos juizados cíveis, você só poderia entrar com uma causa com valor máximo de 20 salários mínimos? Nos juizados do governo esse limite é muito maior: 60 salários mínimos. Isso significa que você não vai precisar de advogado para a grande maioria dos problemas que precisar resolver.

2. Representante – nos juizados cíveis você só pode abrir um processo pessoalmente, mas nos juizados do governo é possível indicar um representante. Esse representante não precisa ser advogado, basta ter um documento escrito com a indicação.

Agora que você está aprendendo como os juizados funcionam, pode ajudar seus familiares e amigos. Sendo representante deles, anular aquela multa de trânsito do seu primo ou pedir a aposentadoria da sua avó não vai ser difícil.

É importante frisar que o representante vai estar automaticamente autorizado a ir sozinho à audiência de conciliação e fazer um acordo. Por isso deve ser uma pessoa de confiança.

QUAIS CAUSAS EU POSSO LEVAR AOS JUIZADOS DO GOVERNO?

Assim como nos juizados cíveis, existem condições para que a sua causa possa ser julgada nos juizados governamentais:

» causas cíveis;

» causas de valor até 60 salários mínimos.

Se necessário, você pode relembrar o que são causas cíveis e as regras para calcular o valor da causa no capítulo sobre os juizados cíveis.

ATENÇÃO! Temos uma diferença importante entre os juizados cíveis e os juizados governamentais.

Se você podia escolher usar os juizados cíveis ou buscar a Justiça comum, não é possível fazer essa escolha quando estamos processando o governo. Se a sua causa estiver dentro daquelas questões que podem ser analisadas pelos juizados do governo e se existir um deles na sua cidade, você só poderá processar órgãos governamentais por meio deles. Nada impede que você procure um advogado, mas a Justiça comum só pode ser usada se o valor da causa for superior a 60 salários mínimos ou se for uma das exceções que veremos a seguir.

Por isso mesmo a complexidade da causa não é importante para definir se ela vai ou não ser julgada num juizado governamental. Mesmo que seja necessário fazer uma perícia (como acontece nos pedidos de auxílio-doença contra o INSS, por exemplo), a causa deverá ir aos juizados se o valor não ultrapassar o limite.

Exemplos De Causas Que Devem Ser Levadas Aos Juizados Do Governo

Essa lista é para que você encontre com facilidade se uma causa pode ir ao juizado governamental. Se a sua causa não está na lista, não significa que ela não pode ser levada ao juizado, basta aplicar as condições que já explicamos para descobrir. Lembre-se, nenhuma delas pode ultrapassar 60 salários mínimos.

1. Indenizações em geral (danos materiais e morais)

1.1. por acidente de veículo

1.2. ressarcimento por danos em edificações (infiltrações, telhado quebrado, muros e paredes danificados etc.)

1.3. danos morais por negativação indevida do nome

1.4. indenização por espera excessiva em fila de banco público como a Caixa Econômica Federal

2. Cancelamento e redução de dívidas

2.1. por erro na cobrança (cobrança a maior, cobrança de serviços não prestados etc.)

2.2. por já terem sido quitadas

2.3. por juros abusivos

2.4. por prescrição

3. Cancelamento de multas em geral

3.1. de trânsito

3.2. ambientais e urbanísticas (ex.: por poluição, por nível de barulho, por construção irregular)

4. Para obrigar o INSS a conceder

4.1. aposentadoria e/ou pensão

4.2. auxílio-doença

4.3. benefício assistencial para idosos e deficientes de baixa renda (Loas)

5. Questões envolvendo universidades públicas

5.1. matrícula

5.2. anulação de penalidades

5.3. colação de grau e emissão de diploma

6. Questões envolvendo tributos (taxas, contribuições e impostos)

6.1. erros na cobrança de imposto de renda

6.2. erros na cobrança de IPVA e IPTU

6.3. isenções para PNEs

6.4. Simples Nacional

7. Direitos dos servidores públicos

7.1. progressão e promoção

7.2. férias e licença prêmio

7.3. afastamento por motivos de saúde

7.4. horário especial ou afastamento para cuidar de pessoa da família com necessidades especiais

7.5. anulação de penalidades (exceto demissão)

7.6. aposentadorias e pensões

8. Contratos

8.1. para cobrança de produtos ou serviços adquiridos pelo governo e não pagos

8.2. para cobrança de aluguel atrasado

Causas Que Não São Aceitas Nos Juizados Governamentais

Agora que você já sabe o que pode ser levado aos juizados do governo, vamos ver o que não pode, mesmo que seja uma causa de valor baixo.

1. Questões sobre imóveis públicos – via de regra, você não pode discutir a posse ou a propriedade de um imóvel nos juizados governamentais.

2. Desapropriação – ainda sobre imóveis, temos o caso específico das desapropriações. O governo tem o poder de tomar para si uma propriedade particular mas, para isso, deve pagar uma indenização em dinheiro. É o que chamamos de desapropriação. Infelizmente, você não pode questionar a desapropriação, mas tem a possibilidade de discutir na Justiça o valor da indenização. Entretanto, isso não pode ser analisado pelos juizados.

3. Penalidade de demissão de servidor público – os servidores públicos podem discutir nos juizados as penalidades que sofrerem, mas, se a pena for de demissão, isso não será possível.

4. Qualquer penalidade aplicada aos militares – diferentemente dos demais servidores públicos, os militares não podem questionar nos juizados nenhuma penalidade que venham a sofrer.

5. Ação Popular – a ação popular é uma forma de qualquer cidadão questionar atos governamentais imorais, prejudiciais ao patrimônio público ou ao meio ambiente. Porém, você não pode entrar com uma ação popular nos juizados.

AS PROVAS NOS JUIZADOS GOVERNAMENTAIS

Não temos muitas diferenças com relação às provas nos juizados do governo, basta recordar o que aprendemos sobre os juizados cíveis e ficar atentos a alguns detalhes.

Prova Documental

Aqui nós vamos ter uma facilidade a mais para buscar nossos direitos. Os órgãos do governo têm o dever de documentar suas atividades e permitir que qualquer cidadão tenha acesso a essas informações.

Por isso, se você faz um pedido (de aposentadoria, por exemplo) a um certo órgão, será formado um processo interno (chamado de processo administrativo) para que tudo fique documentado por escrito e, caso você não concorde com a decisão, será possível usar esses documentos para buscar a Justiça. O mesmo acontece se você recebe alguma multa ou cobrança.

Mas você não precisa estar com esses documentos em mãos para abrir o processo no juizado. O órgão público que está sendo processado é obrigado a fornecer ao juizado toda a documentação que tiver sobre o caso. Isso deve acontecer até a audiência de conciliação.

O ideal é que você já tenha os documentos para poder começar o processo com tudo o que é necessário, até porque é direito seu ter acesso a essas informações. Mas se, por acaso, o órgão dificultar isso ou você precisar entrar com a ação urgentemente, saiba que o réu vai ter que apresentar a documentação até a audiência de conciliação.

Mencione no seu pedido inicial quais documentos você quer que sejam apresentados e reforce o pedido quando o juiz intimar você para dizer quais provas quer produzir (se os documentos ainda não estiverem no processo).

Exame Técnico (Perícia)

Quando falamos sobre os juizados cíveis, aprendemos que é muitíssimo raro que o juiz permita a realização de um exame técnico, ou seja, que um profissional seja chamado para dar uma opinião especializada sobre alguma questão.

Isso acontece porque a grande maioria dos juízes entende que, se é preciso fazer um exame técnico, essa causa é muito complexa para ser analisada no juizado cível.

Já aqui nos juizados governamentais essa questão é diferente. Lembre-se de que, quando a causa tem valor menor que 60 salários mínimos, é obrigatório procurar os juizados se o caso não for uma das exceções que mencionamos. Por essa razão, a questão da complexidade não tem relevância e os exames técnicos podem acontecer normalmente.

Vamos imaginar que alguém ficou doente e não consegue trabalhar, mas o INSS negou o pedido de auxílio-doença. Nesse caso, a pessoa precisa que um médico analise suas condições de saúde e mostre ao juiz que ela realmente não tem condições de trabalhar por um certo tempo, ou seja, é preciso fazer uma perícia.

Outro exemplo: um servidor público sofreu um acidente grave e perdeu a capacidade de trabalhar. Para que ele consiga sua aposentadoria por invalidez é necessário o exame de um médico.

Via de regra, assim que você entra com a ação o juiz já indica quem será o profissional que fará o exame, principalmente nos casos em que estamos processando o INSS. Por isso, lembre-se de que é importante que você indique no pedido inicial que deseja que um exame técnico seja feito.

Será marcado um dia para que o exame aconteça e para que você compareça para acompanhar ou ser examinado. Além disso, você terá a oportunidade de fazer duas coisas antes do exame acontecer:

1. Fazer quesitos para que o especialista responda. Quesitos são perguntas, questionamentos que devem ser respondidos para que o seu argumento seja comprovado ou não. Voltando ao exemplo do auxílio-doença, você pode fazer alguns quesitos como: "A doença é grave?", "O trabalhador tem condições de continuar fazendo esforços físicos?", "Por quanto tempo o trabalhador precisa ficar em repouso?" etc. Apresente seus quesitos em forma de um pedido intermediário em até 15 dias a partir de quando você for intimado sobre a autorização do juiz para a realização do exame.

2. Indicar um profissional da sua confiança para acompanhar o exame. Chamamos esse profissional de assistente técnico. A indicação pode ser feita no mesmo pedido intermediário em que você fizer seus quesitos.

A partir desse exame o especialista fará um laudo que deve ser incluído no processo até 5 dias antes da audiência.

EXECUÇÃO DA SENTENÇA NOS JUIZADOS DO GOVERNO

Recapitulando: a execução é a segunda etapa do processo, que começa quando a sentença transitou em julgado, ou seja, quando o recurso já foi julgado definitivamente ou quando o prazo para recorrer já terminou sem que ninguém tenha feito um recurso.

Logo após a sentença transitar em julgado, se o governo não cumprir a ordem judicial, você pode pedir ao juiz para iniciar a execução.

Lembre-se, também, de que a execução precisa de um título executivo para poder começar. O título é um documento que define com plena certeza e exatidão o que deve ser feito. No caso dos juizados governamentais, seu título será a sentença. O acordo feito durante o processo e confirmado pelo juiz também pode ser um título executivo.

É bem raro, mas pode acontecer de você possuir um título extrajudicial contra o governo. Essa situação não tem nenhuma grande diferença, basta aplicar o que ensinamos aqui.

Devemos recordar, ainda, que a execução pode seguir dois caminhos: o primeiro acontece quando a ordem é para cumprir uma obrigação de fazer alguma coisa; o segundo acontece quando a ordem é para o pagamento de um certo valor. Vamos conhecer cada um desses caminhos.

Execução De Obrigação

A execução de uma obrigação é muito simples.

É só fazer um pedido – que pode ser oral, não se esqueça – e o juiz vai encaminhar uma correspondência, um ofício, ao órgão governamental mandando que aquela obrigação seja cumprida dentro de um prazo razoável.

Se nada for feito depois dessa correspondência o juiz pode aplicar uma multa ou até mandar prender o responsável em casos mais graves.

Execução De Ordem De Pagamento (RPV E Precatório)

A execução para pagamento de um valor em dinheiro também é muito simples nos juizados do governo. Não é preciso fazer penhora nem leilão dos bens, afinal seria um grande problema retirar uma ambulância ou uma viatura de polícia de circulação para leiloar. Como o governo não fica sem dinheiro (porque somos nós que pagamos), a execução é facilitada.

Basta fazer o pedido ao juiz e ele enviará uma correspondência (ofício) ao órgão para que deposite o valor numa conta bancária vinculada ao juizado.

A depender do valor da dívida, esse pagamento pode ser feito de duas formas:

1. Precatório – o precatório é a forma pela qual o governo paga dívidas maiores. A grande diferença é que, assim que o juiz envia o ofício ao órgão, você será incluído numa lista de espera. O precatório já é bem conhecido justamente por causa da demora para receber. Mas fique tranquilo porque temos a RPV!

2. Requisição de Pequeno Valor (RPV) – como o nome já diz, a RPV é a forma pela qual o governo paga dívidas menores. A grande vantagem é que não é preciso esperar na fila; assim que o órgão recebe o ofício do juiz ele tem 60 dias para fazer o depósito do dinheiro na conta.

"Mas como saber se a execução será por meio de precatório ou de RPV?"

» No caso dos órgãos federais, se o valor da dívida for até 60 salários mínimos, a execução será por RPV. Acima disso você entra na fila do precatório.

» No caso dos outros órgãos (estaduais e municipais), o valor será indicado por uma lei do estado ou do município. Se essa lei não existir, o valor será de 40 salários mínimos para os estados e 30 salários mínimos para os municípios.

Observe que aqui nós não estamos falando do valor da causa, mas, sim, do valor que o juiz mandou pagar.

Lembre-se: para entrar com um processo você precisa dizer qual é o valor da causa seguindo as regras que aprendemos no Capítulo 2. Já no final do processo o juiz dirá se aquela dívida realmente existe e qual é o valor dela; e é esse valor que importa para sabermos se vamos receber por meio de uma RPV.

Coincidentemente, nos juizados federais o valor da causa máximo é igual ao valor máximo da RPV: 60 salários mínimos; já nos juizados da fazenda pública esses valores são diferentes: o limite máximo do valor da causa é de 60 salários, mas o limite máximo para o valor da RPV varia.

Vamos a um exemplo:

Imagine que uma pessoa pediu aposentadoria ao INSS há 5 anos, mas esse pedido foi negado. Ele entra com uma ação no juizado federal pedido para se aposentar com 1 salário mínimo por mês. Esse processo dura um ano e, no fim, ele vence.

OBSERVAÇÃO 1: veja que ele ganhou o direito a se aposentar, então a primeira obrigação do INSS é incluí-lo na folha de pagamento dos aposentados. Isso é uma obrigação de fazer e vai seguir o caminho que já explicamos acima. A execução para pagamento será somente em relação a valores anteriores a essa inclusão na folha de aposentados.

OBSERVAÇÃO 2: vamos desconsiderar que o valor do salário mínimo muda ao longo dos anos. Como o INSS ficou 5 anos sem pagar a aposentadoria e o processo durou mais 1 ano, a dívida acumulada é de 72 salários mínimos. Isso ultrapassa o valor da RPV. Então a pessoa será obrigada a entrar na fila do precatório? Não, felizmente ela tem uma alternativa!

Ela pode renunciar a uma parte do valor se quiser receber por RPV. No nosso exemplo estamos nos juizados federais, em que o limite da RPV é de 60 salários; como ela tinha direito a receber 72, tem a opção de entrar na fila do precatório ou renunciar ao equivalente a 12 salários e receber por RPV.

Agora pode ser que você esteja pensando: "hum, eu posso receber uma parte por RPV e o que sobrar entra na fila do precatório!". Infelizmente, a lei já previu isso e proibiu que o valor da dívida seja repartido, quebrado, dessa forma. Isso significa que você só pode escolher entre receber tudo por precatório ou renunciar a uma parte para receber mais rápido por meio da RPV.

"E como saber se é melhor esperar ou escolher a RPV?"

Bem, essa é uma decisão pessoal e você vai precisar considerar o valor a que terá de renunciar, o tempo que pode ser economizado, quanto você precisa desse dinheiro etc. O tempo de espera na fila do precatório varia de lugar para lugar, então é importante procurar se informar sobre isso.

"Ok, mas e se mesmo assim a dívida não for paga?"

AUTODEFESA LEGAL

Simples, o juiz manda bloquear o valor diretamente nas contas do governo, mas a probabilidade de isso ser necessário é muito pequena.

Para sacar o dinheiro é necessário comparecer pessoalmente à agência do banco em que o depósito foi feito levando documentos de identificação.

Também é possível pedir a alguém para sacar o dinheiro por você. Para isso, é necessário que a pessoa tenha uma procuração com firma reconhecida em cartório. A procuração deve especificar qual o valor depositado e qual a origem desse depósito (número do processo, juizado em que a ação foi julgada, as partes do processo, dados do depósito etc.).

CAPÍTULO 8

QUESTÕES TRABALHISTAS

PRIMEIRA PARTE

OS DIREITOS TRABALHISTAS

As questões trabalhistas são algumas das que mais geram processos na Justiça brasileira. Segundo dados do Conselho Nacional de Justiça (CNJ), em 2018 foram iniciados cerca de 2,5 milhões de demandas judiciais e, já naquele ano, existia um total de 4,8 milhões de processos pendentes.

Quando você quer processar alguém para quem você trabalha, não deve ir aos juizados ou à Justiça comum. Temos juízes e tribunais específicos para isso: são os chamados juízes do trabalho, que estão nas Varas do Trabalho da sua cidade e nos Tribunais Regionais do Trabalho (que chamamos de TRT).

Cada TRT fica em uma região (que na prática será um estado), por exemplo: o TRT da 18.ª Região é o de Goiás, o da 2.ª Região é de São Paulo, e assim por diante.

O maior problema que leva as pessoas à Justiça do Trabalho ocorre quando a empresa e o empregado discordam sobre quanto deve ser pago na rescisão do contrato de trabalho, seja porque o empregado pediu demissão ou foi despedido pelo patrão.

Os advogados chamam essa situação de "falta de pagamento de verbas rescisórias", mas as pessoas costumam dizer que "Fulano não recebeu seus direitos". Nas estatísticas, cerca de 3,75 milhões de processos discutem esse assunto.

Portanto, se alguém não recebeu seus direitos como deveria ser, precisa cobrá-los na Justiça do Trabalho por meio de um processo judicial. O nome do pedido inicial aqui é diferente: Reclamação Trabalhista; o autor é chamado de Reclamante e o réu de Reclamado.

Acontece que a imensa maioria dessas ações trabalhistas é feita por advogados, que vão cobrar do trabalhador um mínimo de 30% do que ele tem direito a receber. É um preço alto para quem ganha pouco. Por isso é importantíssimo saber que você não precisa de um advogado para abrir um processo trabalhista.

No dia a dia percebemos que boa parte das empresas não conhece bem as regras trabalhistas e outras até mesmo optam por não pagar o empregado corretamente, o que acaba gerando muitos problemas para ambos.

Neste capítulo você vai aprender quais são os principais direitos trabalhistas, desde a assinatura da carteira de trabalho, a forma de pagamento do salário, a jornada de trabalho até o término do contrato, que pode ser com justa causa, sem justa causa ou por acordo. Veremos como funcionam as férias, o FGTS, o 13.º salário e o aviso prévio para que você saiba reconhecer seus direitos, seja como um empregado ou como um empregador.

Por último teremos um passo a passo para que você possa entrar com uma ação trabalhista caso considere que não recebeu o que devia ou para que você possa se defender na Justiça do Trabalho se um empregado estiver tentando cobrar um valor injusto.

Observe que a maioria das causas na Justiça do Trabalho acaba em acordo e, muitas vezes, os próprios juízes pressionam para que isso aconteça. Além do mais, quando você não tem advogado, os servidores já são capacitados para te orientar. Isso significa que muitas vezes realmente não compensa pagar caro pelo auxílio de um advogado, seja porque você só vai ter que fazer um acordo ou porque sua causa não é complexa e basta que você conte com o auxílio da Justiça Trabalhista.

Agora podemos começar.

ASSINATURA DA CARTEIRA DE TRABALHO (RECONHECIMENTO DO VÍNCULO DE EMPREGO)

O primeiro direito do trabalhador que vamos estudar é o mais básico: ele tem direito de que seu vínculo de emprego (sua situação de empregado de uma empresa) seja reconhecido e registrado.

Na prática, isso significa que o patrão deve assinar a carteira de trabalho do funcionário e registrá-lo no Ministério do Trabalho, na Caixa Econômica Federal e no INSS. Isso dá ao trabalhador a possibilidade de receber vários benefícios do governo se precisar: sacar o FGTS se for demitido, receber Seguro-desemprego, receber auxílio do INSS se ficar doente, aposentar-se etc..

Mas nem toda pessoa que presta um serviço a outra tem esse direito. Para que você possa ser considerado um empregado é necessário que trabalhe pessoalmente para alguém, de forma habitual, recebendo salário e cumprindo as ordens dessa pessoa. Veja, são 4 condições:

1. O trabalho deve ser feito pessoalmente – uma pessoa jurídica não pode ser considerada uma empregada; se você contrata outra pessoa para prestar o serviço em seu nome, você não é um empregado;

2. O trabalho deve ser habitual – se você trabalha para alguém menos de 2 vezes por semana, dificilmente um juiz do trabalho considerará que você tem um vínculo de emprego;

3. O trabalhador deve receber um salário – se você trabalha como voluntário para uma igreja, uma ONG, um hospital etc., não poderá pedir o reconhecimento de um vínculo de emprego na Justiça;

4. O trabalhador deve estar submetido às ordens de um chefe – se é você quem decide como, quando e de que forma o trabalho é feito, você não é um empregado.

Perceba que quando você cumpre essas quatro condições você já é um empregado e tem todos os direitos que estão na CLT. Não importa se a sua carteira de trabalho foi assinada ou não, se você tem um contrato por escrito com o patrão ou não.

A partir do momento que você começa a trabalhar para alguém já existe um contrato verbal. Nós entramos na Justiça apenas para que esse contrato seja reconhecido, que o empregador faça os registros como manda a lei e que pague as verbas que possa ter deixado de pagar.

Alguns tipos de trabalho não seguem todas as regras da CLT e podem ser uma forma de reduzir os custos e facilitar a contratação. Mas é necessário que o empresário siga exatamente os critérios desses tipos específicos de trabalho, caso contrário, o trabalhador será considerado um empregado comum e terá direito a receber todas as verbas da CLT. Veja alguns exemplos:

Estagiários

Os estagiários não são empregados; eles são estudantes que passam a trabalhar numa empresa com o objetivo de adquirir conhecimentos práticos sobre a matéria que estudam.

Também é vantajoso para a empresa porque ela não precisa pagar todos os direitos dos empregados, inclusive, o estagiário pode receber um valor menor que o salário mínimo ou mesmo participar de um estágio não remunerado.

Entretanto, para que o estágio seja válido, é preciso que haja um termo de compromisso assinado pelo estagiário, a empresa e a instituição de ensino; a empresa precisa se certificar de que o estagiário frequenta as aulas e as atividades que ele faz no trabalho devem ser compatíveis com a área de estudo.

O problema é que às vezes quem abre uma vaga de estágio simplesmente assina um contrato com o estagiário, mas não pede aprovação da instituição de ensino, ou as atividades que o estagiário exerce não têm relação nenhuma com as matérias que ele estuda. Se isso acontecer, a Justiça do Trabalho pode considerá-lo um empregado comum com todos os direitos da CLT.

Isso vai gerar um prejuízo grande para a empresa, pois ela terá que pagar um salário mínimo, o FGTS, o 13.º, o aviso prévio etc.

Prestadores de Serviços, *Freelancers* e Empreiteiros

Quando alguém contrata um pedreiro para fazer uma obra, um artista para elaborar uma campanha de marketing ou um técnico para consertar um computador, não está contratando um empregado, mas apenas um prestador de serviços que vai fazer um trabalho específico (também chamado de "freelancer"). Esses profissionais não estão vinculados à CLT; as partes definem no contrato o que é direito de cada uma.

Mas, se aquele trabalho específico termina e o prestador continua trabalhando para o contratante, isso pode se transformar num vínculo de emprego que dará ao trabalhador todos os direitos da CLT.

Sempre que for feito um contrato de prestação de serviços, é importante definir claramente o que será feito, qual o prazo e se é possível prorrogar esse período caso o trabalho não tenha sido concluído.

Contrato de Experiência

O contrato de experiência é uma forma de empresa e trabalhador avaliarem se vale a pena formalizar o vínculo de emprego, é um teste.

Esse período de experiência pode durar, no máximo, 90 dias. É possível prorrogar a experiência uma vez, desde que não ultrapasse o limite de 90 dias (ex.: contrato de experiência por 30 dias prorrogado por mais 60).

Nesse caso, se o empregado continuar trabalhando depois do fim do período de experiência, a lei passa a considerar que ele tem um vínculo de emprego comum e concede todos os direitos.

Por isso, empresário, saiba que é muito bom testar os novos funcionários com um tempo de experiência, mas é preciso sempre ficar atento ao prazo.

Os pedidos de reconhecimento de vínculo empregatício geram processos frequentemente. A verdade é que muitos empregadores não sabem que precisam regularizar a situação de seus funcionários e acabam tendo que pagar indenizações e multas, mesmo sem a intenção de violar a lei. É importantíssimo ficar atento a isso.

CUMPRIMENTO DO CONTRATO E DAS NORMAS TRABALHISTAS

Agora que você começou a trabalhar, já podemos dizer que existe um contrato de trabalho, mesmo que a carteira não tenha sido assinada e não exista um contrato por escrito (mas o ideal é que tudo esteja documentado).

Você e o patrão combinaram uma série de questões: qual será sua função na empresa, quantas horas trabalhará por dia (jornada de trabalho), em que local prestará seu serviço, o valor do salário etc. A partir desse momento tanto você quanto o empregador precisam cumprir esse contrato.

Mesmo assim, a lei dá uma certa margem para que o empregador modifique algumas condições do contrato, desde que isso não prejudique o empregado. Por exemplo:

Função

O empregado só precisa cumprir as funções que foram definidas no contrato, mas isso não precisa ser tão rígido. Se uma recepcionista tem que fazer café para o chefe ou conferir uma tabela financeira, isso não significa que o contrato foi quebrado.

O que a lei diz é que, mesmo que uma certa tarefa não esteja escrita em contrato como função do trabalhador, se ela tiver relação com as outras funções que ele desenvolve normalmente ou se for compatível com as capacidades dele, não existirá desvio de função.

Por outro lado, se essa mesma recepcionista também recebe a tarefa de entregar encomendas usando a motocicleta da empresa e isso acontece com habitualidade, já temos uma violação da lei que pode ser motivo para que ela se demita recebendo todos os direitos da CLT. Afinal, as duas funções são totalmente diferentes e, além de tudo, o trabalho de motociclista pode ser considerado perigoso.

Saber se as funções estão de acordo com o contrato ou se estão fora do que foi combinado é uma questão de bom senso. De qualquer forma, se alguém está recebendo tarefas incompatíveis com o trabalho que deveria fazer, pode pedir a um juiz do Trabalho que obrigue o empregador a pagar as diferenças pelo desvio ou pelo acúmulo de funções.

Local De Trabalho

A empresa pode ter mais de uma loja ou estabelecimento numa mesma cidade e a lei permite que ela mude o empregado de uma para a outra conforme a necessidade do serviço.

Porém, se a empresa transferir o funcionário para outra cidade a ponto de ele precisar se mudar, ele tem direito a receber um adicional de 25% do salário que recebia antes, além do empregador arcar com todos os custos da mudança.

Jornada De Trabalho

Trabalhador e patrão combinam quando e quantas horas por dia o trabalho deve ser executado.

Porém, o empregador tem o direito de mandar que o empregado preste horas extras, ou seja, que trabalhe mais do que o normal naquele dia. Mas essas horas devem ser pagas com um adicional de 50%.

Além disso, a empresa pode transferir o funcionário do período noturno para o diurno, mas não pode fazer o contrário se o empregado não concordar, ou seja, mudar o horário de trabalho para o turno da noite, porque a Justiça do Trabalho considera que isso é prejudicial ao trabalhador.

Salário

O salário não pode ser reduzido. Essa regra está na própria Constituição brasileira.

Porém, se a empresa estiver passando por dificuldades, pode fazer um acordo com o sindicato para reduzir a jornada de trabalho dos empregados e, consequentemente, diminuir o salário na mesma proporção.

Outra possibilidade é que a empresa pode dar e retirar uma gratificação quando achar conveniente.

Imagine uma gratificação de função ou uma gratificação por assiduidade. A empresa pode dar ao empregado que estiver exercendo aquela função específica ou que estiver sendo assíduo ao trabalho e também pode retirá-la se ele não estiver mais naquela função ou deixar de ser assíduo.

"Existem outras regras que precisam ser respeitadas?"

Lembre-se de que, se a empresa tem um regulamento interno, ele passa a fazer parte do contrato dos trabalhadores.

E não são só as regras do contrato, existem as regras da própria CLT que precisam ser cumpridas. É o que veremos mais a fundo ao longo deste capítulo.

Por último, a empresa precisa seguir os acordos que são feitos com o sindicato dos trabalhadores.

Sindicatos são associações de trabalhadores ou associações de empresas de um determinado ramo do mercado. Eles têm a função de negociar as condições de trabalho dentro de um determinado território: município, estado ou o país inteiro.

Quando dois sindicatos (de trabalhadores e de empregadores) fazem uma negociação, chamamos de Convenção Coletiva de Trabalho (CCT) e as regras que saíram dessa negociação valem para todos os trabalhadores e todas as empresas daquele local (cidade, estado ou país).

Se um sindicato de trabalhadores negocia com uma empresa específica, teremos um Acordo Coletivo de Trabalho (ACT) que criará regras diferenciadas somente para os empregados daquela empresa.

Quando um grupo de trabalhadores estiver vinculado a um sindicato que tenha uma CCT, mas também tenha ACTs com algumas empresas, vale a CCT para o território, mas os ACTs valem para essas empresas se algum assunto estiver normatizado de maneira diferente.

Essas regras negociadas com os sindicatos são tão importantes que podem modificar até mesmo o que está regulamentado na CLT. Por exemplo:

- A CLT diz que o adicional de horas extras é de 50%, mas se o acordo coletivo disser que é de 75% é esse acordo que ficará valendo;

- A CLT diz que o intervalo deve ser de 1 hora para almoço, mas a convenção coletiva pode dizer que é de 30 minutos e será isso que vai valer para aqueles trabalhadores.

Empresas, vocês precisam conhecer os acordos e as convenções dos seus trabalhadores para não ficarem irregulares; empregados, vocês também devem ter conhecimento deles para saber seus direitos. É só entrar no *site* do seu sindicato e ver qual é a CCT e o ACT que estão valendo ou até ligar no sindicato e pedir para mandarem esses documentos para você.

Nunca se esqueça de consultar essas regras antes de ir à Justiça do Trabalho.

JORNADA DE TRABALHO, INTERVALOS, HORAS EXTRAS E ADICIONAL NOTURNO

Já falamos sobre o vínculo de emprego e o contrato, agora vamos começar a trabalhar.

Uma das primeiras coisas que precisamos saber quando começamos num novo emprego é quantas horas por dia e quantos dias por semana vamos prestar nosso serviço. Isso é a jornada de trabalho.

Jornada Normal

Um expediente de trabalho muito longo e sem descanso pode prejudicar a saúde das pessoas. Por isso, no Brasil, a Constituição estabelece que a jornada máxima só pode ser de até 8 horas diárias e 44 horas semanais, mas nada impede que você contrate alguém para uma jornada menor.

Pense em alguém que trabalha 8 horas de segunda a sexta e 4 horas no sábado, totalizando 44 horas numa semana; também podemos imaginar que alguém trabalhe 7 horas de segunda a sábado, somando 42 horas semanais. O que não é permitido é que alguém seja contratado para trabalhar 9 horas de segunda a quarta e 8 horas na sexta, mesmo que não trabalhe no sábado.

Perceba que essa é a jornada normal do contrato, aquilo que empregador e empregado combinam que será comum no dia a dia. Ainda não entramos na questão das horas extras; falaremos disso logo mais.

OBSERVAÇÃO: a lei traz uma exceção e permite que a empresa contrate alguém para trabalhar 12 horas seguidas e descansar 36 horas. Dizemos que é uma jornada 12 por 36. É a situação da maioria dos porteiros, seguranças e médicos plantonistas. Mas esse tipo de jornada só vale se estiver combinada por escrito com o funcionário.

Controle Da Jornada (Folha De Ponto, Cartão De Ponto, Ponto Eletrônico)

Você com certeza sabe o que é uma folha de ponto ou um cartão de ponto. A finalidade deles é justamente o controle de quantas horas o empregado trabalhou. Manter esse controle é importante tanto para o próprio funcionário (que tem interesse em saber se já cumpriu sua jornada e quantas horas extras fez) quanto para a empresa (que precisa controlar seus colaboradores e manter os registros para provar que cumpriu a lei se vier a ser questionada na Justiça).

Empregadores pequenos não são obrigados a ter um controle de ponto. Mas se a empresa tiver mais de 20 funcionários a lei determina que esse registro seja feito.

Se essas empresas maiores forem processadas e não tiverem os comprovantes de jornada para mostrar ao juiz, vale o que disser o reclamante, ou seja, é como se o empregador concordasse com o que foi dito.

Mesmo assim, ainda que o seu negócio não esteja obrigado por lei a arquivar o registro, é recomendável manter um controle.

Por outro lado, tem certos tipos de emprego que não têm controle de jornada. Nesse caso, são pessoas que trabalham fora da empresa, inclusive em *home office*, e não existe uma ordem do patrão sobre o horário de começar e de terminar o serviço.

A empresa simplesmente define uma lista de tarefas, um prazo e o funcionário cumpre quando entender mais conveniente. Como esses empregos não têm uma jornada fixa, não recebem horas extras.

Outra situação em que não se faz controle de ponto é a dos gerentes. Eles, muitas vezes, chegam e saem do estabelecimento na hora que bem entendem e acabam trabalhando bem mais que 8 horas diárias. Isso não é ilegal, porque ele é um representante direto do dono e precisa ter essa flexibilidade.

Mas, para que ele seja considerado um gerente e a empresa não precise registrar os horários de entrada e saída, é necessário pagar uma gratificação de, no mínimo, 40% sobre o salário básico dele. Se essa gratificação não for paga ou se a pessoa não tiver um poder real de comando na empresa para ser chamada de gerente, a Justiça do Trabalho mandará o empregador pagar todas as horas extras que ultrapassaram a jornada normal.

Para você entender como o controle da jornada é importante e pode gerar problemas:

Uma situação bem comum que os juízes do trabalho enfrentam acontece quando a empresa manda que o empregado registre o ponto de saída mas continue trabalhando. Ou seja, as horas adicionais não são contabilizadas e o empregador não paga por esse trabalho feito a mais. Se isso acontece com você, tente juntar provas como gravações, mensagens, e-mails e testemunhas para comprovar que você trabalhou mais do que foi registrado.

Intervalos

A CLT chama de intervalo para "repouso ou alimentação", mas todo mundo conhece como horário de almoço.

Assim como é prejudicial à saúde trabalhar muitas horas no mesmo dia, também é prejudicial trabalhar muitas horas sem parar um pouquinho para descansar, por isso a lei criou os intervalos.

"E como deve ser esse intervalo?"

A CLT nos dá algumas regras e coloca um limite máximo e mínimo, dependendo da jornada de trabalho de cada empregado:

» Se a jornada de trabalho é de 6 horas ou mais (lembrando que o máximo é 8), o intervalo deve ser de, pelo menos, 1 hora até o máximo de 2 horas. É a empresa quem vai definir, desde que fique dentro desses limites. Algumas empresas preferem que o empregado saia para almoçar às 12h00 e volte às 13h00, outras preferem que ele saia às 12h00 e volte às 14h00, por exemplo.

» Já se a jornada é maior do que 4 horas mas não passa de 6 horas num dia, o intervalo é de 15 minutos.

» A empresa não precisa dar intervalo nenhum se a jornada não for maior que 4 horas por dia.

Note que esse tempo de intervalo não é contado como tempo de trabalho, ou seja, se você é contratado para trabalhar 7 horas diárias e tira 1 hora de almoço, são 7 horas de trabalho mesmo e o período de almoço não será descontado.

Veja um exemplo mais claro:

Se o funcionário entra às 10h00 e faz uma jornada de 8 horas, a pausa para almoço poderia ser, por exemplo, às 12h00. Logo, ele retornaria às 13h00. Mas e o horário de saída? Bem, seria às 19h00.

"E o que acontece se a empresa não der o intervalo?"

Simples, o tempo que faltar será transformado em horas extras e o empregador terá que pagar o adicional.

Exemplo: se num dia o trabalhador só teve 45 minutos para almoçar em vez de 1 hora, a empresa deve pagar o adicional fazendo o cálculo sobre essa diferença de 15 minutos.

Falamos muito das horas extras e ainda não explicamos como isso funciona. Chega de enrolação! É hora das horas extras.

Horas Extras

Você já sabe que a jornada normal não pode ser maior que 8 horas diárias, mas será que existe alguma situação em que a empresa pode pedir que o funcionário trabalhe mais que isso?

Sim! É o caso das horas extras, que dizemos "extras" exatamente porque fogem da normalidade.

A empresa não pode (ou não deveria) exigir que o empregado faça horas extras todos os dias ou com muita frequência. É preciso ter uma necessidade real, do contrário elas se transformam em uma coisa normal e o limite máximo da Constituição é quebrado.

Como já dissemos, trabalhar todos os dias por mais de 8 horas pode ser prejudicial à saúde e isso pode se tornar justificativa para uma indenização por danos morais.

Mas a lei não diz quantas vezes por semana o trabalhador pode ser chamado para fazer horas extras. Isso vai depender do bom senso das partes e, se chegar até a Justiça, do que o juiz considerar razoável ou excessivo.

O que a lei nos diz é que, por dia, um trabalhador pode fazer no máximo 2 horas extras, ou seja, se ele trabalha 8 horas, a empresa poderá pedir que ele complete 10 horas naquele dia; se ele tem uma jornada normal de 6 horas, com as 2 horas extras serão 8 no total, e assim em diante.

A CLT também nos diz que quem faz hora extra tem direito a receber um adicional de 50% sobre o valor da hora normal de trabalho; no caso de trabalhar em feriado, o adicional é de 100%.

"Mas como eu calculo quanto é o valor da hora normal, oras?"

É simples! Veja a tabela abaixo, ela considera a jornada semanal para nos mostrar quantas horas alguém trabalha por mês:

JORNADA SEMANAL	HORAS TRABALHADAS
44 horas	220 horas por mês
40 horas	200 horas por mês
36 horas	180 horas por mês
30 horas	150 horas por mês

Não precisa se preocupar como fizemos a conta para chegar a essa tabela porque isso não é importante para o nosso estudo. Basta você conferi-la sempre que precisar saber quantas horas alguém trabalha por mês.

Já o valor da hora normal você consegue simplesmente dividindo o valor do salário pelo número de horas mensais de acordo com a tabela.

Daí, com o valor da hora, é só acrescentar 50% para saber quanto vale a hora extra.

Vamos fazer os cálculos de um exemplo para deixar tudo claro:

Gilberto trabalha 40 horas por semana e recebe R$ 2.000,00. Num certo mês ele fez 15 horas extras. Qual é o valor que ele deve receber por essas horas?

Primeiro, descobrimos o valor da hora normal. Nesse caso, dividimos o salário de R$ 2,000.00 por 200 (que é o que nossa tabela indica para jornadas de 40 horas semanais). Chegamos ao valor de R$ 10,00 pela hora normal de trabalho.

Agora é só adicionar 50% para sabermos quanto ele deverá receber por cada hora extra e multiplicar pelo número de horas extras feitas no mês. No caso, o valor da hora extra será de R$ 15,00 e ele deverá ganhar R$ 225,00 pelas 15 horas extras trabalhadas no mês.

Banco de Horas

Provavelmente todo mundo já fez isso: trabalhou um pouco mais em um dia para compensar em outro, ou pedir para sair mais cedo e trabalhou mais no dia seguinte. Essa prática é perfeitamente legal, o conhecido Banco de Horas.

O banco de horas é uma alternativa para que a empresa não precise pagar o adicional de horas extras caso precise que o empregado fique mais tempo num determinado dia. Basta que ela permita que ele compense esse tempo a mais de trabalho dentro de um mês.

Se preferir, o patrão pode fazer um acordo por escrito com o funcionário. Isso permite que a compensação das horas trabalhadas a mais possa acontecer dentro de até seis meses. Esse período ainda pode ser de 1 ano se o acordo for negociado com o sindicato.

"E como fica se o trabalhador sair do emprego ou for demitido antes de zerar o banco de horas?"

Bem, se acontecer a rescisão do contrato, o que sobrar no banco de horas sem ser compensado vira hora extra e a empresa precisa pagar ao trabalhador o preço da hora mais o adicional de 50%.

Trabalho Noturno

Quem trabalha à noite tem direito a um adicional de 20%. Noite, para a lei, é o período que vai das 22 horas de um dia até as 5 horas do dia seguinte.

A CLT traz um ponto interessante: para a lei, a hora noturna tem só 52 minutos e 30 segundos em vez de 60 minutos. Se você fizer os cálculos, vai perceber que entre as 22h e as 5h só temos 7 horas, mas com essa "hora noturna" de 52min e 30s são 8 horas. É uma forma de beneficiar o trabalhador, que vai ganhar um pouco a mais por menos tempo trabalhado na parte da noite.

"E se o empregado trabalhar uma parte no período noturno e outra no diurno, ou começar no diurno e terminar no noturno?"

Isso é o que chamamos de jornada mista.

Se o trabalhador começar no período diurno e for até o noturno, as regras do adicional e da hora de 52 minutos e 30 segundos valem só para as horas realmente trabalhadas depois das 22 (dez horas da noite).

Por outro lado, se ele começa a trabalhar já no horário noturno, mesmo que a jornada vá além das 5 horas da manhã, a lei considera que todo o trabalho é noturno e, por isso, o adicional será aplicado para todas as horas trabalhadas.

Ainda pode acontecer da empresa pedir que o funcionário faça horas extras no período noturno. Nessa situação nós vamos somar os dois adicionais, ou seja, 50% pela hora extra mais 20% do adicional noturno. Portanto, calculamos o valor da hora normal e adicionamos 70%.

SALÁRIO

O Que É Salário?

"Ah, essa pergunta é muito boba! Todo mundo sabe que o salário é o pagamento que o funcionário recebe pelo serviço que presta à empresa."

É isso mesmo, mas não é tão simples assim.

Precisamos entender que o salário pode ser dividido em partes diferentes e que nem tudo que o trabalhador recebe é considerado salário.

A primeira parte do salário é o que chamamos de "salário básico". É aquele valor fixo que é combinado logo no momento em que o empregado vai ser contratado. Partindo desse salário básico nós calculamos as outras partes do salário total.

Algumas pessoas recebem apenas o salário básico, outras recebem alguns acréscimos, como gratificações ou comissões.

A gratificação é aquilo que a empresa paga por causa de uma responsabilidade maior que dá ao empregado ou de um objetivo que foi cumprido.

Vamos supor que você trabalhe como vendedor em uma loja de roupas, mas, também, recebeu a responsabilidade de fechar o caixa e contar o dinheiro no fim do dia. E por essa função adicional a empresa decide pagar uma gratificação de 20% do seu salário básico.

Também podemos pensar numa gratificação por pontualidade que a empresa resolve pagar aos funcionários que não se atrasem mais de 3 minutos em nenhum dia do mês, aumentando mais R$ 150,00 do salário.

Como você já deve ter percebido, uma gratificação pode ser definida em uma porcentagem do salário básico ou também em uma quantia fixa.

Temos também as comissões. Normalmente, a comissão é um valor que o trabalhador recebe quando consegue vender um produto e que calculamos por uma porcentagem do preço desse produto.

Os corretores de imóveis, por exemplo, costumam receber 5% do valor de cada imóvel que vendem. Em muitas lojas de roupas os vendedores recebem uma quantia por cada peça vendida.

Até as gorjetas que os garçons ganham dos clientes são consideradas uma parte do salário e servem para calcular todos os outros direitos trabalhistas.

Em algumas situações, quando o funcionário trabalha em condições mais difíceis, a CLT manda que o salário ainda tenha alguns adicionais, como no caso do adicional de insalubridade ou de periculosidade que estudaremos em seguida.

"E o valor do salário, o que a lei diz sobre isso?"

Bem, essa parte você certamente já sabe.

Existe uma lei que diz qual é o salário mínimo para todo o país. Todos os anos o governo publica qual é o menor valor que um empregado pode receber por um mês de trabalho.

O salário mínimo também pode ser estabelecido por um acordo com o sindicato. É o famoso piso salarial. Algumas categorias de trabalhadores conseguem negociar um piso que supera o salário mínimo legal e será esse piso que valerá a partir da negociação.

Se alguém receber menos que o mínimo legal durante o período em que ficou empregado numa empresa, poderá exigir na Justiça que sejam pagas as diferenças.

Não confunda o valor do salário mínimo com os descontos legais. Mesmo que você ganhe apenas o mínimo, ainda será descontado o FGTS, a contribuição para o INSS e impostos. O patrão também pode descontar se você pegar algum vale (uma parte antecipada do salário) ou se causar um prejuízo à empresa (ex.: quebrar equipamentos, danificar produtos etc.).

O pagamento do salário precisa ser feito da seguinte forma: preferencialmente em dinheiro, de uma vez só e até o 5.º dia útil do mês seguinte.

Mas não basta só pagar o salário, a empresa precisa dar ao empregado o contracheque (em alguns lugares chamam de holerite), que é um tipo de recibo em que vai detalhado tudo o que ele está recebendo e tudo o que está sendo descontado.

Por exemplo: se a pessoa vai receber naquele mês R$ 1.100,00 de salário-base, R$ 200,00 de comissão e R$ 200,00 de horas extras, não basta dizer que ele receberá R$ 1.500,00. É preciso especificar cada verba.

Se o empregador não fizer o contracheque corretamente, o juiz do trabalho pode entender que uma certa parcela do salário não foi cumprida e obrigar a pagar novamente, mesmo que tenha sido só um erro na hora de preencher as informações.

Coisa parecida acontece quando a empresa faz o tal "pagamento por fora".

Tentando evitar pagar impostos ou verbas trabalhistas, às vezes o empresário repassa o dinheiro ao empregado, mas registra só uma parte no contracheque. Isso é muito perigoso: se o empregado entrar com uma ação trabalhista e provar que existia pagamento por fora, o empresário vai ser obrigado a pagar todos os impostos e todas as verbas trabalhistas que tentou sonegar, sem falar na possibilidade de ser investigado por órgãos da Receita Federal, do Ministério do Trabalho e até a Polícia Federal quando a questão for grave.

Salário *in natura*

"Salário *in natura*, o que é isso?"

Apesar desse nome estranho em latim, salário *in natura* é simplesmente quando a empresa paga uma parte do salário dando algum produto ao funcionário em vez de dinheiro. O exemplo mais comum é a cesta básica que algumas empresas dão junto ao dinheiro, ela é uma parte do salário e não uma simples doação.

Outros exemplos são roupas, ingressos para cinema e shows, vale-presente etc., desde que seja pago habitualmente pelo trabalho executado pelo empregado. Se essas coisas são dadas esporadicamente, são consideradas um simples presente e não servirão para calcular o salário.

Como a lei nos diz que o salário deve ser preferencialmente em dinheiro, a empresa não pode somente dar produtos ao empregado. É obrigatório que, pelo menos, 30% do valor do salário mínimo seja pago em dinheiro.

Dessa forma, mesmo que a empresa pague uma parte *in natura*, precisa especificar no contracheque do funcionário qual o valor dos produtos que ela está fornecendo e calcular todos os outros direitos em cima desse valor. Se o salário *in natura* não ficar registrado, vai ser considerado um pagamento "por fora" e o empresário corre o risco de ter que pagar de novo da maneira certa.

O Que Não É Salário (Instrumentos De Trabalho E Benefícios)

Alguns pagamentos que a empresa faz ao empregado, mesmo que estejam discriminados no contracheque, não vão ser considerados como salário e não entrarão no cálculo dos direitos trabalhistas.

A primeira coisa que você precisa entender é que só é salário o que o trabalhador recebe "pelo trabalho". Por outro lado, o pagamento que o trabalhador recebe "para o trabalho" não é salário.

"Como assim? Qual é a diferença?"

Pense o seguinte: você trabalha o mês inteiro e recebe um salário pelo seu trabalho. Agora imagine que você trabalha viajando e precisa de gasolina para o seu carro. O empregador vai te dar um valor em dinheiro para custear o abastecimento do veículo, mas ele não faz isso como uma recompensa a você, ele faz para que você consiga fazer o seu trabalho.

É como se esse dinheiro do combustível do carro fosse um instrumento de trabalho. Aliás, a empresa também pode pagar o aluguel do próprio carro, ou arcar com os custos da manutenção do seu veículo próprio, para possibilitar o seu trabalho e isso não será parte do seu salário.

A lei nos dá mais alguns exemplos de pagamentos feitos para o trabalho:

» Ajuda de custo – é um valor que a empresa te paga para cobrir seus custos com o trabalho, incluindo a própria manutenção do seu carro, a compra de material de trabalho, almoço com clientes e qualquer outro custo que você possa ter com o serviço que presta.

» Diárias para viagem – quando o funcionário precisa viajar, ele normalmente tem custos com hospedagem, alimentação, transporte e vários outros. A empresa pode definir um valor de diária para englobar todos esses custos para cada dia de viagem. Como isso também é pago para o trabalho do empregado, não é salário.

Depois daqueles valores que a empresa paga para ajudar o empregado a exercer suas tarefas, ainda existe o que a lei chama de "prêmio". Um prêmio é um valor que não estava previsto no contrato, mas que o patrão resolveu pagar como incentivo ao empregado porque o trabalho dele naquele mês foi bem acima da média, extraordinário.

Um exemplo bem simplório: alguém é contratado para produzir peças de máquinas agrícolas numa fábrica. A média dos empregados daquela fábrica é de 300 peças por mês, mas esse funcionário conseguiu fazer 500 no mês de março. O gerente da fábrica fica tão satisfeito que resolve dar a ele um prêmio de R$ 2.000,00 para incentivar que continue se esforçando e que os outros também se empenhem mais.

"E sobre o salário in natura, tem algum produto dado pela empresa que não vai entrar no cálculo do salário?"

Sim! A CLT nos traz algumas exceções, coisas que normalmente as pessoas chamam de benefícios e não são partes do salário mesmo que sejam fornecidas pela empresa de maneira habitual:

» Todos os instrumentos de trabalho: vestuários, equipamentos e outros acessórios fornecidos aos empregados e utilizados no local de trabalho, para a prestação do serviço. É o nosso "para o trabalho".

» Auxílio-alimentação (quando a empresa está no PAT). Os chamados "tickets" ou cartões de alimentação que o trabalhador pode usar para comprar em supermercados e restaurantes também não serão parte do salário se a empresa se inscrever no Programa de Alimentação do Trabalhador (PAT), que é uma política do governo federal para incentivar que empregadores concedam esse benefício a seus empregados. É importante que as empresas se cadastrem no PAT, porque recebem redução de impostos e ainda correm menos risco com ações trabalhistas. Por isso a imensa maioria das que fornecem algum tipo de alimentação ou cesta básica a seus funcionários está cadastrada nesse programa.

» Educação, seja em estabelecimentos de ensino da própria empresa ou de terceiros, incluindo o valor da matrícula, mensalidade, anuidade, livros e material didático.

» Transporte para ida e volta do trabalho, seja pagando o vale-transporte, fornecendo passagens de ônibus ou com veículo da empresa.

» Assistência médica, hospitalar e odontológica, prestada diretamente pela empresa ou por meio de plano de saúde, inclusive o reembolso de despesas com medicamentos, óculos, aparelhos ortopédicos, próteses e órteses, despesas médico-hospitalares e outras similares.

» Seguros de vida e de acidentes pessoais.

» Previdência privada.

» Vale-cultura.

"Mas, afinal, o que significa dizer que alguma coisa não é parte do salário?"

Respondo: o valor do salário serve de base para o cálculo de uma série de coisas, incluindo impostos e a contribuição para o INSS que a empresa precisa pagar. Além disso, também serve para calcular o valor de vários direitos trabalhistas: horas extras, férias, FGTS, 13.º salário, aviso prévio etc. Por isso, a empresa sempre vai achar mais interessante reduzir as parcelas que fazem parte do salário e, no lugar delas, dar benefícios aos funcionários.

Veremos como isso funciona na prática logo mais, quando formos aprender a fazer todos os cálculos dos direitos trabalhistas.

Adicionais (Insalubridade E Periculosidade)

Os adicionais de periculosidade e insalubridade são porcentagens acrescentadas ao salário do empregado como forma de compensar um trabalho que pode ser prejudicial à saúde dele ou que tenha risco de morte.

Já adiantando: essa é uma das situações em que é preferível procurar um advogado. Se você trabalhar nessas condições ou for um empresário que emprega pessoas dessa forma, o ideal é ser orientado por um profissional. Pode ser até o do sindicato.

Voltando ao assunto.

As atividades insalubres são aquelas que expõem os empregados a agentes nocivos à saúde. Na prática, agentes nocivos à saúde podem ser entendidos, basicamente, como exposição contínua a ruído, calor, frio, umidade, vibração, radiação, vírus, bactérias etc.

Algumas normas do Ministério do Trabalho trazem especificações claras sobre os limites de tolerância para cada um desses agentes nocivos. De acordo com elas, a insalubridade pode ser de nível mínimo, médio e máximo.

Conforme o nível da insalubridade o adicional vai ser de 10%, 20% ou 40% do valor do salário mínimo. Veja: é sobre o salário mínimo e não sobre o salário do empregado.

Por exemplo: se alguém ganha 2 mil reais e trabalha com insalubridade de nível médio, se considerarmos um salário mínimo de mil reais, o adicional será de 200 reais, não de 400 reais.

Por outro lado, o trabalho perigoso é aquele que exige que o funcionário tenha contato permanente com coisas que representem risco de vida. A lei fala de inflamáveis, explosivos e energia elétrica, além de risco de sofrer violência ou roubo (como é o caso dos seguranças e das pessoas que transportam dinheiro).

Em alguns casos, pessoas que trabalham pilotando motocicletas também podem ter direito ao adicional de periculosidade.

O valor do adicional é de 30% sobre o salário-base e não temos divisão em níveis. Note que agora falamos em salário-base, ou seja, o salário normal sem contar as gratificações, prêmios etc.

É muito importante que as empresas que tenham empregados trabalhando em condições insalubres ou perigosas analisem corretamente qual o tipo de adicional e qual o percentual precisam pagar para evitar problemas na Justiça. Esses adicionais, por serem partes do salário, vão refletir em todos os outros direitos trabalhistas.

Digo mais uma vez: essa é uma questão mais complexa, porque envolve ter conhecimento das normas do Ministério do Trabalho e da Justiça do Trabalho, e é recomendável consultar um advogado se você tiver dúvida se tem direito a algum adicional ou sobre o nível de insalubridade.

Equiparação Salarial

Você está trabalhando há um bom tempo numa empresa e está recebendo seu salário normalmente. Acontece que você começa a perceber que algumas pessoas que fazem o mesmo trabalho que o seu estão ganhando um salário maior. Aí vem a dúvida: isso é legal?

Vai depender se a diferença entre o seu trabalho e o trabalho do outro justifica uma diferenciação de salários. Se existir uma diferenciação injusta a CLT considera que está acontecendo uma discriminação e dá ao empregado discriminado o direito de equiparar o seu salário ao salário do outro funcionário.

Porém, verificar na prática se estamos diante de uma discriminação ilegal ou não é um pouco complicado e é recomendável que você procure um advogado se estiver desconfiado disso.

De qualquer forma, mesmo que decida contratar um advogado, você precisa saber identificar se pode estar sofrendo essa discriminação, até para poder fazer essa pergunta a ele. Então vamos ver o que é preciso para ter direito à equiparação salarial.

1. Trabalho para o mesmo empregador no mesmo estabelecimento

A primeira condição para sabermos se alguém tem direito à equiparação salarial é que ela e o outro empregado trabalhem para o mesmo empregador, a mesma empresa. Mas não basta só ser para a mesma empresa, é preciso que ambos trabalhem no mesmo estabelecimento.

Se a empresa tem sedes em duas ou mais cidades, não adianta querer equiparar o seu salário com o de um empregado que trabalha em outro município.

2. Pequena diferença de tempo de trabalho

A CLT diz que só terá direito à equiparação a pessoa que não tiver uma diferença de tempo de trabalho para a mesma empresa maior que 4 anos em relação ao empregado a quem ela quer ser equiparada. Além disso, os dois devem trabalhar na mesma função e a diferença de tempo não pode ser maior que 2 anos.

Vamos entender isso melhor:

Imagine que você trabalha há 5 anos numa empresa e descobriu que outro empregado recebe R$ 500,00 a mais que você. Acontece que esse funcionário já é muito experiente na empresa, pois ele trabalha lá há 10 anos. Só na sua função ele já tem 8 anos e meio de experiência. Nesse caso é totalmente normal que ele receba mais, afinal, experiência não é algo que se adquire do dia para a noite.

Observe que é preciso que os dois empregados tenham trabalhado na mesma função ao mesmo tempo, ou seja, não adianta tentar equiparar o salário com o de um empregado que nem estava mais na empresa ou já tinha sido promovido quando você começou a trabalhar naquela função.

3. Trabalho com a mesma produtividade e qualidade

Esse aqui é o mais óbvio. Não faz sentido querer receber o mesmo valor que alguém que produza mais ou que faça um trabalho com qualidade superior.

Se você percebe essas 3 condições acontecendo ao mesmo tempo na empresa em que trabalha, é provável que tenha direito a uma equiparação salarial.

Entretanto, algumas empresas têm um regulamento para definir o plano de carreira e os salários dos funcionários. Nesse caso, não existe equiparação salarial porque todos os requisitos para que alguém suba na carreira e ganhe mais já estão definidos e não importa quanto o seu colega do lado está ganhando, mas sim se a empresa está cumprindo as regras para te promover quando você tiver direito.

No caso de o regulamento ser descumprido é só entrar com uma ação para receber as diferenças salariais que a empresa deixou de pagar por não ter te promovido ou aumentado seu salário no momento certo.

Veja que ninguém pode ser discriminado por motivo de sexo, etnia, origem, idade ou outra condição que não esteja relacionada ao trabalho. Se o juiz considerar que a empresa praticou esse tipo de discriminação, ela será obrigada a pagar uma multa de aproximadamente 3 salários mínimos além das diferenças salariais que são de direito do trabalhador.

DÉCIMO TERCEIRO SALÁRIO

Esse é aquele dinheirinho que sempre ajuda a melhorar o Natal de todo mundo. Inclusive, essa é exatamente a origem do 13.º salário: as empresas tinham o costume de presentear os trabalhadores com uma gratificação natalina. Isso virou lei na década de 60 e agora o 13.º salário é um direito do empregado.

A norma é que ele deve ser pago em duas parcelas, sendo a primeira entre 1.º de fevereiro e 30 de novembro e a segunda até 20 de dezembro. A empresa pode escolher o melhor momento para pagar, mas não pode descumprir esse prazo.

O cálculo deve ser feito da seguinte forma:

Dividimos a remuneração integral por 12 e multiplicamos pelo número de meses trabalhados. Só consideraremos 1 mês nessa conta para aqueles meses em que o trabalhador teve, no máximo, 15 faltas.

As horas extras, comissões e adicionais também entram no cálculo.

Então note que você vai adquirindo, mês a mês, o direito a receber 1/12 do seu 13.º. Se alguém trabalhou de janeiro a agosto e depois saiu da empresa, terá direito a receber o 13.º proporcional, ou seja, 8/12 do valor do salário.

Porém, se o empregado for demitido por justa causa, não tem direito ao 13.º proporcional.

FÉRIAS

Assim como precisamos de descanso durante o dia de trabalho e ao longo da semana, precisamos também de um período maior de descanso durante o ano para mantermos boa saúde. Essa é a função das férias.

A lógica é a seguinte: você trabalha por 12 meses e a empresa deverá te conceder 30 dias de descanso dentro dos 12 meses seguintes, pagando normalmente o salário e acrescentando 1/3 como adicional quando você for sair de férias.

» Período aquisitivo – nós chamamos de período aquisitivo os primeiros 12 meses, no qual o funcionário trabalha para adquirir o direito às férias no ano seguinte. A contagem não se inicia em janeiro; o que acontece é que começamos a contar a partir do momento em que o empregado começa a trabalhar até completar os 12 meses e, a partir daí, continuamos contando até que se completem mais 12 meses, e assim por diante. A cada período aquisitivo o empregado tem direito a 30 dias de férias.

» Período concessivo – após o primeiro ano de trabalho a empresa tem 12 meses para conceder, permitir que o empregado saia de férias. O empregador tem o dever de comunicar ao trabalhador a data das férias com, pelo menos, 30 dias de antecedência e fazer as anotações na carteira de trabalho.

» Fracionamento – se o empregado concordar, as férias podem ser divididas em até 3 períodos. A regra é que um desses períodos não pode ser menor que 14 dias; os outros dois não podem ser menores que 5 dias.

» Faltas – se você faltar ao serviço durante o ano (período aquisitivo), poderá perder suas férias de acordo com a tabela a seguir:

FALTAS	DIAS DE FÉRIAS
até 5	30
6 a 14	24
15 a 23	18
24 a 32	12

Não são considerados faltas os dias que o empregado não trabalhou por motivo de doença reconhecida pela empresa ou pelo INSS.

» Adicional de 1/3 – o trabalhador tem direito a receber um adicional de 1/3 do salário quando for usufruir das suas férias. Se o salário for pago por comissão, por hora ou por tarefa, o cálculo do adicional deve levar em conta a média dos salários dos últimos 12 meses. Também devemos incluir no cálculo o valor dos adicionais de insalubridade, periculosidade ou noturno, se houver. Uma continha rápida: se um empregado recebe R$ 1.500,00 como salário e esse valor não é variável, o adicional de férias será de

R$ 500,00. Mas se outro recebe R$ 1.200,00 de salário-base e teve uma média de R$ 600,00 em comissões nos últimos 12 meses, o adicional de férias será de R$ 600,00.

» Venda das férias – o empregado pode vender até um terço das férias, desde que comunique ao patrão com 15 dias antes do fim do período aquisitivo.

"E se a empresa não conceder as férias dentro do período concessivo?"

Nesse caso, deverá pagar o valor das férias em dobro ao trabalhador.

"Como fica se o empregado sair da empresa ou for demitido?"

A empresa precisa pagar ao trabalhador que se desligar ou for demitido sem justa causa as férias adquiridas que ainda não foram usufruídas e as férias proporcionais aos meses trabalhados.

Entretanto, se a demissão for por justa causa, o funcionário perde o direito às férias proporcionais.

FGTS (FUNDO DE GARANTIA DO TEMPO DE SERVIÇO)

O FGTS é, basicamente, um valor que o empregador precisa depositar todos os meses numa conta bancária em nome do empregado.

A ideia é que esse valor sirva como uma reserva de dinheiro para ser usada em situações de maior dificuldade como a demissão ou até o surgimento de uma doença grave que tenha um tratamento caro (como o câncer). Também é possível sacar o FGTS se você vai comprar ou financiar uma casa, se completou 70 anos ou se aposentou.

Não vou entrar no mérito se isso é bom, ruim, se funciona ou não funciona. Nesse momento só precisamos saber que o FGTS é um dinheiro seu, mas você não pode movimentar quando quiser.

Perceba que o FGTS não é descontado do salário. Quem paga é o empregador. O valor é de 8% sobre o salário e deve ser depositado em uma conta em nome do funcionário na Caixa Econômica Federal até o dia 7 do mês seguinte ao pagamento do empregado.

O cálculo desses 8% engloba também o valor pago em horas extras, adicionais (noturno, periculosidade e insalubridade), 13.º salário, férias (incluindo o adicional de 1/3) e até sobre o aviso prévio.

Muitas pessoas confundem essa obrigação com o desconto do INSS aplicado diretamente ao contracheque. No entanto, quem paga o INSS é o próprio trabalhador. A empresa apenas faz o desconto e repassa ao governo.

Já o FGTS é um dever separado, recolhido em uma guia própria e, apesar de o valor precisar ser informado no contracheque, não pode reduzir a remuneração do funcionário.

Os erros relacionados ao FGTS, normalmente, estão ligados a falhas na contabilidade dos pagamentos. Isto é, a empresa não acompanha os depósitos corretamente e deixa de cumprir com a obrigação. Também pode acontecer da empresa estar passando por dificuldades financeiras e acabar optando por pagar somente os salários, deixando os depósitos do FGTS em aberto até se recuperar e ter condições de regularizar os atrasados.

Em qualquer situação, deixar de pagar o FGTS dos empregados é uma situação problemática porque a dívida rapidamente vira uma bola de neve. A falta de depósito pode gerar multa de 5% a 10% sobre o débito, além da correção monetária dos valores.

Além de tudo, é muito importante que a empresa fique atenta, pois o descumprimento dessa obrigação pode dar ao empregado o direito de entrar com uma ação trabalhista com pedido de rescisão indireta. Nele, o empregador deve pagar todos os direitos como se tivesse demitido o funcionário.

Se você é um empregado, pode acompanhar seu FGTS mês a mês. A Caixa Econômica Federal emite o extrato da conta do FGTS e tem até aplicativo para que você consulte do seu celular.

Quando o trabalhador é demitido sem justa causa, o empregador tem a obrigação de pagar a ele uma multa que será de 40% do valor depositado na conta do FGTS. Isso significa que a pessoa terá direito a sacar a quantia que está guardada e ainda recebe mais 40% disso.

Por outro lado, se você pede demissão ou é demitido por justa causa, não receberá nenhum valor relacionado ao FGTS e nem poderá sacar a quantia que já está depositada na Caixa.

AUTODEFESA LEGAL

CÁLCULO DOS DIREITOS TRABALHISTAS

Será que você realmente pegou tudo até aqui? Vamos calcular como seria o contracheque de um trabalhador na prática.

O Ronaldo foi contratado como vendedor de uma loja que funciona 24 horas por dia. A jornada de trabalho dele é de 40 horas semanais, 8 horas por dia de segunda a sexta e ele terá que trabalhar uma parte desse período durante a noite, sendo que entrará no trabalho às 17:00 e sairá à 1:30 do dia seguinte, com 1 hora de intervalo entre as 21 e 22 horas.

O salário-base é de R$ 1.000,00. Além disso ele recebe comissões de acordo com os produtos vendidos.

A empresa fornece alguns benefícios: plano de saúde, e auxílio alimentação. É cadastrada no Programa de Alimentação do Trabalhador. Também fornece os uniformes que são obrigatórios para toda a equipe de vendas.

Até aí tudo bem. Essas são as regras do contrato de trabalho.

Acontece que, num certo mês de novembro, o Ronaldo trabalhou normalmente todos os dias e ainda fez 10 horas extras, sendo que trabalhou de 1:30 a 2:22:30 em dez dias diferentes.

Ele conseguiu fazer boas vendas e, por isso, ganhou o direito a receber R$ 300,00 em comissões.

Recebeu também R$ 50,00 para compra de uniforme, R$ 150,00 como auxílio alimentação e R$ 200,00 para pagamento do plano de saúde.

Mais dois detalhes: como estamos no mês de novembro, a empresa terá que pagar a primeira parcela do 13.º salário. Ela também resolveu aproveitar o fim de ano e dar férias ao Ronaldo.

E aí, como fica o contracheque dele? Fazer os cálculos não é difícil, basta seguir passo a passo o que já aprendemos, veja:

Nós já temos o valor do salário-base e das comissões. Precisamos saber quanto a empresa deve pagar pelas horas extras e adicional noturno.

O adicional noturno é de 20%. Se o Ronaldo trabalha 4 horas no período diurno (das 17h às 21h) e outras 4 horas no período noturno (das 22h às 1:30 do dia seguinte, lembrando que a hora noturna tem 52 minutos e 30 segundos), ele está trabalhando metade da jornada em horário noturno. Portanto, o adicional deve ser aplicado sobre metade da remuneração.

Dessa forma, temos: R$ 1.000,00 de salário-base mais R$ 300,00 em comissões que somam R$ 1.300,00 de salário. Para calcular o adicional noturno nós pegamos a metade desse valor (R$ 650,00), porque somente a metade da jornada é noturna, e aplicamos 20% para obter o valor de R$ 130,00.

Agora as horas extras:

Como foi dito, o Ronaldo fez 1 hora extra por dia, em dez dias desse mês de novembro. Veja que a hora foi de apenas 52:30 porque estamos falando de trabalho noturno.

Quando a hora extra é noturna, devemos calcular e aplicar os dois adicionais somados, ou seja, 50% do adicional de horas extras mais 20% do adicional noturno.

Sabendo que a jornada semanal é de 40 horas, vamos voltar na nossa tabela para saber quantas horas temos em um mês. São exatamente 200 horas.

Dividimos a remuneração de R$ 1.300,00 pelo número de horas mensais (200) e chegamos ao valor da hora normal de R$ 6,50. Aplicando 70% pelos adicionais de horas extras e noturno, chegamos a R$ 11,05. Vezes 10 horas trabalhadas: R$ 110,50.

Ok, agora vem o 13.º salário e as férias:

Recorde que tanto o 13.º quanto o adicional de férias são calculados sobre toda a remuneração do empregado, incluindo as horas extras e os adicionais. Assim, a base de cálculo será o valor de R$ 1.540,50.

Nesse caso, a primeira metade do 13.º (que deve ser paga até novembro) será de R$ 770,25. O adicional de férias de 1/3 será igual a R$ 513,42.

Temos que ver ainda quanto deverá ser depositado pela empresa na conta do FGTS. Lembre-se que o cálculo engloba todas as parcelas da remuneração que já calculamos (salário-base, comissões, adicional noturno, horas extras, 13.º e férias). No nosso exemplo essas verbas totalizam R$ 2.824,17.

Aplicando a taxa de 8% temos que a empresa deverá depositar R$ 225,93 na conta de FGTS do Ronaldo.

Agora só falta o desconto do INSS. Esse desconto é chamado de contribuição previdenciária porque a finalidade é custear as aposentadorias pagas pelo governo. A taxa varia de 7,5% a 14% de acordo com uma tabela divulgada pelo INSS anualmente (você pode consultá-la facilmente na internet).

Para o Ronaldo, a taxa seria de 12%. Isso significa que R$ 338,90 serão descontados do pagamento dele.

"E como ficam os valores recebidos para compra de uniforme, plano de saúde e auxílio alimentação?"

Esses valores não entram no cálculo da remuneração, porque não fazem parte do salário. Mesmo assim precisam ser discriminados no contracheque. O uniforme é um instrumento de trabalho. Já o plano de saúde e o auxílio alimentação são benefícios, inclusive a empresa está inscrita no PAT.

Ótimo! Acabamos os nossos cálculos. Vamos ver como ficou o contracheque do Ronaldo:

REMUNERAÇÃO	
Salário-base	R$ 1.000,00
Comissões	R$ 300,00
Adicional noturno (20%)	R$ 130,00
Horas extras trabalhadas no período noturno (10 horas)	R$ 110,50
13.º salário (1.ª parcela, paga até 30 de novembro)	R$ 770,25
Férias (adicional de 1/3)	R$ 513,42
TOTAL BRUTO DA REMUNERAÇÃO	R$ 2.824,17
DESCONTO DO INSS	- R$ 338,90
TOTAL LÍQUIDO DA REMUNERAÇÃO	R$ 2.485,27
FGTS (8%, depositado em conta na Caixa)	R$ 225,93
BENEFÍCIOS E INSTRUMENTOS DE TRABALHO	
Uniforme	R$ 50,00
Auxílio Alimentação (PAT)	R$ 150,00
Plano de saúde	R$ 200,00
VALOR PAGO AO TRABALHADOR	R$ 2.885,27[3]

Pronto! Você já sabe o que é necessário para calcular a maioria dos seus direitos trabalhistas ou dos direitos dos seus empregados. Mas ainda

---

[3] O seu contracheque ainda vai ter uma parcela chamada Repouso Semanal Remunerado (RSR), que é o que você recebe pela folga semanal, normalmente aos domingos. Optamos por não incluir aqui pois o RSR não é um adicional, é só um valor que já está embutido no salário.

não acabamos. Precisamos conhecer mais alguns direitos antes de vermos como isso funciona dentro de um processo.

ESTABILIDADE NO EMPREGO

A CLT traz vários casos específicos em que o empregado não pode ser demitido sem justa causa. Confira os mais importantes:

- trabalhador acidentado;

- trabalhadora gestante;

- membro da Comissão Interna de Prevenção de Acidentes (Cipa) e da Comissão de Conciliação Prévia;

- dirigente sindical.

As duas primeiras situações – trabalhador acidentado e trabalhadora gestante – são os principais motivos de processos trabalhistas ligados à estabilidade do empregado. Portanto, vamos nos focar nelas para entender o que diz a lei.

Empregada Gestante E Licença Maternidade

A trabalhadora gestante não pode ser demitida durante todo o período de gravidez. Para que ela tenha direito a essa estabilidade não é necessário nem mesmo que saiba estar grávida. Se for dispensada e só depois descubra a gravidez, ainda assim será beneficiada por essa regra.

A garantia de estabilidade continua após o parto: a mulher, depois de dar à luz, ainda não poderá ser dispensada por um período de cinco meses.

Veja que a estabilidade também vale para as mulheres que adotam e para as gestantes em período de experiência e durante o aviso prévio. Isso significa que, se uma mulher é contratada para experiência por 3 meses e engravida dentro desse tempo, ficará estável nesse emprego durante toda a gravidez e mais 5 meses depois do parto, mesmo que a empresa não tivesse a intenção de contratá-la definitivamente.

Da mesma forma, a mulher que foi demitida e está em período de aviso prévio também ficará estável se engravidar e deverá continuar no emprego por todo o período de estabilidade.

Caso o empregador demita a funcionária grávida sem justa causa, mesmo que não tenha conhecimento da gestação, a lei manda que ela seja reintegrada ao trabalho. Se por algum motivo não for possível que ela volte ao emprego, a empresa será obrigada a pagar uma indenização no valor dos meses de salário e todos os direitos que a mulher teria durante a estabilidade.

Outra questão importante é a licença maternidade. Enquanto a estabilidade garante que a mulher grávida não poderá ser demitida sem justa causa, a licença maternidade dá a ela o direito de se afastar do trabalho por 120 dias (pelo menos) para cuidar do recém-nascido. Nesse período a empresa paga normalmente o salário, mas o INSS faz o reembolso ao empresário.

Então fica assim:

A mulher que fica grávida não pode ser demitida até 5 meses depois do parto, a não ser que dê justa causa para isso. Assim que der à luz, ela tem direito a se afastar por 120 dias recebendo o pagamento normalmente. Se a empresa demite a trabalhadora nesse período sem ter justa causa, será obrigada a readmiti-la ou pagar os salários e os direitos de todo o tempo que a estabilidade duraria.

Trabalhador Acidentado

O funcionário que sofreu acidente durante o desenvolvimento de seu trabalho tem estabilidade de 12 meses no emprego. Essa regra não vale apenas para acidentes, mas também protege quem adquire uma doença diretamente relacionada ao trabalho e precisa se afastar para tratá-la, como no caso de quem usa muito o computador e sofre com doenças nas articulações das mãos.

Note que é preciso que o acidente ou a doença aconteça no trabalho ou seja causada por ele. Se o empregado se afastar por outro motivo de saúde, mesmo que receba auxílio do INSS, não terá estabilidade.

Para ter direito à estabilidade é preciso que o trabalhador seja afastado pelo INSS por um tempo mínimo de 15 dias; afastamentos menores não chegam a ser analisados pelo governo. Ele passa por uma perícia que diz quanto tempo será necessário para a recuperação. Nesse intervalo de afastamento o empregado recebe o Auxílio-doença de acordo com as regras da Previdência Social.

O prazo de 1 ano passa a ser contado imediatamente após o término do auxílio-doença, ou seja, assim que a pessoa volta ao trabalho.

Enquanto a estabilidade estiver valendo, o empregador não pode demitir o empregado, a não ser por justa causa. Assim como as gestantes, o trabalhador acidentado poderá pedir na Justiça do Trabalho que a empresa seja obrigada a readmiti-lo ou que pague indenização pelo número de meses que faltam para o fim da estabilidade se entender que a demissão não tem um motivo justo.

Lembrando que, se acontecer de o afastamento não superar o prazo mínimo de 15 dias, o trabalhador não tem a estabilidade garantida.

ACIDENTE E DOENÇA DE TRABALHO

Como acabamos de falar, um acidente de trabalho é algum tipo de acontecimento imprevisto no ambiente de trabalho que cause dano à saúde do trabalhador, perda da capacidade de trabalho ou até a morte. Engloba também as doenças diretamente relacionadas ao desempenho das funções do empregado ou ao ramo de atividade da empresa. Doenças e acidentes que não estejam ligados ao trabalho não entram nessa categoria.

Essa também é uma daquelas situações em que é melhor contratar um advogado. Saber como agir nesses casos também demanda uma avaliação médica, tanto que nos processos em que se discute a culpa da empresa pelo acidente a lei determina que o juiz peça uma perícia feita por um especialista em medicina do trabalho.

As empresas que realizam atividades de risco precisam tomar todos os cuidados para evitar acidentes, inclusive fornecer aos funcionários todos os equipamentos de proteção individual e coletiva.

Se um acidente desse tipo vier a ocorrer, a empresa tem a obrigação de comunicar as autoridades até o primeiro dia útil seguinte, emitindo um documento chamado CAT (Comunicação de Acidente de Trabalho). Porém, mesmo que ela não faça, o empregado tem direito de comunicar diretamente ao INSS, afinal, ele precisará receber o benefício do auxílio-doença.

Você já viu que quem sofre um acidente de trabalho tem direito a se afastar e receber o auxílio-doença do INSS, além de ter estabilidade por 12 meses quando voltar ao trabalho. Acontece que o acidentado também pode pedir que o juiz trabalhista condene o empregador a pagar indenização por danos materiais e morais se tiver perda da capacidade de trabalhar – mesmo que essa perda seja parcial – ou se ficar esteticamente prejudicado.

Quando o acidente leva à morte, a família tem direito a receber a indenização e todos os outros direitos trabalhistas do falecido.

DANO MORAL NA JUSTIÇA DO TRABALHO

O dano moral é uma ofensa, uma violação psicológica que alguém sofre. Pode estar ligado também à difamação da pessoa na sociedade ou a prejuízos que não sejam físicos.

As causas mais comuns de dano moral são as seguintes:

- assédio moral ou sexual no ambiente de trabalho, ofensas verbais, ridicularização em público;

- discriminação de raça, cor, sexo, religião etc.;

- prejuízo psicológico causado pela violação de norma contratual ou legal, como submeter o profissional a jornada extenuante e deixar de pagar salários;

- reflexo de danos pessoais, como doenças ocupacionais e sequelas de acidente de trabalho.

Se o juiz considerar que um dano moral aconteceu, precisará definir o valor da indenização a ser paga pela empresa. Para isso a lei tem uma tabela que varia de acordo com a gravidade do dano:

SE O DANO FOR	A INDENIZAÇÃO SERÁ
Leve	até 3 S
Médio	até 5 S
Grave	até 20 S
Gravíssimo	até 50 S
(S = valor do último salário do empregado)	

"Certo. Agora como eu sei se um dano é leve, médio, grave ou gravíssimo?"

Na prática não tem como saber exatamente. É uma questão subjetiva que, em última análise, vai depender da opinião pessoal do juiz.

Mesmo assim a lei define alguns critérios que podem ser levados em consideração para ajudar o juiz a decidir da forma mais justa possível. Vamos colocar aqui em forma de perguntas:

» Qual direito foi violado? – uma ofensa pessoal feita em particular é muito menos grave que uma difamação em público. Por outro lado, o assédio sexual normalmente é gravíssimo, assim como um acidente de trabalho que leva à invalidez ou à morte da pessoa.

» De quem é a culpa? O ofensor teve a intenção de causar o dano ou foi descuidado? – se alguém causa um dano intencionalmente, a tendência é que o juiz não diga que é um dano leve, pois é preciso punir o ofensor até mesmo para evitar que faça algo assim novamente. Já se a situação aconteceu por falta de cuidado teremos que analisar quem falhou e qual o nível desse descuido. Por exemplo: se um trabalhador sofreu um acidente por não estar usando o equipamento de proteção, precisamos descobrir se foi a empresa que não forneceu o equipamento ou se foi o empregado que esqueceu de usá-lo.

» Em que condições esse dano ocorreu e quais efeitos ele causou? – o juiz não vai analisar apenas a situação que causou o dano. Ele precisa ter uma visão global dos fatos, inclusive entender o contexto e o que havia em volta do ocorrido. Por exemplo: num caso em que o chefe acusa falsamente o funcionário de ter furtado um produto da empresa é importante saber se outras pessoas ficaram sabendo dessa acusação ou se ela foi feita em público, se isso se espalhou na região ou na internet. A duração dos efeitos do dano é importante. Por quanto tempo as pessoas ficaram comentando e dizendo que o funcionário é um ladrão? Se for um acidente de trabalho, quanto tempo vai levar para a pessoa se recuperar ou ela vai ficar com sequelas?

» Como é a situação social e econômica das partes? – era uma grande empresa ou um pequeno comércio familiar? O ofendido vai ficar psicologicamente abalado ou vai conseguir se recuperar rapidamente?

» O ofensor reconheceu o erro? – ele pediu perdão, fez o possível para minimizar os danos?

» O ofendido perdoou o ofensor? – essa é uma situação que pode reduzir o valor da indenização ou até fazer com que o juiz negue o pedido. O perdão não precisa ser por escrito ou verbalizado expressamente. Imagine que, numa empresa, chefe e funcionário são amigos que visitam frequentemente a casa um do outro. Num certo dia eles discutem no trabalho e o chefe faz vários xingamentos ao empregado. Pouco tempo depois nós vemos o trabalhador fazendo um churrasco em sua casa e convidando o chefe, conversando com ele normalmente, como se nada tivesse acontecido. É meio difícil para o juiz dar uma indenização de danos morais nesse caso, não é?

A partir dessas perguntas você pode argumentar que um certo tipo de dano foi leve ou gravíssimo, seja para buscar uma indenização, seja para se defender se for acionado na Justiça do Trabalho.

Para quem se defende, é comum dizer que não existiu dano nenhum, que a situação não passou de um simples aborrecimento normal do dia a dia.

FIM DO CONTRATO DE TRABALHO

Como todo relacionamento chega ao fim um dia, o contrato de trabalho também vai acabar em algum momento. O fim pode ser amigável ou conflituoso, mas existem regras que precisam ser cumpridas.

Quando um empregado sai da empresa, é preciso calcular as verbas rescisórias, ou seja, os direitos que a pessoa ainda tem a receber. Também existe o direito ao aviso prévio. O pagamento pode ser feito por depósito bancário, dinheiro em espécie ou cheque.

Para formalizar o fim do contrato, a empresa deve emitir um documento chamado Termo de Rescisão do Contrato de Trabalho (TRCT). Esse documento precisa conter as principais informações sobre o término do contrato como: dados do empregado, data de contratação e demissão, tipo de rescisão (sem justa causa, com justa causa, por acordo), valor discriminado das verbas rescisórias etc.

O TRCT será apresentado ao empregado para que confira e assine, mas essa assinatura não impede que ele entre com uma ação judicial se posteriormente considerar que algum valor não foi pago corretamente.

Depois do desligamento do trabalhador, a empresa tem 10 dias para pagar as verbas rescisórias. Se descumprir esse prazo, terá que pagar ao empregado uma multa igual ao valor do último salário dele.

Antes de passarmos a cada tipo de rescisão especificamente, vamos entender melhor como funciona o aviso prévio:

Aviso Prévio

O aviso prévio é um direito tanto do empregado quanto da empresa. Qualquer uma das partes que decida rescindir o contrato tem que dar um tempo mínimo para que a outra se prepare para encontrar outro emprego ou contratar outro funcionário.

O empregado que resolve pedir demissão tem duas opções:

1. ou ele continua no emprego por mais 30 dias com uma jornada reduzida em 2 horas;
2. ou ele trabalha com jornada normal por apenas 23 dias.

Por outro lado, quando é o empregador quem decide rescindir o contrato, o empregado tem direito a um aviso prévio de 30 dias mais um adicional de 3 dias por ano de trabalho.

Isto é, se você ainda não completou 1 ano na empresa, terá apenas 30 dias; se já completou, serão 33 dias; se tem 5 anos de casa o aviso é de 45 dias. O aviso prévio vai crescendo até alcançar o limite máximo de 90 dias com 20 anos de contrato.

Se a parte que quer rescindir o contrato não cumprir o aviso prévio, terá que pagar uma indenização à outra. É o chamado aviso prévio indenizado.

No caso de o empregado ter pedido demissão, mas não comparecer para trabalhar durante o aviso, a empresa tem direito de descontar o valor dos dias de falta das verbas rescisórias. Algumas empresas acabam liberando o trabalhador do cumprimento do aviso prévio, porque entendem que ele não estará motivado para trabalhar mais, porém isso é uma escolha e não um dever do empregador.

Já quando é o empregador quem rescinde o contrato e não quer que o funcionário continue trabalhando nos dias de aviso, é possível simplesmente pagar a ele o valor equivalente a esse tempo.

Saber o valor de um dia é fácil. É só pegar o salário mensal e dividir por 30.

Tipos De Demissão

As obrigações da empresa vão variar de acordo com o tipo de desligamento. Vamos ver cada um deles de uma forma mais detalhada.

1. Demissão sem justa causa

Nenhuma empresa é obrigada a manter um empregado. O contrato de trabalho pode ser rescindido a qualquer momento, a não ser que o trabalhador tenha algum tipo de estabilidade que garanta que ele só poderá ser demitido se a empresa comprovar justa causa.

Não é preciso dizer qual o motivo da demissão. Não importa se é por corte de gastos, se encontrou um funcionário melhor ou qualquer outra razão. Por isso dizemos que é uma demissão sem justa causa.

Entretanto, por não ter justa causa, será necessário pagar todas as verbas rescisórias ao empregado.

"Mas quais são essas verbas?"

Veja a relação completa:

- Saldo de salário – o saldo de salário é simplesmente o pagamento do restante dos dias trabalhados desde o último mês inteiro. Para saber o valor basta dividir o salário por 30 e multiplicar pela quantidade de dias trabalhados no mês da demissão.

- Aviso prévio – acabamos de ver sobre o aviso prévio. Ele é considerado tempo de trabalho normal para todos os efeitos, mesmo que seja indenizado.

- Férias proporcionais mais 1/3 – as férias proporcionais são aquelas que ainda estão dentro do período aquisitivo, ou seja, que ainda não completaram 12 meses. Chegamos ao valor simplesmente dividindo o salário por 12 e multiplicando o resultado pela quantidade de meses trabalhados; depois é só adicionar um terço a esse resultado.

- Férias adquiridas, mas não usufruídas – pode acontecer que, no dia da rescisão, o trabalhador já tenha completado um período aquisitivo de férias mas ainda não tenha usufruído. Logicamente essas férias também deverão ser pagas em dinheiro, juntamente ao adicional.

- 13.º salário proporcional – aqui a lógica é a mesma das férias, dividimos o salário por 12 e multiplicamos pela quantidade de meses trabalhados.

- Multa de 40% sobre o saldo do FGTS – a partir do valor que existe na conta do FGTS, a empresa deve pagar uma multa equivalente a 40% desse saldo.

Nesse caso, como a demissão é sem justa causa, o empregado tem o direito de sacar todo o valor do FGTS que estiver depositado na conta da Caixa e ainda receber o seguro-desemprego.

2. Demissão com justa causa

A demissão por justa causa acontece quando o trabalhador descumpre gravemente alguma regra do contrato. Se isso acontecer, a empresa fica autorizada a demiti-lo sem precisar pagar a maioria das verbas rescisórias.

O trabalhador terá apenas dois direitos:

- Saldo de salário

- Férias adquiridas mas ainda não usufruídas.

Note que ele perde as férias e o 13.º proporcionais, além da multa de 40% do FGTS e o aviso prévio.

Os motivos que são considerados justa causa estão no artigo 482 da CLT. Confira os principais:

» Ato de improbidade – improbidade significa desonestidade. É a situação em que o empregado comete alguma fraude na empresa, desvia dinheiro, furta produtos etc.

» Incontinência de conduta ou mau procedimento – esse é o caso de pessoas que assediam outras no trabalho, consomem pornografia, agem de forma obscena, constrangem os colegas e até os clientes etc.

» Desídia – significa literalmente preguiça. O funcionário que frequentemente não cumpre as metas, não termina o trabalho que começa, não faz o serviço corretamente é uma pessoa desidiosa.

» Abandono de emprego – a lei não define quantas faltas são necessárias para que a empresa possa considerar que o empregado abandonou o emprego, mas normalmente os juízes aceitam que 30 dias de falta é suficiente. Porém, um período menor de faltas pode ser usado para justificar a demissão se a empresa tiver outras informações que confirmem que o trabalhador abandonou o emprego como, por exemplo, ele ter mudado de cidade ou começado a trabalhar em outra empresa.

» Ato de indisciplina ou de insubordinação – é aquele praticado pelo funcionário que não segue as regras da empresa ou não cumpre ordens do chefe.

» Ofensas físicas ou morais praticadas no serviço – obviamente, quem faz esse tipo de coisa no trabalho não deve continuar empregado.

É muito importante que a empresa, sempre que identificar um desses motivos, demita imediatamente o funcionário e coloque por escrito qual foi exatamente a razão que considerou ser a justa causa da demissão. Se demorar ou se não especificar o motivo, o trabalhador poderá reverter essa demissão judicialmente.

Por outro lado, se o empregado cometeu uma falta mas isso não chegou a ser grave a ponto de justificar a demissão, o empregador deve dar a ele uma advertência por escrito. Isso comprova que ele foi informado sobre o mau comportamento e deveria se corrigir.

Normalmente as empresas costumam demitir um trabalhador quando ele acumula 3 advertências, principalmente se o motivo for o mesmo para todas. Dificilmente essa demissão será anulada por um juiz, afinal fica muito claro que o empregador fez tudo o que podia para ajudar o funcionário a melhorar, mas ele continuou causando problemas.

O empregado demitido com justa causa não tem direito a sacar o FGTS nem receber seguro-desemprego.

3. Acordo

Quando as duas partes concordam com o fim do contrato, podem optar por fazer um acordo. As verbas serão pagas assim:

- Saldo de salário

- Aviso prévio pela metade

- Férias proporcionais

- Férias adquiridas, mas não usufruídas
- 13.º proporcional
- Multa do FGTS pela metade (20% do saldo).

A lei permite o saque de 80% do saldo da conta do FGTS. Por outro lado, o trabalhador não tem seguro-desemprego.

4. Pedido de demissão pelo empregado

O empregado também não é obrigado a continuar trabalhando para nenhum empregador. Pode colocar um ponto final no contrato sem ter justa causa para isso.

Acontece que, quando ele pede demissão sem justa causa, só terá direito a receber:

- Saldo de salário
- Férias proporcionais mais 1/3
- Férias adquiridas, mas não usufruídas
- 13.º proporcional.

Lembrando que será necessário cumprir o aviso prévio. O empregado também não tem seguro-desemprego nem pode sacar o FGTS, assim como não receberá a multa de 40%.

5. Rescisão indireta (justa causa do empregado)

O empregado também pode ter justa causa para pedir a rescisão. Isso acontece quando é a empresa quem comete uma violação grave às regras da CLT ou do próprio contrato.

Ocorre que, para fazer valer esse direito, ele precisará recorrer à Justiça do Trabalho. Por isso dizemos que é uma rescisão indireta.

Nada impede que a empresa aceite que cometeu uma falta grave, descumpriu o contrato, e pague todas as verbas, mas isso praticamente não existe no mercado. Então só resta ao trabalhador abrir um processo judicial.

AUTODEFESA LEGAL

Outra possibilidade é que a empresa demita o trabalhador alegando justa causa, mas ele não concorde com essa alegação. É possível reverter essa demissão judicialmente para receber todos os direitos e verbas rescisórias.

Note que é a empresa quem terá que provar que realmente teve justa causa para desligar o empregado, por isso é fundamental para a defesa que ela tenha todos os documentos e registros em dia.

Os motivos de justa causa que podem ser alegados pelo empregado estão no artigo 483 da CLT. Os principais são os seguintes:

- » Descumprimento do contrato – a principal causa de descumprimento do contrato é a falta do pagamento correto dos salários. Imagine que há vários meses a empresa não vem pagando os salários, às vezes dá algum dinheiro ao empregado para que ele compre alimentos, às vezes não paga nada, mas já tem um bom tempo que o funcionário não recebe o que foi combinado. Isso pode ser justa causa para o pedido de rescisão indireta. Outro motivo é a falta dos depósitos do FGTS ou falta de concessão de férias por muitos anos. Porém, o descumprimento deve ser grave e estar acontecendo durante um certo tempo; não basta um ou dois meses de atraso de salários para que o juiz aceite a justa causa.

- » Quando o empregador exige serviços incompatíveis com o contrato ou ilegais – imagine que a pessoa foi contratada para ser auxiliar de contabilidade e de repente o chefe pede para que seja servente de pedreiro numa obra. Esse é um serviço incompatível. Já um exemplo de serviço ilegal seria o chefe pedir para o motoboy da empresa buscar um pacote de drogas com um traficante.

- » Quando o empregado fica submetido a correr riscos graves no trabalho – as pessoas que trabalham em condições de risco precisam de todo o equipamento de segurança. Se a empresa não fornece esse equipamento, caberá ao empregado pedir a rescisão indireta.

- » Ofensas físicas ou morais – assim como o trabalhador pode ser demitido por esse motivo, naturalmente poderá pedir a rescisão indireta quando sofrer ofensas por parte do empregador, dos chefes ou dos superiores.

Quando o juiz concorda com o trabalhador e reconhece que um ou mais desses motivos existiram de fato, ele mandará que a empresa pague todos os direitos do empregado como se tivesse demitido sem justa causa. Também permitirá que o trabalhador retire o FGTS e receba o seguro-desemprego.

SEGUNDA PARTE

PROCESSO NA JUSTIÇA DO TRABALHO

O QUE MUDA DO FUNCIONAMENTO DO PROCESSO NOS JUIZADOS PARA O PROCESSO NA JUSTIÇA DO TRABALHO

Como você já conhece bem a forma como as coisas funcionam nos juizados, a melhor maneira de entender o processo trabalhista é saber o que ele tem de diferente.

Por isso, se alguma coisa não estiver clara na sua memória, volte e revise os Capítulos 2 e 6 para refrescar as ideias.

Não Precisa De Advogado, Nem Para Recorrer

Você tem o direito de fazer um pedido à Justiça do Trabalho sem um advogado. Até aí, tudo igual aos juizados.

A principal diferença aqui é que esse direito existe independentemente do valor da causa. Mesmo que você queira cobrar verbas trabalhistas acima de 1 milhão de reais, poderá fazer isso sem advogado.

Outra diferença é que você também pode recorrer sem advogado. Se não concordar com a sentença do juiz no seu processo, terá a possibilidade de levar a causa ao Tribunal Regional do Trabalho (TRT) do seu estado para que outros juízes mais experientes reavaliem o caso.

O direito de processar ou se defender sem advogado na Justiça do Trabalho não vale só para o empregado, mas também para o empregador. Se sua empresa não precisa arcar com os custos de um profissional, terá uma margem maior para negociar e resolver tudo num acordo. Note que não importa o tamanho da empresa; seja ela uma microempresa ou uma grande multinacional, é possível dispensar o advogado.

"Ok, mas como eu faço para começar um processo trabalhista sozinho?"

Vamos ver isso mais a fundo logo adiante, mas agora você já precisa saber que a sua cidade tem um Fórum Trabalhista em que se encontra o TRT (se você estiver na capital) ou uma Vara do Trabalho nas cidades do interior.

Lá você deve procurar o departamento que auxilia as pessoas que não têm advogado, normalmente chamado de Setor de Atermação ou até de Setor de Reclamações Verbais (como é em São Paulo).

Nesse local, os servidores irão receber o seu pedido (se você já tiver tudo por escrito) ou vão te ajudar a fazer uma reclamação verbal, além de conferir se você tem todos os documentos necessários e te ajudar a calcular o valor correto dos seus direitos. Você não precisa ter tudo pronto, pode ir apenas para pedir uma orientação e voltar depois com sua reclamação amadurecida.

Depois de tudo conferido e registrado, seu processo vai ser levado a um juiz e seguirá o caminho normal. Lembrando: a qualquer momento você pode indicar um defensor para advogar no seu caso.

Quais Riscos Eu Corro Por Entrar Com Um Processo Trabalhista?

Até 2017, você poderia buscar a Justiça Trabalhista sem se preocupar com nada, mas isso mudou. O motivo é que a Reforma Trabalhista trouxe alguns riscos para quem entra com uma ação.

O primeiro deles é a mudança na gratuidade. Agora, se uma pessoa tem algum crédito a receber, o valor pode ser usado para quitação das despesas judiciais. Mas isso só vai ser cobrado no final do processo se a pessoa perder a causa.

Não é preciso desembolsar nada para começar uma ação trabalhista e, repito, você só paga se perder.

Uma segunda mudança foi a introdução da litigância de má-fé. Quando, por exemplo, não há dúvidas de que o trabalhador mentiu intencionalmente, ele pode ser condenado a pagar multa de 1% a 10% do valor da causa e reparar o prejuízo que causou.

O último cuidado que você precisa ter é com a possibilidade de ter que pagar os honorários do advogado da outra parte. Quem perder o processo deverá pagar uma quantia entre 5% e 15% do valor estipulado pelo juiz.

"Fiquei preocupado agora! Como faço para evitar esses riscos?"

Fique calmo e preste atenção.

Antes de mais nada, não pense que contratar um advogado será a solução para isso. Mesmo em processos em que as partes têm advogados o perdedor ainda tem que pagar as despesas e os honorários, além da multa se agir com má-fé. Na verdade, como o advogado vai receber uma porcentagem do que você tiver direito, ele pode tentar te induzir a entrar com uma ação que não tem base na lei ou que não tem provas suficientes quando o melhor a fazer era simplesmente entrar em acordo com a outra parte.

Isso mesmo: alguns advogados que só pensam em ganhar dinheiro vão te fazer correr riscos desnecessários.

O que você realmente pode fazer para não entrar em situações arriscadas é, como já explicamos, buscar orientação com o departamento da Justiça do Trabalho que é responsável por auxiliar as pessoas que não têm advogado. Você poderá pedir para que eles confiram seus documentos, revisem seus cálculos e analisem o seu pedido (que poderá ser verbal ou escrito). Isso vai aumentar suas chances de sucesso sem precisar fazer gastos desnecessários e sem que você perca o controle da sua causa para outra pessoa. Mesmo que você decida ir a um advogado depois, já irá sabendo os detalhes do seu caso e não se sentirá um refém.

Mas a forma mais certeira de se proteger dos riscos é pedir ao juiz o benefício da Justiça Gratuita. Com esse benefício você não precisa pagar os honorários do advogado e as taxas do processo mesmo que tenha perdido a causa.

Na Justiça do Trabalho existem duas formas de receber esse benefício:

1. Se o seu salário for de até 40% do valor máximo que o INSS paga para quem se aposenta. Esse é o chamado teto do INSS, que hoje é de R$ 6.101,06 (ele muda anualmente, então sempre pesquise o valor atualizado na internet). Você terá direito à Justiça Gratuita se comprovar ao juiz que não ganha mais que 40% disso; ou

2. Mesmo que o seu salário seja maior que o teto do INSS ou que seja uma pessoa jurídica, o juiz poderá conceder a Justiça Gratuita se ficar provado que você não tem recursos suficientes para arcar com as despesas do processo. Essa comprovação pode ser feita de várias formas: extratos de contas bancárias, declarações de imposto de renda, comprovantes de despesas e dívidas, tudo que possa ser usado para expor sua situação, que possa convencer o juiz de que você não conseguirá pagar as taxas sem prejudicar seu sustento ou a sobrevivência da empresa.

Se você tiver essas provas, sempre peça a Justiça Gratuita. Você não perde nada por buscar esse benefício e fica numa situação muito favorável se recebê-lo.

Prescrição Na Justiça Trabalhista

É, aqui também temos prescrição! Você pode perder seus direitos se não agir dentro do tempo certo.

A diferença em relação à prescrição comum é que, no processo do trabalho, precisamos analisar dois prazos diferentes.

O primeiro é o prazo para entrar com a reclamação trabalhista, que é de 2 anos após o fim do contrato de trabalho. Se você deixar esse prazo passar, perderá todos os direitos e não poderá cobrar mais nada.

O segundo prazo se refere a quanto tempo um direito específico perde a validade. Esse prazo é de 5 anos, ou seja, cada direito só pode ser cobrado até 5 anos depois do dia em que deveria ter sido pago.

"Como assim?"

Explico com um exemplo:

Imagine que você trabalhou durante 10 anos numa empresa, mas nunca recebeu pelas horas extras que fazia todos os dias. Você entrou com a ação logo depois que saiu do emprego, mas só poderá cobrar os últimos 5 anos; as horas extras dos primeiros 5 anos já se perderam, prescreveram.

Entendeu a lógica? Você tem até 2 anos para entrar com a reclamação a partir do dia que sair do emprego e só poderá cobrar as verbas de até 5 anos para trás.

Mais um exemplo para reforçar:

Você trabalhou os mesmos 10 anos fazendo horas extras naquela empresa sem receber por isso até que um dia te demitiram. Você ficou chateado e acabou deixando para lá. Quando estava quase completando 2 anos dessa demissão você lembrou que tinha direitos a receber e resolveu entrar com a reclamação. Nesse caso, seu direito de abrir o processo ainda não se perdeu, mas veja que você deixou prescrever 2 anos de horas extras e só vai poder cobrar os últimos 3 anos do contrato.

Ah! Se você é o empregador e está sendo processado, lembre-se sempre de olhar para a prescrição, porque essa é uma excelente forma de se defender.

PASSO A PASSO DO PROCESSO

O processo na Justiça do Trabalho é bem parecido com o processo nos Juizados, mas temos algumas diferenças.

Vamos ver o passo a passo e destacar os pontos importantes. Porém, tenha em mente que a ordem dessas etapas pode variar de acordo com o que o juiz acredite ser mais conveniente e nem todos os processos vão precisar passar por todas elas.

1. Distribuição da ação trabalhista (reclamação)

Antes de entrar com o processo você vai precisar saber a competência, ou seja, o local correto para fazer a reclamação.

Aqui é diferente dos juizados: lá, tínhamos várias regras para isso, mas na Justiça do Trabalho a regra é que a competência é da Vara do Trabalho da cidade em que você prestou serviços.

Assim que fizer o protocolo (registro) da sua reclamação, o processo começa e acontecerá um sorteio para definir qual juiz vai julgar a sua causa, a não ser que sua cidade só tenha um juiz.

Depois do sorteio, o juiz que receber seu processo vai analisar se tudo está em ordem e marcar um dia e horário para que a audiência de conciliação aconteça, além de notificar (citar) o reclamado. Essa notificação deve ser feita com, pelo menos, 5 dias de antecedência.

2. Audiência de conciliação

O trabalhador (reclamante), um representante do empregador (reclamado) e o conciliador estarão presentes na própria Vara do Trabalho. Nesse momento as partes apenas discutirão sobre um possível acordo. Se o acordo não sair, o juiz marcará a próxima audiência, chamada "audiência de instrução".

Não deixe de comparecer e esteja vestido de maneira adequada.

Verifique com os servidores que acompanham o seu processo se a audiência será on-line ou presencial.

3. Contestação e Réplica

Pela lei, o reclamado deve levar a contestação logo na audiência de conciliação.

Mas, na imensa maioria dos casos, o que acontece na prática é que, depois da conciliação, será dado um prazo para que ele leve a defesa para ser incluída no processo.

Perceba que nessa contestação ele não precisa ficar só se defendendo; pode contra-atacar levantando questões relacionadas a dívidas que o trabalhador tenha com a empresa, por exemplo, vales e dinheiro que foi antecipado ao trabalhador, faltas injustificadas, prejuízos e danos que o trabalhador tenha causado aos equipamentos e aos produtos da empresa, danos morais etc.

Outra questão que pode ser incluída na defesa é pedir a troca de juiz se ficar provado que ele é um parente próximo da outra parte ou que é amigo dela, porque essas situações geram dúvidas sobre a imparcialidade de quem julga. É o que já vimos sobre suspeição e impedimento.

Assim que a contestação estiver no processo o reclamante vai receber uma intimação para fazer a réplica, contradizer o que foi dito na defesa do reclamado.

4. Perícia

Como você já sabe, a perícia acontece quando o juiz chama um profissional para ajudá-lo a entender algum fato do processo.

Nos juizados, que não servem para julgar causas complexas, não é permitido fazer perícia. Já na Justiça do Trabalho é diferente, porque não importa se a causa é complexa: a perícia sempre pode ser autorizada pelo juiz.

Imagine um caso em que o trabalhador sofreu um acidente na empresa. Nessa situação precisamos de um médico para dizer se ele teve algum dano ou ficou com sequelas. Também podemos pedir ao juiz que autorize uma perícia para sabermos se alguém trabalha num local insalubre ou se os equipamentos de segurança estão de acordo com as normas técnicas, dentre outras situações que precisem da opinião de um especialista.

5. Audiência de instrução

Agora o juiz vai ouvir o que o trabalhador, o representante do empregador e as testemunhas de cada uma das partes têm a dizer. Novamente, não deixe de comparecer.

Cada parte terá direito a levar 2 testemunhas se o valor da causa for menor que 40 salários mínimos ou, se for maior, serão 3 testemunhas para cada um.

6. Sentença

É na sentença que o juiz vai analisar a reclamação, a contestação, as provas e decidir quem tem razão;

7. Recurso

Se você não concordar com a sentença, poderá recorrer ao Tribunal Regional do Trabalho dizendo o motivo que justifica a modificação do julgamento.

Lembre-se, diferentemente dos juizados, na Justiça do Trabalho você pode recorrer da sentença sem precisar de advogado.

O prazo para recorrer é de 8 dias a partir da data em que você receber a sentença.

Você também poderá fazer embargos de declaração, que vão continuar com o prazo de 5 dias, como é nos juizados.

8. Execução

Já falamos sobre a execução nos juizados. Quando não é mais possível recorrer e a sentença transita em julgado (torna-se definitiva), é hora de a empresa pagar o que deve.

Se o pagamento não acontecer, a execução deve começar para que o juiz busque formas de obrigá-la a pagar ou tomar seus bens para transformar em dinheiro. Na Justiça Trabalhista, a execução é bem parecida com a que acontece nos juizados, mas o juiz tende a favorecer bastante o trabalhador.

É no início da execução que o processo será analisado pelos contadores da Justiça para saber exatamente qual o total da dívida.

ELABORANDO O PEDIDO INICIAL PARA ABRIR O PROCESSO TRABALHISTA (RECLAMAÇÃO TRABALHISTA)

Agora chegou o momento-chave. É hora de colocar no papel todos os direitos trabalhistas que você pretende buscar na Justiça.

Lembre-se de que existe um departamento da Justiça do Trabalho especialmente preparado para te ajudar. Você até pode fazer sua reclamação verbalmente e o servidor vai transcrever tudo para dar início ao processo. Porém, nossa intenção aqui é que você esteja preparado para fazer tudo sozinho.

Antes de começar a escrever o pedido inicial, faça uma revisão de tudo o que aprendeu aqui para ver quais direitos precisa incluir. Pergunte a si mesmo se sua carteira foi assinada, quais eram as regras do seu contrato, qual era a jornada de trabalho, se você fez horas extras, qual era o salário, se tinha algum adicional e, principalmente, se isso tudo foi cumprido corretamente, se as férias e o décimo terceiro foram pagos etc.

Normalmente alguém só entra com uma ação trabalhista quando foi demitido ou pretende pedir a rescisão indireta; é muito raro ver um processo trabalhista que o reclamante ainda esteja trabalhando na empresa. Então você já precisará saber qual é o tipo de demissão, se vai ser necessário pedir para o juiz desconsiderar a alegação de justa causa da empresa, se vai ser preciso pedir que o juiz aplique a justa causa a seu favor porque a empresa praticou uma violação grave do contrato que se enquadra como justa causa.

Faça uma lista dos direitos que pretende pedir e calcule o valor de cada um deles. Não fique muito preso aos cálculos, eles não precisam ser exatos e não tem problema se você errar. Esses primeiros cálculos são apenas para que se tenha um norte e uma estimativa. Os contadores da Justiça vão revisar tudo depois.

Depois desses passos, você já pode colocar tudo no papel. Se achar necessário, volte ao capítulo sobre os juizados, tópico sobre o pedido inicial, para refrescar.

Seu pedido precisa ter o endereçamento para a vara do trabalho competente, a qualificação das partes, um breve relato dos fatos e dos motivos que justificam sua reclamação, um tópico para a liminar (se for preciso), os pedidos, valor da causa, data e assinatura.

Onde Devo Entrar Com Esse Processo? (Competência)

Como já falamos, aqui a competência é diferente dos juizados. Enquanto lá temos uma série de regras para saber onde devemos entrar com o processo, aqui é só uma: você deve fazer sua reclamação na cidade onde prestou os serviços.

Então você começa o seu pedido inicial se dirigindo ao juiz do trabalho desse local:

"SENHOR JUIZ DA VARA DO TRABALHO DE CUIABÁ"

Se existe mais de uma vara do trabalho na cidade, lembre-se de que vai acontecer um sorteio. Você pode começar assim:

"SENHOR JUIZ DA ___ VARA DO TRABALHO DE ARACAJU"

Contra Quem Entrar (Reclamado)

Na Justiça do Trabalho, quem abre o processo de reclamação é chamado de reclamante e quem é processado é chamado de reclamado. Portanto, o reclamado será a empresa ou a pessoa física que contratou o trabalhador.

Lembre-se de que é muito importante indicar o endereço correto e atualizado na qualificação da reclamada.

Algumas vezes outras empresas e pessoas podem ser chamadas para responder ao processo junto ao empregador.

A vantagem de poder trazer essas outras empresas para o processo é a seguinte: a empresa que contratou o empregado pode não ter dinheiro e bens para pagar a dívida ou pode tentar esconder esses bens, mas mesmo que ela consiga esconder seu patrimônio, as outras ainda serão obrigadas a quitar o que ela deve.

Veja as principais situações:

» Grupo de empresas – existem empresas que são controladas por outra ou que decidem agir juntas no mercado. Se ficar provado que elas trabalham com o mesmo objetivo e que o empregado prestou serviços para mais de uma delas, o juiz pode considerar que existe um grupo econômico e que todas devem responder pelos direitos do trabalhador.

» Venda da empresa – a empresa que compra outra fica responsável pelos direitos que os trabalhadores tinham até o dia da venda. Em relação à empresa que vendeu seu estabelecimento, se continuar existindo, também pode ser incluída no processo desde que a ação comece até dois anos depois da compra. Se deixar de existir, quem poderá ser incluído no processo serão os sócios que venderam o negócio.

- » Terceirização – algumas empresas são especialistas em fornecer trabalhadores para que prestem serviços a outras. Os casos mais comuns são os de faxineiros, seguranças, porteiros, copeiros etc. Se a empresa que cedeu o trabalhador não pagar corretamente as verbas trabalhistas, a outra pode ser chamada a arcar com essa dívida.

- » Sócios e ex-sócios – o sócio pode ser incluído no processo quando a empresa não tiver dinheiro suficiente para quitar a dívida e o juiz perceber que os donos agiram de má fé para esconder o patrimônio dela. O ex-sócio, mesmo que já tenha saído da sociedade, ainda fica responsável pelas dívidas trabalhistas por mais 2 anos.

Observe que incluir outras empresas ou outras pessoas no processo pode deixar as coisas mais complicadas e fazer que a solução demore mais. Por isso você só deve tomar essa atitude se achar que a empresa principal não vai pagar a dívida, vai tentar esconder o patrimônio ou é só uma empresa de fachada.

Será necessário argumentar e provar para o juiz que existe de fato uma ligação entre a empresa empregadora e a outra empresa. Avalie se vai precisar de um advogado nessa situação.

Do contrário, se você está seguro de que a empregadora está bem financeiramente e não vai esconder seus bens na hora de pagar, é melhor não trazer mais ninguém para a discussão.

Exposição Dos Fatos E Justificativas Da Reclamação

Aqui é o ponto em que você vai explicar ao juiz o que aconteceu durante o contrato de trabalho e especificar quais direitos foram violados.

A melhor forma de fazer isso é separar em tópicos: um para cada direito. Isso vai facilitar muito para o juiz analisar seu pedido e vai aumentar as chances de ser bem-sucedido.

Comece sempre com um tópico falando sobre o contrato de trabalho. Nele, diga o dia da contratação, se o contrato tinha um prazo para terminar ou se era por tempo indeterminado, qual a função, qual a jornada de trabalho combinada, o salário, se foi anotado na carteira de trabalho ou não etc.

Veja um exemplo:

CONTRATO DE TRABALHO

Fui contratado no dia 17 de junho de 2021 para a função de auxiliar de almoxarifado, com salário de R$ 1.500,00. A jornada era de 44 horas semanais, sendo que eu trabalhava das 8 às 17 com 1 hora de almoço de segunda a sexta e das 8 às 12 no sábado. A empresa não anotou esse contrato na minha carteira de trabalho, mas os e-mails do gerente, as fotos que estão neste processo e as testemunhas que prestarão depoimento comprovam que realmente trabalhei lá por 1 ano e 6 meses.

Depois disso, você abre um tópico diferente para cada direito que pretende cobrar. Veja mais exemplos:

HORAS EXTRAS

A empresa não pagava horas extras. Eu trabalhava 2 horas a mais três vezes na semana. Desde o início do contrato, fiz 120 horas extras que somam o valor de R$ 1.227,27. A empresa não tinha cartão de ponto para registrar a jornada, mas as testemunhas vão confirmar o que estou alegando.

SALÁRIOS

Nos últimos 3 meses a empresa não pagou o salário corretamente. O extrato da minha conta bancária prova que no mês de julho ela pagou apenas R$ 1.200,00, no mês de agosto pagou só R$ 500,00 e no mês de setembro não pagou nada.

FGTS

A empresa nunca depositou o FGTS durante todos os meses que trabalhei. A prova disso é que o extrato da minha conta de FGTS na CAIXA está zerado.

E assim você vai descrevendo para o juiz a situação de cada direito que foi violado, explicando exatamente como e quando aconteceu e apontando o que prova suas afirmações.

Tenha um tópico específico também para falar da rescisão, argumentar sobre a justa causa ou sobre a reversão da demissão por justa causa. Um exemplo:

RESCISÃO INDIRETA

No dia 13 de dezembro a empresa me notificou dizendo que cometi uma falta grave e que por isso me demitia por justa causa. Afirmou que cometi um furto dentro da empresa, mas isso é totalmente falso. Eles não têm nenhuma prova disso e nem chegaram a registrar um Boletim de Ocorrência porque sabem que isso nunca aconteceu.

Por isso não existe justa causa para a demissão. Na verdade, quem cometeu uma falta grave foi a própria empresa, pois me acusou falsamente de ter cometido um crime e ainda espalhou essa mentira para todos os outros funcionários.

A empregadora só pagou o saldo de salário, porém deve cumprir com todas as verbas rescisórias que deixou de pagar: aviso prévio, férias e 13.º proporcionais. Também deve pagar multa de 40% do FGTS.

Veja que nesse último exemplo temos uma situação que gera dano moral. Tente escrever um tópico específico sobre esse ponto para exercitar o que aprendeu.

Faça também um tópico sobre a Justiça Gratuita. Mostre ao juiz que você não tem condições de arcar com os custos do processo.

Liminar

A liminar é aquela decisão que o juiz toma logo no início do processo, antes mesmo de saber os argumentos da outra parte. Uma liminar tem a função de socorrer uma situação urgente que não pode esperar o fim do processo.

Imagine, por exemplo, uma grávida que foi demitida durante o período de estabilidade. É urgente que ela continue tendo uma renda, afinal, precisa do salário para cobrir as despesas da gravidez. Nesse caso o juiz pode decidir liminarmente e obrigar a empresa a continuar pagando o salário ou permitir que a mulher continue trabalhando.

Outra situação em que os juízes costumam dar uma liminar é quando a empresa demite o funcionário sem justa causa e não fornece a documentação para que ele peça o seguro-desemprego. O juiz mandará que ela emita a documentação ou já fará a liberação imediatamente.

Portanto, se você tem uma situação urgente, faça um tópico específico para explicar ao juiz por que você precisa de uma liminar. Não esqueça que é preciso provar essa urgência com documentos.

Pedido

Essa é a parte principal. Aqui você deve pedir que o juiz obrigue a empresa a pagar todos os direitos que você relatou anteriormente. É preciso indicar o valor de cada um deles. Veja um exemplo:

> Peço que a reclamada seja condenada a:
>
> 1. Assinar minha carteira de trabalho.
>
> 2. Pagar as diferenças de salários atrasados no valor de R$ 2.300,00.
>
> 3. Pagar 120 horas extras no valor de R$ 1.227,27.
>
> 4. Pagar o FGTS que deixou de depositar, que soma o valor de R$ 1.800,00.
>
> 5. Peço que a demissão por justa causa seja revertida e a empresa seja obrigada a pagar todas as verbas rescisórias, sendo o saldo de salário de R$ 800,00, as férias proporcionais mais 1/3 são de R$ 2.000,00, o 13.º salário é de R$ 1.500,00, o aviso prévio é de R$ 1.500,00 e a multa de 40% do FGTS é de R$ 720,00.

Se você precisar de uma liminar, não se esqueça de fazer um pedido específico para isso, dizendo ao juiz exatamente o que quer que seja feito com urgência.

Outro pedido importante é o da Justiça Gratuita. Um exemplo:

> Peço que seja concedido o benefício da Justiça Gratuita, pois não tenho condições de arcar com as despesas do processo.

Valor Da Causa

O valor da causa será exatamente a soma dos valores de cada pedido individual.

Documentos E Provas

Uma das maiores dúvidas é sobre quais documentos precisam ser juntados ao processo trabalhista.

Basicamente você precisa apresentar seus documentos pessoais, os documentos do contrato de trabalho e as provas de cada direito. A lista a seguir vai esclarecer melhor:

- RG, CPF e comprovante de endereço (pode ser uma conta de água, luz ou telefone).

- Carteira de Trabalho e Previdência Social (CTPS) – mesmo que a empresa não tenha assinado sua carteira é necessário juntar uma cópia no processo, até para que o juiz veja que isso aconteceu.

- Normas do Sindicato (Convenção ou Acordo Coletivo), se houver.

- Termo de Rescisão do Contrato de Trabalho (TRCT) – não se preocupe se você não tiver esse documento, porque muitas vezes a empresa simplesmente manda o trabalhador embora e não faz o acerto. Explique isso na sua reclamação se for o caso. Mas saiba que é a empresa quem tem que provar que pagou todas as verbas rescisórias e não ter o TRCT é um grande problema para ela. Se é você quem está pedindo a rescisão do contrato, então também não teremos o TRCT.

- Termo de Dispensa ou de Cumprimento do Aviso Prévio – da mesma forma, se a empresa não forneceu esse documento ou se é você quem está pedindo a rescisão não teremos documento de aviso prévio. Tudo bem. É a empresa quem precisa provar que te concedeu o aviso corretamente.

- Contracheques (holerites).

- Folhas de ponto.

- Avisos de férias.

- Extrato do FGTS.

- Extrato da sua conta bancária – quando a empresa não emite contracheques, pode ser bom mostrar ao juiz o extrato para que ele veja que você recebia pagamentos daquele empregador, o que confirma que você trabalhava para ele.

- Documentos para Justiça Gratuita – você pode comprovar que não tem condições de pagar as taxas da justiça mostrando que é isento do imposto de renda, por exemplo. Você consegue esse documento no *site* da Receita Federal ou com um contador. O próprio extrato da sua conta também já mostrará que você precisa da justiça gratuita. Também vale a pena mostrar que você tem despesas que já consomem boa parte da sua renda; pode ser um comprovante de pagamento de plano de saúde, de escola dos filhos, gastos com alimentação, remédios etc.

- Comunicações da empresa (e-mails, cartas, mensagens etc.) – as comunicações da empresa podem servir para provar várias coisas. Por exemplo, se você recebe um e-mail às 19:00, isso significa que estava trabalhando nesse horário; se seu chefe te pede para fazer algo que não fazia parte da sua função, isso fica registrado. Tudo isso pode ajudar na hora de contar a história para o juiz.

- Relatórios, planilhas e outros documentos da empresa.

- Laudos médicos, atestados e exames.

- Fotos, vídeos e gravações de conversas.

Como você pode perceber, não é obrigatório que você tenha todos esses documentos. Tudo depende do tipo de direito que você está tentando provar e dos fatos que pretende contar. Mesmo assim, sempre guarde toda a documentação para o caso de precisar.

Se o empregador não te forneceu contracheques, folhas de ponto, avisos de férias e outros documentos que comprovem que esses direitos foram concedidos durante o período do contrato, isso é pior para ele, pois terá que provar que cumpriu corretamente com suas obrigações.

Agora que está tudo pronto, você já pode levar o seu pedido para a Justiça do Trabalho. Você pode mostrar aos servidores do setor responsável e pedir que eles confiram se está tudo certo ou se está faltando alguma coisa. Revise até ficar satisfeito e vá em frente!

CAPÍTULO 9

HABEAS CORPUS: EM DEFESA DA LIBERDADE

O QUE VOCÊ FARIA?

Na noite do dia 15 de novembro o seu vizinho Beltrano foi preso pela Polícia Civil bem na porta de casa. Você viu a cena e foi chamado como testemunha para acompanhá-lo até a delegacia.

Chegando lá o delegado diz ao Beltrano que ele está sendo preso em flagrante pelo homicídio doloso do Fulano, que foi atropelado numa rua próxima. O delegado mostra a vocês um vídeo de câmera de segurança em que é possível ver o atropelamento, inclusive a placa do carro confirma que realmente é o automóvel do Beltrano.

O que piora as coisas é que o Beltrano e o Fulano eram inimigos. O bairro todo sabia disso.

A polícia colhe os depoimentos das testemunhas (inclusive o seu, que não sabe nada do que aconteceu). No final, o delegado resolve manter o Beltrano preso, pois está convencido de que o crime está solucionado.

Antes de você ir embora, o Beltrano pede ao delegado para falar a sós com você, porque ele não tem nenhum familiar a quem possa telefonar.

Ele te entrega os documentos da prisão, diz que não tem dinheiro para pagar um advogado e pede ajuda, pois o carro dele foi roubado e não foi ele quem cometeu aquele crime. Também te conta onde a chave reserva da casa dele está escondida e pede para que você pegue o celular dele e veja os documentos que estão no e-mail.

Você vai até lá e encontra o celular. Entre os e-mails do Beltrano você descobre comprovantes de passagens aéreas que mostram que ele havia viajado para a Argentina no dia 1.º de novembro e só voltou na manhã do dia 15. Lá também estão e-mails de hotéis confirmando que ele pagou pela hospedagem e, inclusive, pedindo para fazer uma avaliação do serviço.

Nas redes sociais você vê as fotos que ele tinha publicado e até a marcação da localização confirmando que ele realmente esteve lá. Parece que ele estava mesmo viajando porque as malas nem tinham sido desfeitas ainda.

Em cima da mesa você vê alguns papéis: uma fatura do cartão de crédito do Beltrano que mostra os dias e locais em que ele fez compras na Argentina. Além disso, existe um Boletim de Ocorrência que ele registrou pela internet para comunicar à polícia que o carro dele tinha sido roubado enquanto ele estava viajando.

Só então você resolve ler o que está escrito nos papéis que o Beltrano te entregou. O nome do documento é Auto de Prisão em Flagrante. Ele tem os registros dos depoimentos do acusado, das testemunhas e a conclusão a que o delegado chegou. O que chama a atenção é que o atropelamento aconteceu no dia 8 de novembro.

Então você corre para a delegacia e pede para falar com o delegado. Depois de algumas horas de espera ele aparece, mas não dá a mínima para todos os documentos que você levou. Na visão dele foi o Beltrano quem cometeu o crime e ponto final.

E agora a liberdade de uma pessoa está nas suas mãos.

A PROTEÇÃO DA LIBERDADE

Chegamos a um tema muito sério: liberdade. A história que acabamos de contar pode parecer improvável, mas, acredite, não é.

Nós temos uma tendência de acreditar que, se alguém foi preso, com certeza fez algo de errado. A televisão e os jornais ajudaram a contribuir com essa ideia transformando o trabalho da polícia em um show para conseguir o máximo de audiência possível.

Acontece que não é bem assim. Em muitas situações a polícia comete erros e acaba prendendo quem não fez nada ou desrespeitando as leis na hora de fazer uma investigação. Esses erros, na maioria das vezes, nem mesmo são intencionais; o problema é que o trabalho policial é muito complexo e não existem respostas prontas.

Para evitar esses problemas a nossa Constituição estabeleceu que todos são considerados inocentes até que haja um processo julgado por um juiz imparcial, em que a pessoa será representada por um advogado que a defenderá da acusação.

Mesmo com todas essas prevenções, equívocos infelizmente ainda vão acontecer. Mas um erro aqui representa que um inocente será preso injustamente. Imagine acordar com a Polícia Federal dentro da sua casa às 6 da manhã já com algemas prontas para te prender sem nem dizer o motivo. O que você faria?

Minha primeira recomendação é que você ligue para a sua família e peça para procurarem um advogado urgentemente. Essa é uma situação em que é muito importante ter um profissional do seu lado.

Mas nós sabemos que muitas pessoas simplesmente não têm condições de pagar. Elas não podem ficar desamparadas. Por isso o governo tem defensores públicos que se encarregam de defender quem não consegue custear um advogado.

O problema é que os defensores públicos têm milhares de processos para cuidar e não conseguem dar muita atenção para cada pessoa individualmente. No dia a dia as pessoas nem chegam a conhecer quem é o defensor responsável por defendê-las.

E é por isso que existe o *habeas corpus*, uma ação de defesa que pode ser feita por qualquer pessoa, a qualquer momento, sem precisar de advogado e sem pagar absolutamente nada. É como se fosse um grito de socorro de quem está correndo risco de perder a liberdade injustamente.

O *habeas corpus* é tão importante que nem exige nenhuma formalidade. Pode ser um bilhete escrito num papel de pão. O que importa é que o "pedido de socorro" chegue a um juiz, que vai procurar saber todas as informações sobre como e porque a pessoa foi presa e, se essa prisão for injusta, mandar soltá-la.

Saber se uma prisão foi injusta ou não, por incrível que pareça, não é tão difícil quanto as pessoas imaginam. Só no artigo 5.º da Constituição nós já encontramos a maioria dos principais direitos básicos de quem está sendo investigado, acusado ou já foi preso. Recomendo dar uma boa lida nesse artigo porque nós vamos falar muito dele ao longo dessa aula. E, também, porque ninguém quer ser pego desprevenido, não é?

Também consultaremos o tão falado Código Penal, o Código de Processo Penal e a Lei n.º 7.210, mais conhecida como Lei de Execuções Penais. Você pode procurar essas leis no Google e já ir passando os olhos por elas sem compromisso.

Percebe como esse assunto deveria ser ensinado a todas as pessoas ainda na educação fundamental? Porém, quase ninguém sabe disso.

Veja que só com o que falamos nessa introdução você já poderia fazer um *habeas corpus*; é só explicar por escrito ao juiz o motivo que te leva a acreditar que uma prisão foi injusta. Mas, como minha missão aqui é fazer com que você consiga resolver seus problemas de verdade sem advogado – quando não puder ou não quiser contratar um –, vamos estudar mais a fundo esse assunto que é tão interessante.

O QUE É UM CRIME?

Antes de saber como garantir a sua liberdade e das pessoas que ama, você precisa entender o que leva alguém a ser preso.

Basicamente, a lei é um conjunto de regras que diz o que nós podemos ou não podemos fazer na nossa vida em sociedade. Quando nós violamos a lei, descumprimos uma dessas regras, o Estado – que podemos chamar simplesmente de governo – vai agir para corrigir o erro que cometemos.

O problema é que algumas violações da lei são mais graves que outras. É muito diferente o tratamento que se dá a alguém que deixou de pagar uma dívida em relação a alguém que matou outra pessoa.

Por isso, a lei vai fazer uma lista desses atos mais graves e chamar de crimes. Enquanto deixar de pagar uma dívida não é um crime e, por isso, o devedor não será preso por mais que continue se negando a cumprir sua obrigação, matar alguém é um crime extremamente grave e quem comete esse ato deve perder sua liberdade.

Então, para simplificar, podemos dizer que um crime acontece sempre que alguém pratica voluntariamente um ato que está na lista de situações graves escolhidas pela lei. Daí já podemos perceber as quatro principais características do crime:

1. Só é crime o que está na lista

Essa provavelmente é a regra mais importante de todas. É ela que impede que você seja preso só porque o juiz não vai com a sua cara.

Imagine essa situação: você está andando pelo gramado de um parque da cidade. De repente a polícia chega e te leva para o presídio pelo crime de pisar na grama. Só que não tem nenhuma lei dizendo que pisar na grama é um crime. Assustador, né?

Vamos ver o que o artigo 5.º da nossa Constituição tem a dizer sobre isso:

> XXXIX – não há crime sem lei anterior que o defina, nem pena sem prévia cominação legal;
>
> XL – a lei penal não retroagirá, salvo para beneficiar o réu

Usando palavras mais simples: o que está dito é que "pisar na grama" não pode ser um crime se não estiver na lista de crimes estabelecida pela lei e, da mesma forma, a punição para quem pratica esse ato também precisa estar delimitada. Ou seja, você não pode ser preso por isso.

Outra questão importante é que, mesmo que seja criada uma lei dizendo que pisar na grama é um crime, você ainda não poderá ser preso, porque essa lei não existia quando estava passeando pelo gramado do parque.

Já se "pisar na grama" estava na lista e mesmo assim você resolveu fazer isso, sinto muito, mas você será processado. Porém, se durante o processo em que você seria julgado uma outra lei foi passada retirando o crime de "pisar na grama", seu processo acaba e você não receberá nenhuma pena.

É isso que significa dizermos que a lei penal só retroage para beneficiar o réu, afinal, se alguma coisa deixa de ser crime, não faz sentido que alguém continue sendo processado, ou pior, continue na cadeia por isso.

"Ok, mas como eu encontro essa lista?"

Os crimes estão listados principalmente no Código Penal. Com certeza você já ouviu falar dessa lei. Faça uma experiência: procure esse código no Google e comece a ler a partir do artigo 121.

A primeira coisa que percebemos é que a lei não vai te falar que praticar aquilo que está na lista é proibido. O que ela diz é o que vai acontecer se você fizer, isto é, a pena.

Vamos ver o caso do crime de homicídio, que já é o primeiro da lista:

Art. 121. Matar alguém:

Pena – reclusão, de seis a vinte anos.

Traduzindo: se você matar alguém poderá ficar preso de 6 a 20 anos.

Continue lendo o artigo 121. Você verá que ele traz situações que podem aumentar ou diminuir a pena. Por exemplo, se o criminoso usar veneno para matar, a pena será de 12 a 30 anos.

Outros crimes bastante conhecidos estão nos artigos 129 (Lesão Corporal), 136 (Maus Tratos), 155 (Furto), 157 (Roubo), 159 (Extorsão Mediante Sequestro), 171 (Estelionato), 213 (Estupro), 317 e 333 (Corrupção Passiva e Ativa) etc.

Você também encontrará crimes listados em algumas leis específicas como a lei de drogas (Lei n.º 11.343), a lei de crimes ambientais (Lei n.º 9.605) e até no Código de Defesa do Consumidor.

Mas o que todas essas leis têm em comum? Todas elas são leis federais, ou seja, foram aprovadas pelo Congresso Nacional. A Câmara de Vereadores do seu município ou a Assembleia Legislativa do seu estado não podem passar leis sobre crimes.

No Brasil a lista de crimes é igual para todo o país. Isso é diferente nos Estados Unidos, por exemplo, em que cada estado pode dizer o que é e o que não é um crime. Para você ter uma ideia, em alguns lugares a prostituição é um crime e em outros não; em alguns lugares é permitido usar drogas recreativas e em outros isso é um crime.

2. Um crime é algo que ofende gravemente um direito muito importante

Lendo o Código Penal você vai ver que cada capítulo está se referindo a crimes que prejudicam um direito específico. Por exemplo: crimes contra a vida, contra o patrimônio, contra a dignidade sexual etc.

Para que algo seja um crime é preciso que ocorra uma violação de um direito importante para toda a sociedade, afinal, não justifica prender alguém apenas por "pisar na grama". Por esse mesmo motivo é que ninguém é preso por dívidas no Brasil.

Uma situação que ilustra muito bem o que estou dizendo é o que os advogados costumam chamar de "princípio da insignificância". Explico:

Todos sabem que furtar um objeto de alguém é um crime. Está previsto no Art. 155 do Código Penal, dentro da lista de crimes contra o patrimônio.

Acontece que, quando o valor da coisa que foi furtada é muito baixo e a pessoa não teve outros prejuízos, os juízes passaram a entender que aquilo não gerava um dano significativo ao patrimônio da vítima. Assim, pode acontecer que uma pessoa que furtou um saco de arroz em um supermercado para alimentar a família, por exemplo, não seja condenada por causa do princípio da insignificância.

Não vou entrar na discussão se isso é certo ou errado. O que eu quero que você entenda é que isso é uma forma de defesa para quem está sendo processado.

Decidir o que é insignificante fica a cargo do juiz. Na prática, mesmo que o valor seja pequeno, juízes vão manter a punição se o crime envolver violência ou ameaça, se a pessoa já tiver praticado outros crimes ou até se ela não estiver passando por dificuldade financeira.

Outra questão importante é que existem algumas situações que fazem com que um ato que é considerado crime seja justificado, ou seja, a pessoa não seja punida mesmo que tenha praticado.

Com certeza você já ouviu falar de legítima defesa. Ela é a autorização que a lei dá para que nós possamos usar a violência contra uma pessoa que está nos agredindo. Ainda que essa pessoa morra ou fique gravemente ferida, quem estava se defendendo não será punido.

Mas a legítima defesa não pode ser desproporcional ou exagerada. Nós só podemos usar a força necessária para fazer a pessoa que está nos agredindo parar. As pessoas costumam dizer que só um tiro basta para parar um agressor e mais que isso já seria excesso. Mas não é assim. Cada caso é um caso.

Temos também a situação do "estado de necessidade". Basicamente, se você estiver correndo um risco sério, pode praticar atos que seriam considerados crimes para tentar fugir ou se livrar do perigo.

Vamos pensar na situação de uma jovem que está fugindo de um estuprador. Ela pode invadir uma casa para tentar escapar ou quebrar uma janela para fugir; pode dirigir sem carteira de motorista; pode pegar uma faca de um açougue para se defender etc. Essa moça não será punida, porque estava numa situação de extremo perigo e precisava se salvar.

3. O crime só acontece se a pessoa tinha consciência do que estava fazendo

Na maioria dos crimes, é preciso ter a intenção de cometer o ato da lista. É o que nós chamamos de crime doloso, intencional.

Porém, para alguns crimes, é possível que o descuido já seja suficiente para que alguém seja punido. É o chamado crime culposo. A pessoa não quer cometer o crime, mas acaba acontecendo porque ela não tomou um mínimo de cuidado para prevenir isso.

Pense no homicídio: matar alguém intencionalmente é claramente um crime, mas também é crime se você mata alguém por descuido.

Um exemplo de homicídio doloso seria o caso de alguém que coloca veneno na comida de outra pessoa. Por outro lado, homicídio culposo aconteceria se a pessoa deixasse cair uma substância tóxica na comida acidentalmente, porque foi descuidada e deixou o frasco aberto na cozinha.

É claro que o crime doloso é grave e por isso será punido severamente. Mas o crime culposo também será punido, embora a pena não seja tão severa.

É óbvio que quem não tem cuidado em certas situações também prejudica a sociedade, mesmo que não tenha a intenção de causar mal a ninguém. Mas um crime só será punido como culposo se a lei disser isso expressamente. Dê uma olhada no Código Penal e observe como isso acontece nos crimes de homicídio (Art. 121) e lesão corporal (Art. 129).

Se a lei não diz que um ato praticado com descuido é um crime, esse ato não será punido criminalmente. Entretanto, mesmo que não seja um crime, sempre que você sofrer um dano ocasionado pela falta de cuidado de alguém, poderá pedir uma indenização (como vimos no Capítulo 3).

Bem, se é necessário ter consciência do que está fazendo para cometer um crime, é fácil compreender que uma ação involuntária não é um crime.

"Certo, mas o que seria uma ação involuntária, afinal?"

Uma ação involuntária é um movimento do corpo que não acontece por um comando da mente. É possível pensar em vários exemplos: pessoas que sofrem de epilepsia acabam tendo movimentos involuntários do corpo, outras doenças também podem causar problemas semelhantes ou até levar à perda total do controle corporal.

Então, se alguém está dirigindo um carro, tem um desmaio e atropela alguém, isso não é um crime. Da mesma forma, se alguém tem um ataque epiléptico e causa uma lesão corporal a outra pessoa, também não existe um crime. Seria absurdo querer punir essas pessoas.

A lei também nos traz outra situação em que as pessoas não têm consciência do que fazem. É o que chamamos de inimputabilidade.

O primeiro tipo de inimputabilidade é o do menor de 18 anos. A lei presume que crianças e adolescentes não são capazes de entender a gravidade de um crime e, por isso, estabelece punições muito mais brandas que visam educar em vez de punir.

A lei que vale aqui não é o Código Penal, mas sim o famoso ECA (Estatuto da Criança e do Adolescente). Eles não são presos em penitenciárias comuns, mas ficam internados em estabelecimentos para menores infratores.

Certamente você tem alguma opinião sobre qual deveria ser a idade da maioridade penal. Esse debate vem sendo feito há vários anos em nosso país. Mas no momento a idade é de 18 anos e é isso que nos interessa agora.

A outra forma de inimputabilidade é aquela das pessoas que têm algum tipo de doença mental. Mesmo que essas pessoas pratiquem atos considerados crimes, não podem ser punidas, pois não entendem o que estão fazendo.

Nesse caso o juiz mandará fazer exames psiquiátricos e psicológicos para saber qual o nível de consciência do indivíduo e definir se ele pode ou não ser punido. Dependendo do resultado desses exames o juiz poderá reduzir a pena ou, em vez disso, mandar que a pessoa seja internada num estabelecimento psiquiátrico.

4. Todo crime tem uma pena que será definida de acordo com a gravidade do ato

Vamos voltar ao artigo 5.º da nossa Constituição para ver que tipos de pena podem ou não podem existir no Brasil:

> XLVI – a lei regulará a individualização da pena e adotará, entre outras, as seguintes:
>
> a) privação ou restrição da liberdade;
>
> b) perda de bens;
>
> c) multa;
>
> d) prestação social alternativa;
>
> e) suspensão ou interdição de direitos;
>
> XLVII – não haverá penas:
>
> a) de morte, salvo em caso de guerra declarada, nos termos do art. 84, XIX;
>
> b) de caráter perpétuo;
>
> c) de trabalhos forçados;
>
> d) de banimento;
>
> e) cruéis.

Como você pode ver, a Constituição não permite penas cruéis, principalmente de trabalhos forçados, de banimento do Brasil, penas perpétuas e a pena de morte. Por outro lado, a regra é que a pena seja relacionada à restrição da liberdade ou à perda de bens do condenado, mas também pode ser transformada em prestação de serviços comunitários ou perda temporária de certos direitos.

O que nos interessa nesse momento são as penas de privação da liberdade, ou seja, prisão. Essas são as penas mais graves e, por isso mesmo, é nesse tipo de situação que o *habeas corpus* funciona.

As principais regras sobre o que pode e o que não pode acontecer quando alguém é preso estão no artigo 5.º, mais especificamente nos incisos "XLVIII" a "L" e "LXI" a "LXVI". Vamos resumir aqui o que eles dizem:

A primeira informação que você deve ter em mente é que alguém só pode ser preso em duas situações: ou ele é pego em flagrante, ou ele é preso por ordem de um juiz. Isso é o que diz o inciso LXI.

Essa ordem de prisão é um documento escrito que chamamos de Mandado; o mandado deve ter os dados da pessoa que está sendo presa, o motivo, o número do processo em que está sendo analisado o caso e outras informações relevantes. Nem mesmo a polícia pode entrar na sua casa ou te prender sem um mandado.

Já a prisão em flagrante não precisa de mandado. O flagrante acontece quando alguém é preso justamente quando estava cometendo um crime. Nesse caso nem é preciso ser um policial para prender uma pessoa em flagrante. Teoricamente, se você se deparar com alguém que esteja praticando um ato criminoso, poderá prendê-lo até que a polícia chegue no local ou até levá-lo à delegacia você mesmo.

Eu não recomendo que você faça isso se tiver escolha, afinal, hoje em dia o risco é grande e nós não temos nem o equipamento e nem o treinamento de um policial, mas às vezes vemos na televisão cenas em que a própria população prende bandidos. Isso é perfeitamente legal.

Os incisos LXII, LXIII e LXIV nos dizem que, logo quando alguém é preso, essa prisão deve ser comunicada ao juiz e à família da pessoa. Além disso, a polícia deve informar o preso sobre seus direitos, principalmente o direito de permanecer calado, de entrar em contato com a família e com um advogado. A polícia também deve se identificar para que o preso saiba quem são as pessoas responsáveis por sua prisão e por seu interrogatório.

É muito importante entender que o preso perde apenas a sua liberdade; ele não pode sofrer agressões físicas ou morais (XLIX). Além disso, os presos devem ficar divididos em estabelecimentos de acordo com o sexo, a idade e a gravidade do crime (XLVIII). No caso das mulheres deve ser garantido que possam amamentar seus filhos ou ficar em prisão domiciliar (L).

Até o final do processo, quando a pessoa será absolvida ou condenada, ela só poderá ficar presa se o juiz considerar extremamente necessário, do contrário ela responderá em liberdade, pagando fiança ou cumprindo outras condições que o juiz definir (LXVI). Perceba que a regra é que a pessoa responda em liberdade. Vamos ver mais adiante quando a prisão é permitida mesmo antes do processo terminar.

Sempre que o juiz tomar conhecimento de uma prisão, vai verificar se ela foi feita de acordo com a lei. Se a prisão for ilegal, o próprio julgador já deve liberar o preso (LXV). Acontece que, na maioria das vezes, essas ilegalidades não são analisadas imediatamente e é preciso pedir para que ele faça essa verificação. Aí entra o nosso *habeas corpus*, que está garantido pela Constituição no artigo 5.º:

> LXVIII – conceder-se-á *habeas corpus* sempre que alguém sofrer ou se achar ameaçado de sofrer violência ou coação em sua liberdade de locomoção, por ilegalidade ou abuso de poder.

Mas antes de estudarmos o *habeas corpus* propriamente dito, precisamos conhecer um pouco sobre o processamento dos crimes pela Justiça, que começa na investigação, passa pelo julgamento e vai até a aplicação da pena ao condenado ou a absolvição do inocente.

COMO FUNCIONA O PROCESSAMENTO DE UM CRIME?

Infelizmente, todos os dias crimes são cometidos em nosso país. Para tentar resolver esse problema, ou pelo menos amenizá-lo, o governo tem órgãos especializados em investigar, em acusar e em julgar os possíveis delitos.

As Polícias Civil e Federal são os departamentos que têm a função específica de investigar. A principal atividade dos policiais é colher todos os tipos de provas para descobrir quais crimes realmente aconteceram e quem os praticou de fato.

Sempre que a polícia toma conhecimento de algum acontecimento suspeito – seja por investigações próprias ou por meio de denúncias da população – vai começar um processo interno chamado de Inquérito.

O inquérito é comandado pelo delegado e não serve para condenar ninguém, mas simplesmente irá reunir tudo o que for encontrado pela polícia e a opinião final do delegado sobre o crime.

Depois que o delegado dá sua opinião apontando quem ele acredita ser o criminoso, acaba o trabalho dele no caso. A partir daí o inquérito vai para o Ministério Público, que é o órgão especializado em fazer a acusação do réu perante o juiz.

Note: o promotor, que é o representante do Ministério Público, é livre para decidir se acusa ou não o investigado. Ele não é obrigado a concordar com a opinião do delegado. O promotor também pode pedir que a polícia investigue outras pessoas ou até pode fazer investigações por conta própria.

O processo judicial criminal vai começar efetivamente apenas quando o Ministério Público acusa formalmente o investigado perante o juiz. O promotor faz isso por meio de um pedido inicial, que é conhecido como Denúncia. Somente quando a denúncia chega às mãos do juiz é que o investigado passa a ser chamado de réu.

Agora a bola está com o juiz. Perceba que ele não participou das investigações, do contrário o julgamento dele já estaria contaminado e ele não poderia se dizer imparcial.

O processo prossegue e o réu terá um advogado para fazer sua defesa. É obrigatório ser representado por um advogado, ou você contrata um ou o governo indicará um defensor público.

Depois disso teremos o momento para as partes produzirem suas provas.

"Mas por que as partes podem produzir mais provas, se o delegado já tinha feito isso no inquérito?"

É simples: nem o delegado e nem o promotor são imparciais e, por isso, as provas que eles produziram não podem ser definitivas. Além disso, nem sempre o investigado consegue participar dessas provas no inquérito.

Somente quando damos a oportunidade do réu se defender em relação às provas da acusação, trazer as suas próprias provas para o processo e ser julgado perante um juiz imparcial é que podemos dizer que temos um processo plenamente justo. Dessa forma, a constituição nos diz que alguém só pode perder sua liberdade se passar por esse processo.

Com todas as provas no processo o juiz está pronto para dar a sentença, absolvendo ou condenando o réu.

Naturalmente uma das partes vai ficar insatisfeita com o resultado. É aí que ela terá a oportunidade de recorrer para o tribunal. Se, ainda assim, alguém ficar insatisfeito, poderá recorrer mais uma vez para o Superior Tribunal de Justiça (STJ). Por fim, os inconformados ainda podem tentar um último recurso no Supremo Tribunal Federal (STF).

Bem, depois do STF não tem mais para quem recorrer. Se o resultado final for a condenação, o réu vai receber a aplicação da punição, ou seja, começa a execução da pena.

O processo continua, pois o juiz vai analisar as condições em que o preso está alojado, se ele tem direito a algum tipo de diminuição de pena, se ele cometeu alguma transgressão dentro do presídio, se ele pode ser liberado mais cedo por algum motivo etc. Tudo só vai terminar depois que a pena for cumprida integralmente.

E é assim que o crime é processado no nosso país. Vamos aproveitar que já tivemos essa visão geral para conhecer as regras básicas desse jogo. Quem vai nos ajudar, de novo, é o nosso artigo 5.º.

A ideia mais importante aqui é que nem mesmo o juiz pode fazer o que quiser no processo. Existem regras que devem ser cumpridas para que se possa justificar a condenação de alguém. O conjunto dessas regras é chamado pelos advogados de Devido Processo Legal, e fora disso uma prisão não é válida (LIV).

Um ponto muito importante é que o juiz deve ser imparcial (LIII). Na prática isso significa que o juiz não pode ser nem parente, nem amigo e nem inimigo de nenhuma das partes e não pode ter nenhum interesse pessoal na causa, do contrário vamos considerá-lo suspeito ou até impedido para julgar o caso.

Além disso, é preciso que seja uma pessoa aprovada em concurso público, nomeada para exercer a função de julgar numa determinada cidade. Nas cidades com mais de um juiz, você já sabe, teremos o sorteio como forma de evitar que um caso seja direcionado para um julgador específico.

Os acusados têm o direito ao contraditório e à ampla defesa (LV). Isso quer dizer que o réu deve ter a possibilidade de conhecer previamente todas as acusações e contestar tudo que foi dito sobre ele, inclusive em relação às provas. Ele também deve ter a oportunidade de trazer as próprias provas ao processo.

Um exemplo prático para ilustrar:

O Wagner foi acusado de cometer um furto no dia 12 de junho. Acontece que nesse dia ele estava jantando com a Júlia num restaurante, inclusive, ele tem a fatura do cartão de crédito que comprova que ele pagou a conta. Nesse caso, o Wagner tem direito de pedir para o juiz várias provas: pode chamar a Júlia, um garçom ou outra pessoa que estava no restaurante para ser ouvida como testemunha pelo juiz; incluir no processo a cópia da fatura do cartão; pegar as imagens das câmeras de segurança da região etc.

Se o juiz não quiser ouvir o que a Júlia tem a dizer ou não permitir alguma dessas provas, violará o direito ao contraditório e à ampla defesa do Wagner, ou seja, qualquer pena que seja aplicada nesse processo será considerada ilegal.

E por falar em provas, elas também precisam seguir regras, caso contrário serão consideradas ilícitas e não valerão para justificar a prisão de alguém (LVI). Isso fica mais fácil de visualizar a partir de dois exemplos:

O primeiro exemplo é sobre a sua casa. Veja o que o artigo 5.º diz:

> XI – a casa é asilo inviolável do indivíduo, ninguém nela podendo penetrar sem consentimento do morador, salvo em caso de flagrante delito ou desastre, ou para prestar socorro, ou, durante o dia, por determinação judicial.

Note: ninguém, nem mesmo a polícia, pode entrar na sua casa sem um mandado judicial. As exceções são se estiver acontecendo um crime lá dentro ou se for preciso prestar socorro ou fugir de um desastre.

Mesmo com mandado judicial só é permitido que a polícia entre durante o dia. Dia, nesse caso, é o período em que existe luz solar, normalmente das 8 às 18 horas.

Então, se a polícia entrou na sua casa sem mandado para fazer busca e apreensão de documentos e, posteriormente, esses documentos foram incluídos no processo como prova para te condenar, essa prova é ilícita e não terá validade.

O segundo exemplo está relacionado ao seu direito ao sigilo de comunicações. Veja:

> XII – é inviolável o sigilo da correspondência e das comunicações telegráficas, de dados e das comunicações telefônicas, salvo, no último caso, por ordem judicial, nas hipóteses e na forma que a lei estabelecer para fins de investigação criminal ou instrução processual penal.

Imagine que você se corresponde pelo correio com um amigo e conta para ele algo que seja comprometedor. Não é permitido ao governo abrir essas cartas. Qualquer prova que venha a ser feita dessa forma não vale, é ilícita.

Outra situação bastante conhecida é a do sigilo dos telefonemas. O juiz até pode permitir que alguém seja grampeado, mas deve ficar muito claro que não existe outro meio de conseguir a informação. Se você tiver curiosidade, as regras para a interceptação telefônica estão na Lei n.º 9.296, de 1996.

Por último, mas não menos importante, a nossa Constituição diz que qualquer pessoa deve ser considerada inocente até que a acusação prove o contrário (LVII). É uma garantia de que ninguém será condenado sem provas de que cometeu um crime.

E quem tem o dever de provar é quem acusa: o promotor. Não basta falar que o réu é culpado. Provar significa mostrar ao juiz objetos, documentos, imagens, testemunhas ou qualquer outra coisa que leve a conclusão de que a acusação é verdadeira.

O réu pode até optar por não fazer nada, não dizer nada, não se defender, nada disso pode ser usado contra ele. Aquele ditado "quem cala, consente" não vale aqui.

Inclusive, a Constituição nos garante o direito ao silêncio, ou seja, de não ser obrigado a responder nenhuma pergunta e nem a produzir provas contra si mesmo.

ATENÇÃO! Apesar do direito de permanecer em silêncio, todos são obrigados a se identificar perante as autoridades. Isso quer dizer que, se for abordado pela polícia, você precisa responder, pelo menos, o seu nome, seu endereço e documentos pessoais, do contrário poderá sofrer punição ou até ser preso em flagrante.

Depois dessa noção geral do funcionamento do processo criminal você já tem vários argumentos que podem ser usados numa defesa. Vamos mais a fundo para aplicar isso ao nosso *habeas corpus*.

O QUE É O *HABEAS CORPUS*?

Já estudamos o que é um crime. Vimos que o crime é um ato consciente que prejudica um direito muito importante e que precisa estar listado na legislação criminal.

Também vimos que o Estado tem que respeitar uma série de regras para investigar, processar e julgar os crimes. Essas regras são os direitos básicos dos cidadãos e estão descritas principalmente no artigo 5.º da Constituição.

Tudo isso vai servir para usarmos no nosso *habeas corpus*. Mas o que é, realmente, um *habeas corpus*?

Quando existe algum erro ou violação da lei no processo de investigação e julgamento de um crime, mesmo que não tenhamos um advogado, temos uma forma de pedir que a autoridade superior corrija o problema. Essa forma é exatamente o que chamamos de *habeas corpus*.

Basicamente, o *habeas corpus*, ou simplesmente HC, é um pedido que fazemos a uma esfera superior para que abra um processo para averiguar se o processamento do crime está sendo conduzido de acordo com a lei.

Por ser tão importante, o *habeas corpus* só pode ser usado quando a liberdade da pessoa estiver em risco ou já tiver sido violada ilegalmente, ou seja, só usamos esse pedido especial quando alguém está prestes a ser preso ou já foi preso sem respaldo legal. Se a questão é sobre dinheiro ou outro direito que não seja a liberdade, não falamos em HC.

Outra característica do *habeas corpus* é que ele precisa ser muito rápido. Assim que você faz o pedido o juiz já vai buscar todas as informações para saber o que está acontecendo. E, por ser tão rápido, não vai ter audiência ou perícia no HC. Você só poderá provar o que está dizendo por meio de documentos, fotos, áudios ou vídeos digitais e deverá juntar tudo logo no pedido inicial.

Resumindo. O HC:

- É gratuito e não precisa de advogado.

- Pode ser pedido a qualquer momento e pode ser feito até em papel de pão pelo preso dentro da cadeia.

- Serve para pedir que a autoridade superior libere alguém que foi preso injustamente ou corrija erros que podem levar a uma prisão injusta.

- Só funciona se a pessoa tiver todas as provas já no momento de fazer o pedido, anexando ao processo documentos e arquivos digitais.

Vamos clarear tudo isso com alguns exemplos práticos em que podemos usar o HC:

» Homônimo – pode parecer absurdo, mas não é tão incomum uma pessoa ser presa no lugar de outra, simplesmente porque elas têm o mesmo nome. Nesse caso o HC pode ser usado para comprovar que a pessoa que foi presa não é aquela que estavam procurando. Só essa prova já consegue retirar o preso da cadeia e acabar com o inquérito ou o processo que estava correndo contra ele.

» Álibi – um álibi é uma prova que demonstra para o juiz, sem sombra de dúvida, que é impossível que aquela pessoa tenha cometido o crime. Por exemplo: a declaração de uma testemunha que estava com o acusado na hora que o crime aconteceu, imagens de câmeras de segurança que mostram que ele estava em outro lugar, documentos que comprovem que estava numa consulta médica ou no trabalho naquele momento. Até mesmo postagens em redes sociais e rotas salvas no GPS podem ajudar. Lembrando que a testemunha não será ouvida pelo juiz numa audiência, por isso é necessário que ela faça uma declaração por escrito, preferencialmente em cartório.

» HC para não ser obrigado a produzir prova contra si mesmo – todos têm o direito de ficar calados, isso inclui não ser obrigado a produzir prova contra si mesmo. Infelizmente, as autoridades às vezes se "esquecem" disso. Pode ser que o delegado convoque a pessoa para participar da reconstituição de um crime, para fornecer material para um exame de DNA ou para dar amostras de escrita para serem comparadas por um perito. Você não precisa colaborar com nada disso, mas às vezes essa intimação vem com uma ameaça de prisão, implícita ou explícita. Se você se sentir ameaçado de prisão, pode pedir *habeas corpus* para que o juiz confirme seu direito de não participar e ordene que você não seja preso por esse motivo.

» Excesso de prazo na investigação – a lei estabelece que, quando o réu está preso, o inquérito não pode durar mais de 10 dias. Se a pessoa já está presa e a investigação não termina, ou não estão conseguindo achar o culpado ou não têm provas do crime. Não é justo que alguém fique preso indefinidamente enquanto a polícia nem sabe se vai encontrar as provas necessárias para a acusação. O HC pode servir para libertar o preso nesse caso.

» Prescrição – se o Estado demora muito para perseguir o criminoso, pode perder o direito de puni-lo. Os prazos de prescrição são definidos de acordo com a gravidade do crime. Confira no Código Penal os artigos 109 e seguintes. Se, mesmo depois desse prazo, a pessoa for acusada ou continuar sendo investigada ou processada, o HC serve para colocar fim ao processo. Você pode calcular se um determinado crime está prescrito usando a Calculadora de Prescrição Punitiva do CNJ, que está no *site* https://www.cnj.jus.br/sistema-carcerario/calculadora-de-prescricao-da-pretensao-punitiva/ e pode ser acessada por qualquer pessoa.

» Princípio da insignificância – falamos há pouco tempo sobre o princípio da insignificância. Se alguém é preso por ter furtado algo de valor muito pequeno, pode pedir *habeas corpus* para responder em liberdade ou até mesmo para que o processo seja encerrado definitivamente. Você sabe que o que é insignificante para uns pode não ser para outros, mas os juízes costumam ter o valor de 10% do salário mínimo como norte.

» Prisão domiciliar para gestantes ou pessoas responsáveis por crianças ou pessoas com deficiência – os artigos 318 e 318-A do Código de Processo Penal dizem que a gestante tem direito a ficar em prisão domiciliar, desde que não tenha cometido crime violento. A pessoa que é a única responsável por criança (até 12 anos) ou pessoa com deficiência também tem esse direito, desde que não tenha cometido crime violento ou qualquer crime contra seu próprio dependente. Se as autoridades recusarem, esse direito pode ser garantido por meio do HC.

É impossível fazer uma lista de todas as situações em que seria pertinente fazer um pedido de *habeas corpus*. A melhor forma de saber quando e como usá-lo é estudar as situações em que uma prisão pode acontecer.

TIPOS DE PRISÃO

Nós já sabemos que a Constituição só permite que alguém seja preso em duas situações: 1. se for pego em flagrante ou 2. se for dada uma ordem judicial por escrito. Sem uma situação de flagrante ou sem mandado judicial qualquer prisão é ilegal e já caberá um *habeas corpus* para libertar o preso.

Para o juiz a regra é que só é possível dar uma ordem de prisão se o processo já tiver terminado, com todas as provas já analisadas, uma pena definida e já tendo acabado todas as possibilidades de recurso. Porém, como exceção, o juiz pode mandar prender antes do fim do processo se houver uma necessidade grave.

Veja os tipos de prisão:

- Prisão em flagrante
- Prisão preventiva
- Prisão definitiva para cumprir a pena.

"O que significa cada uma dessas formas de prisão e como eu me livro delas?"

HABEAS CORPUS PARA DEFESA CONTRA PRISÃO EM FLAGRANTE

Já vimos que a prisão em flagrante é a possibilidade que qualquer pessoa tem de prender alguém que esteja praticando um crime. Não é preciso ter uma ordem judicial para isso.

Mais precisamente, podemos considerar que um criminoso foi preso em flagrante quando:

1. estava cometendo o crime;

2. acabou de cometê-lo;

3. foi perseguido e pego na fuga; ou

4. foi encontrado, logo depois, com objetos relacionados ao crime.

Não existe uma regra exata para sabermos quanto tempo pode se passar antes que não seja mais possível prender alguém em flagrante. Se a pessoa é presa no mesmo dia do crime, é quase certo que os juízes considerem que vale o flagrante; se passaram 3 dias, dificilmente será uma prisão legal.

Em todo caso, se a pessoa foi presa sem ordem judicial e não estava numa das quatro situações de flagrante, um *habeas corpus* pode ser usado para libertá-la.

Depois que alguém é preso em flagrante ele deve ser levado à delegacia, juntamente às pessoas que testemunharam o fato e às possíveis provas, como armas, drogas, documentos etc.

O delegado ouvirá o depoimento das testemunhas e interrogará o preso (que não é obrigado a responder nada além de se identificar). No fim de tudo isso, ele decidirá se mantém a pessoa presa ou se libera.

Também pode optar por impor o pagamento de uma fiança como condição para que a pessoa responda em liberdade, mas só se a pena máxima do crime não for maior que 4 anos. Para crimes de penas maiores somente o juiz pode estabelecer fiança; o delegado só terá a opção de manter o sujeito preso ou libertá-lo.

O delegado tem até 24 horas para terminar todo esse procedimento, compilar tudo num documento chamado de Auto de Prisão em Flagrante e enviar ao juiz. O investigado também deve receber uma cópia, independentemente se continuar preso ou for liberado.

Quando receber a informação de que há uma pessoa presa em flagrante, o juiz marcará uma audiência para ouvi-la dentro de 24 horas. É a famosa Audiência de Custódia.

Audiência De Custódia

A audiência de custódia serve para que o juiz encontre pessoalmente o preso. Assim ele pode analisar melhor se aquela pessoa precisa continuar presa ou pode responder em liberdade; também poderá avaliar se a polícia cometeu algum abuso.

O senso comum tende a pensar que essa audiência só serve para gerar impunidade. Entretanto, pesquisas mostram que 65% dos presos permanecem encarcerados depois da audiência; apenas 1% fica em liberdade sem nenhum outro tipo de restrição imposta pelo juiz.

Outra questão interessante é que, apesar de ser obrigatório desde 2015, muitas cidades brasileiras ainda não têm estrutura para garantir que audiências de custódia aconteçam normalmente.

É obrigatório que o preso seja acompanhado por um advogado. Se não puder ou não quiser pagar, o juiz indicará um defensor público para cumprir esse papel.

O juiz vai ouvir o réu e, depois de tomar conhecimento de tudo, vai decidir entre duas opções:

1. Manter o réu preso preventivamente – o juiz só pode exigir que o réu continue preso se entender que existe necessidade, ou seja, o juiz transforma a prisão em flagrante em prisão preventiva. Veremos o que significa a necessidade da prisão preventiva logo mais.

2. Conceder a liberdade – nesse caso, se o juiz encontrar alguma ilegalidade na prisão ou não existir uma das situações que justifiquem a necessidade de o réu continuar preso, deverá libertá-lo. Mesmo assim, o juiz pode condicionar essa liberdade a certas restrições. Por exemplo: pode exigir fiança, pode exigir que o réu se comprometa a comparecer mensalmente na vara, pode impedir que saia do país, que se encontre com certas pessoas, que fale com testemunhas etc.

Perceba que, na audiência de custódia, não vamos discutir se a pessoa cometeu ou não o crime, se existem provas ou não, o que realmente aconteceu. O que o juiz vai querer saber é se a prisão seguiu o procedimento correto e, principalmente, se é necessário manter a pessoa presa ou não, se ela é perigosa, pode atrapalhar as investigações ou fugir.

"Certo, mas como eu devo agir, na prática, em uma audiência de custódia?"

A primeira coisa a se fazer assim que alguém for preso é buscar o auto de prisão em flagrante ou os documentos que registraram a ocorrência. Por eles é possível saber qual a acusação, o que as testemunhas disseram, qual a versão da polícia e do próprio investigado.

Acontece que nem sempre a polícia fornece esses documentos à família. Às vezes nem os advogados conseguem ter acesso, embora isso seja ilegal. O jeito é tentar ser simpático e não perder a paciência. Você também pode pagar a um advogado apenas para tentar conseguir uma cópia desses documentos.

Depois que você já sabe o que está acontecendo, é hora de juntar todos os documentos possíveis para mostrar ao juiz que não é necessário que aquela pessoa fique presa preventivamente. Faça um perfil completo.

Use as contas de água e energia, IPTU, escritura da casa ou contrato de aluguel para provar que o preso tem residência fixa. Comprovantes de matrícula e frequência em escola ou faculdade, certificados e diplomas vão mostrar que é uma pessoa bem-educada. Pegue os contracheques, carteira de trabalho, declaração do empregador, cartões de ponto para provar que ele tem emprego fixo. Certidão de casamento e de nascimento dos filhos, boletos escolares, de plano de saúde e supermercado para demonstrar que tem família que depende dele. Também pode pedir aos vizinhos e aos amigos de bairro e igreja para assinarem declarações dizendo que conhecem a pessoa e que ela tem bom comportamento na sociedade.

Outro documento importante é a certidão de antecedentes criminais. Basta ir ao fórum da sua cidade e procurar o Cartório Distribuidor Criminal. Eles têm todos os registros de processos criminais e poderão fornecer a certidão que diga se existe ou não algum antecedente.

Em alguns estados você consegue essa certidão pela internet e, se o seu estado não tem um *site* para isso, existem empresas que fazem esse serviço.

A Polícia Federal também fornece uma certidão de antecedentes que pode ser retirada no link de serviços do *site* www.gov.br.

Muito embora os fatos envolvendo o crime não sejam discutidos na audiência de custódia, se você tiver alguma prova inquestionável de que não foi o preso que cometeu o crime, pode levar também. Já demos alguns exemplos quando falamos sobre o álibi. Uma prova desse tipo vai deixar claro para o juiz que não faz sentido continuar investigando aquela pessoa, muito menos mantê-la presa.

Se não tiver advogado, você terá alguns minutos antes da audiência para conversar com o defensor público. Entenda que ele não te conhece e provavelmente tem outras centenas de casos parecidos com o seu para cuidar. Então não é incomum que ele não esteja muito ligado no que está acontecendo. Mesmo assim, é ele quem tem a função de te defender.

Vá preparado para mostrar todos os documentos a ele e contar as partes mais importantes da história.

Mas, se você sentir que não é suficiente, prepare-se para falar diretamente para o juiz no momento que ele te interrogar. Seja bem resumido, mas mostre ao juiz se alguma ilegalidade tiver sido cometida na sua prisão, dê a ele o seu perfil para que ele saiba que não é necessário que você continue preso e, se tiver algum álibi, aproveite para mencionar.

Fiança

Fiança é uma espécie de garantia que o preso dá ao juiz, assegurando que ele não vai fugir se for liberado.

Normalmente essa garantia é dada em dinheiro, mas a lei também permite joias, pedras preciosas, objetos valiosos e títulos públicos. Também é possível deixar um imóvel como garantia, chamada de hipoteca.

Vamos supor que o juiz impôs uma fiança de R$ 50.000,00. O preso pode oferecer a própria casa como garantia. Ele continuará sendo o dono da casa, mas a hipoteca será anotada no cartório do imóvel e, se o réu for considerado culpado, a casa poderá ser vendida para pagar os custos do processo e os prejuízos do crime.

A lei estabelece que o valor da fiança pode variar de 1/3 do salário mínimo até 200 mil salários mínimos. Isso vai depender da gravidade do crime, da condição econômica do réu, dos prejuízos que ele possa ter causado etc.

Assumir a fiança não significa simplesmente pagar o valor definido pelo juiz e sair livre. O réu precisará cumprir a obrigação de comparecer na delegacia ou perante o juiz sempre que for intimado, também não poderá mudar de endereço ou viajar por mais de 8 dias sem comunicar a autoridade.

Se violar essas obrigações, o acusado terá quebrado a garantia e poderá ser preso sem direito a outra fiança.

Quando a pessoa for pobre o juiz pode simplesmente dispensar a fiança se ela se comprometer a comparecer sempre que for convocada e não sair por mais de 8 dias do endereço onde mora.

Não se esqueça de que o delegado só tem autonomia para definir fiança se o crime não tiver uma pena maior que 4 anos. Nos outros crimes só o juiz tem essa possibilidade.

Se o delegado negar a fiança ou ficar inerte, o próprio réu ou alguém de sua família pode oferecer diretamente ao juiz um valor como garantia. Ele decidirá em 48 horas se aceita a fiança, altera o valor ou mantém a pessoa presa.

Porém, não cabe fiança em qualquer situação. Crimes muito graves como racismo, tráfico de drogas e terrorismo não permitem fiança. Também não cabe quando a pessoa já descumpriu alguma ordem do juiz.

Você já deve estar imaginando que, se a fiança for de um valor muito alto, podemos tentar usar o *habeas corpus* para reduzi-la ou até eliminá-la.

Exato! Como a fiança é a condição para que a pessoa fique livre, o juiz deve ser razoável quando estipula o valor, do contrário somente os ricos teriam a liberdade por meio desse benefício.

Nesse caso o HC precisa demonstrar a situação econômica do preso, comprovando que ele não tem condições de pagar sem prejudicar o sustento da família. Para isso usamos documentos como comprovantes de benefícios do governo que ele tenha recebido por ser pobre, a carteira de trabalho para provar que ele está desempregado ou que o salário é baixo, comprovantes das despesas com o sustento da família etc.

Esse é apenas mais um argumento para buscar a liberdade da pessoa ou, pelo menos, reduzir as obrigações que ela precisa cumprir até o fim do processo. Nada impede que todos os outros que estamos estudando aqui também sejam usados conjuntamente.

HABEAS CORPUS DURANTE A INVESTIGAÇÃO

Como Funciona Uma Investigação?

A polícia fica sabendo dos crimes por meio de investigações próprias ou denúncias, ou ainda, quando prende alguém em flagrante. Mas só ouvir falar ou prender alguém não é suficiente para que o caso seja considerado resolvido.

É necessário que seja feita uma investigação minuciosa, colhendo provas sobre o que realmente aconteceu e quem foi o verdadeiro praticante do crime. Não é raro que a polícia mude de opinião ao longo da investigação ou até perceba que não houve crime algum.

Tudo que for descoberto na investigação será registrado num inquérito. Ele funciona como qualquer outro processo: uma sequência de documentos em que vão sendo juntados pedidos, informações, provas, análises de peritos, até chegar ao final com o delegado dando sua opinião sobre o crime e quem ele acredita ser o culpado.

Portanto, o delegado precisa responder a três perguntas:

1. Realmente aconteceu um crime?

2. Em qual artigo das leis criminais ele se encaixa?

3. Quem o praticou?

Então, basicamente a função da polícia é coletar todo tipo de prova para descobrir a verdade. Isso inclui depoimentos, fotos, vídeos, áudios, objetos, perícias e exames (exame de corpo de delito, exame de escrita e documentos, DNA etc.), reconstituição do crime, informações em bancos de dados e internet.

A investigação também pode envolver a quebra de sigilo de dados e o grampo telefônico, mas isso é uma exceção e somente o juiz pode autorizar esse tipo de prova. O delegado precisa justificar a necessidade de quebrar o sigilo e o juiz só permitirá se for imprescindível para a investigação e não for possível conseguir a informação de outra forma.

Uma diferença fundamental entre o inquérito e um processo judicial é que não existe ampla defesa no inquérito, ou seja, o delegado não é obrigado a responder aos pedidos do investigado.

Além disso, diferentemente do processo judicial, a lei diz que o inquérito é sigiloso e, por isso, não é muito fácil conseguir uma cópia dos documentos. Mas esse sigilo só vale para terceiros; o próprio réu e seu advogado têm direito de ver o inquérito em que está sendo investigado.

Outro ponto interessante é que o delegado não tem obrigação de ser imparcial e não é obrigatório que o investigado esteja representado por um advogado.

Agora você deve estar pensando que isso é muito injusto, não é? E você está certo.

Justamente por isso o inquérito não serve para condenar ninguém; ele é apenas a primeira investigação que será feita para dar informações mínimas ao Ministério Público sobre o caso. São essas primeiras provas colhidas no inquérito que permitem que o promotor comece seu trabalho, preparando sua acusação se considerar que o investigado cometeu, de fato, o crime.

Com a acusação formalizada, o processo judicial começa e, aí sim, teremos um juiz imparcial, todas as provas serão realizadas novamente e o réu terá direito a contestar cada um desses pontos.

Investigação De Crimes Menores

Alguns crimes não são tão prejudiciais à sociedade quanto outros e, por isso, a investigação e o processo serão simplificados. A lei chama de crimes de menor potencial ofensivo aqueles que a pena máxima não ultrapassa 2 anos.

Crimes de menor potencial ofensivo são investigados por meio de um TCO (termo circunstanciado de ocorrência), um documento único em que o delegado já registra o que ouviu das testemunhas, menciona as provas e já encaminha ao juiz. O acusado só precisa se comprometer a comparecer quando for chamado para não ser preso.

Além disso, esses crimes não geram prisão. Normalmente o que acontece é um acordo com o promotor em que a pessoa se compromete a ajudar alguma instituição de caridade ou fazer serviços comunitários.

Imagino que você já percebeu que o *habeas corpus* não seria muito útil nessas situações. Mesmo assim, é bom saber que você tem essa possibilidade. Na verdade, nem um advogado vai fazer muita diferença também, porque, como já dissemos, as coisas vão terminar num acordo.

Então deixemos de lado os TCOs e os crimes de menor potencial ofensivo para focar nos crimes mais graves.

Como Devo Agir Se Estiver Sendo Investigado Pela Polícia?

Aqui vão algumas recomendações:

Se a pessoa não foi presa, vai ficar sabendo que está sendo investigada porque receberá uma intimação da polícia. Provavelmente essa intimação será uma convocação para dar depoimento.

Tente descobrir se a convocação é para depor como investigado ou como testemunha. Na própria intimação já deve constar essa informação. Na dúvida, ligue para a delegacia e questione.

Pode acontecer que uma pessoa que foi chamada como testemunha passe a ser investigada dependendo do que disser. É preciso ficar atento às respostas para não se complicar. Se estiver confuso, jamais tente inventar ou criar suposições sobre os fatos; o melhor é dizer que não se lembra ou não sabe o que aconteceu.

A testemunha que mente para a polícia comete o crime de falso testemunho, que está no artigo 342 do Código Penal.

OBSERVAÇÂO: somente a testemunha está obrigada a dizer a verdade. O investigado não comete crime se mentir para a polícia ou até para o juiz. Mas mentir nunca é uma boa opção; o melhor é exercer o direito ao silêncio.

Outra precaução que você precisa tomar antes de comparecer à delegacia é saber se já existe uma ordem de prisão contra você. Muitas vezes a pessoa é chamada apenas para prestar esclarecimentos e acaba sendo presa.

Qualquer pessoa consegue consultar na internet se existe mandado de prisão em aberto, basta entrar no *site* do Banco Nacional de Mandados de Prisão: https://www.cnj.jus.br/bnmp. O aplicativo Sinesp Cidadão também cumpre essa função.

Depois de saber se você é testemunha ou investigado e se existe mandado de prisão em aberto o próximo passo é tentar conseguir uma cópia do inquérito antes de comparecer à delegacia.

Como já falamos aqui, o inquérito é sigiloso e não é muito fácil que a polícia permita que qualquer pessoa veja o que tem lá. O que podemos tentar é pedir para algum parente próximo pedir uma cópia ou contratar um advogado especificamente para ir à delegacia e acessar o inquérito. Esse serviço não é caro.

Lembrando que se o crime for de menor potencial ofensivo (pena de até 2 anos), não existe risco de prisão. Basta se comprometer a comparecer.

Na delegacia você será interrogado pelo delegado ou por um escrivão de polícia. Aqui a primeira coisa que você precisa ter em mente é que não é obrigado a responder nenhuma pergunta além de informar seu nome e identificação. Como nos filmes, a Constituição garante o direito de ficar em silêncio.

As perguntas feitas pelos policiais podem ser repetitivas e fazer com que você entre em contradição. Se não tiver certeza do que vai dizer, melhor é não dizer nada.

Infelizmente a realidade nem sempre é igual ao que as leis dizem que deveria ser.

Embora nós tenhamos direito a ficar em silêncio, já aconteceu de juízes considerarem que alguém é culpado simplesmente porque essa pessoa não negou que tinha cometido o crime quando a polícia a questionou sobre isso. Esse tipo de sentença é extremamente injusta e desrespeita à Constituição, mas acaba existindo na prática, mesmo que seja raro.

Por isso os advogados costumam recomendar aos clientes que, mesmo que fiquem calados no interrogatório, pelo menos digam que não cometeram nenhum crime. É uma forma de fugir do "quem cala, consente".

"E o HC?"

Dadas essas dicas, falemos de algumas situações em que o *habeas corpus* pode ser útil durante um inquérito.

A primeira situação em que o HC pode ser de grande ajuda é quando a polícia tenta te obrigar a produzir provas contra si mesmo. Se, durante o inquérito, você é ameaçado de prisão por não querer colaborar com as investigações, não fornecer uma amostra de DNA ou da sua caligrafia para perícia, não quiser participar de uma reconstituição do crime, pode entrar com o *habeas corpus* pedindo ao juiz que não permita que você seja preso por isso. Afinal, a Constituição nos garante que ninguém pode ser forçado a se autoincriminar.

Em outras situações a polícia já dá sinais de que pretende prender a pessoa, mesmo sem flagrante e sem ordem do juiz. Quando você desconfiar disso, tente reunir o máximo possível de provas, gravações, fotos, notícias e entre com um HC para que o juiz deixe claro que não é permitido que você seja preso.

Os outros exemplos de *habeas corpus* que já demos aqui também podem servir. É possível pedir ao juiz que mande paralisar definitivamente a investigação – trancar o inquérito, como dizem os advogados. As principais justificativas para isso são:

1. Não existe nenhum indício de que o crime aconteceu ou que você seja o praticante. É o que aconteceria se você comprovasse ter um álibi ou que a polícia te confundiu com outra pessoa que tenha o mesmo nome.

2. Você está sendo investigado por algo que não se encaixa na lista de crimes, que deixou de ser crime por causa de uma lei nova ou que é insignificante.

3. A prescrição já aconteceu.

Se você estiver em alguma dessas condições e mesmo assim o delegado insistir em continuar te considerando suspeito, o HC tem o poder de encerrar definitivamente o inquérito. Dizemos que é um *habeas corpus* para trancar o inquérito, pois as investigações não podem mais prosseguir contra aquela pessoa.

Por último, pode acontecer que você descubra que existe um mandado de prisão aberto em seu nome. Nesse caso, a forma como você deve proceder está detalhada no próximo tópico, que vai falar sobre o HC para se defender de uma prisão preventiva injusta.

HABEAS CORPUS NA PRISÃO PREVENTIVA

Agora chegamos na prisão preventiva, que é aquela que só pode ser ordenada pelo juiz. Para isso, é preciso que ele verifique a necessidade real de manter a pessoa presa.

Quando falamos sobre a prisão em flagrante, vimos que a pessoa pode ser presa enquanto estava praticando um crime e aguardar a audiência de custódia para ver se vai permanecer encarcerada ou se vai responder em liberdade. Essa decisão cabe ao juiz e é exatamente nesse momento que ele tem a possibilidade de transformar a prisão em flagrante em prisão preventiva.

Isso significa que, mesmo que a pessoa seja presa em flagrante, só continuará presa se existir necessidade para isso.

Por outro lado, estudamos também que as investigações podem começar sem que o investigado esteja preso. Porém, enquanto o inquérito está correndo, o delegado pode descobrir provas que levem a crer que é necessário que a liberdade dele seja restringida para assegurar as investigações ou evitar outros crimes. Nesse caso, ele pode pedir ao juiz que decrete a prisão preventiva do suspeito.

Como você pode ver, em qualquer dessas situações vai chegar o momento em que o juiz precisará decidir se é necessário ou não que a pessoa fique presa durante as investigações e o processo.

Muita gente acredita em alguns advogados que dizem que basta ser réu primário, ter residência fixa e um trabalho formal que o acusado consegue sair livre por meio de um *habeas corpus*. Mas isso não é tão simples. Desconfie de quem diz esse tipo de coisa.

A verdade é que existem regras que o juiz precisa seguir tanto para justificar uma prisão quanto para permitir que alguém seja liberado. E é a partir dessas regras que nós conseguimos saber se a prisão foi legal ou ilegal. Veja a seguir.

Regras Da Prisão Preventiva

Basicamente, o juiz precisa seguir quatro regras para que a prisão seja válida. Se alguma dessas regras for descumprida, a prisão será injusta e você poderá usar o HC para pedir liberdade.

1.ª REGRA: O juiz só pode decretar a prisão preventiva dentro das situações definidas na lei

O artigo 313 do Código de Processo Penal nos diz que só é possível prender preventivamente se:

a. o acusado é suspeito de ter praticado o crime intencionalmente (dolosamente) e a pena máxima é maior que 4 anos;

b. o acusado já foi condenado por outro crime intencional (doloso); ou

c. o acusado é suspeito de ter praticado violência doméstica contra mulher, criança, adolescente, idoso, pessoa doente ou com deficiência.

2.ª REGRA: O juiz não pode prender se a lei não autoriza

Na regra anterior vimos que a lei já nos diz especificamente em que situações é permitido prender. Obviamente, fora dessas situações a prisão preventiva é proibida.

Portanto, o juiz não pode mandar prender se:

a. o crime a que o acusado responde não seja intencional (crime culposo) ou, mesmo sendo intencional, a pena máxima não seja maior que 4 anos;

b. o acusado não tenha sido condenado anteriormente por crime intencional, ou seja, mesmo que ele tenha sido condenado por crime culposo não poderá ser preso preventivamente;

c. não seja uma situação que envolva violência doméstica.

Além dessas três situações em que o juiz não pode prender, o artigo 314 do Código de Processo Penal ainda traz uma quarta:

d. não é permitido prender se existem provas de que o investigado agiu em legítima defesa ou estado de necessidade.

3.ª REGRA: A prisão só pode ser decretada se for necessária e o juiz deve explicar claramente o motivo

Essa regra é a principal. Fique muito atento a ela.

Se estamos falando de prisão preventiva, significa que o juiz está prevenindo que algo ruim aconteça quando manda prender o acusado.

Mas, afinal de contas, o que a lei quer prevenir com essa prisão? Veja o que diz o Código de Processo Penal:

> Art. 312. A prisão preventiva poderá ser decretada como garantia da ordem pública, da ordem econômica, por conveniência da instrução criminal ou para assegurar a aplicação da lei penal, quando houver prova da existência do crime e indício suficiente de autoria e de perigo gerado pelo estado de liberdade do imputado.

Traduzindo: para que seja possível prender alguém preventivamente é preciso que existam indícios de que o crime aconteceu de fato e que essa pessoa provavelmente o cometeu.

Além dessas provas, é preciso demonstrar que existe perigo em permitir que a pessoa fique livre. Esse perigo é exatamente o que justifica a necessidade da prisão e pode aparecer de quatro formas diferentes:

1. Garantia da ordem pública – uma prisão preventiva que é decretada para a garantia da ordem pública tem o objetivo de impedir que o acusado pratique novos crimes. É o que acontece com criminosos que fazem parte de quadrilhas ou máfias, que são psicologicamente instáveis ou que já mostram tendência a continuar cometendo delitos.

2. Garantia da ordem econômica – aqui o juiz busca proteger a economia do país, impedindo que o acusado manipule os mercados ou pratique crimes financeiros.

3. Conveniência da instrução criminal – as palavras "instrução criminal" significam a busca das provas, ou seja, uma prisão preventiva decretada por conveniência da instrução criminal é aquela que visa impedir que o acusado adultere provas, destrua documentos,

desapareça com coisas importantes para a investigação ou tente ameaçar ou subornar testemunhas. Naturalmente, a partir do momento que essas provas já foram colhidas a prisão não é mais justificável, e, se mesmo assim o réu continuar preso, passa a ser ilegal.

4. Assegurar a aplicação da lei penal – nesse caso a prisão quer prevenir simplesmente que a pessoa fuja. Mas não basta que o juiz simplesmente tenha esse sentimento; é imprescindível que existam provas que justifiquem acreditar que o acusado pretende fugir.

"Além dessas quatro, existem outras justificativas para prender alguém preventivamente?"

Não! Fora dessas quatro situações o acusado não pode ser preso.

Agora observe o que nos diz o segundo parágrafo (§ 2.º) do artigo 312 que acabamos de transcrever acima:

> § 2.º A decisão que decretar a prisão preventiva deve ser motivada e fundamentada em receio de perigo e existência concreta de fatos novos ou contemporâneos que justifiquem a aplicação da medida adotada."

Perceba que a lei traz para o juiz o dever de fundamentar a sua decisão de prender alguém. Mas o que é uma decisão "motivada e fundamentada"? A melhor forma de entender é por meio de exemplos.

Imagine que o juiz se deparou com um pedido de prisão feito pelo delegado, que disse que o sujeito é perigoso e pode praticar outros crimes. Então esse juiz manda prendê-lo e escreve exatamente o seguinte na sua decisão:

> Determino a prisão preventiva de Fulano de Tal para a garantia da ordem pública."

Essa decisão não nos explica por que o Fulano de Tal é um perigo para a ordem pública, não nos diz de qual crime ele é suspeito, quais provas levam a crer que ele pode cometer outros crimes ou é perigoso, enfim, não esclarece nada. Esse é o exemplo de um decreto de prisão que não cumpriu o que a lei manda, que não é motivado e fundamentado e, por isso, é ilegal.

Pense nessa mesma situação, mas agora com uma decisão que diz o seguinte:

> O delegado pediu a prisão do Fulano de Tal por ser perigoso e uma ameaça à ordem pública. Câmeras de segurança filmaram o investigado praticando o roubo. No processo existem depoimentos de testemunhas que dizem que ele já praticou vários crimes violentos na cidade, documentos que comprovam que ele faz parte de um grupo criminoso de traficantes de drogas e foram encontradas na casa dele diversas armas de fogo e munição, além de drogas e equipamentos de produção de narcóticos. Portanto, entendo que Fulano de Tal é provavelmente o autor do crime de que é acusado e pode voltar a cometer outros crimes e, por essa razão, decreto a sua prisão preventiva para a garantia da ordem pública.

É totalmente diferente, não é? No primeiro caso o juiz falou genericamente, nem conseguimos saber se ele chegou a analisar os documentos e as provas do processo. Mas no segundo caso fica claro por que o juiz mandou prender e o que fez com que ele chegasse a essa conclusão.

Quando uma decisão não é fundamentada fica impossível saber o que o juiz pensou e corremos o risco de que ele tenha mandado prender o acusado simplesmente porque não foi com a cara dele. Até mesmo recorrer dessa decisão é difícil se não entendemos os motivos da prisão. Por isso esse tipo de prisão é ilegal.

Por outro lado, quando o juiz explica os motivos que o levaram a mandar prender, nós temos a possibilidade de discordar e recorrer, porque conseguimos comparar o que ele disse com o que está provado no processo.

4.ª REGRA: Se não existe necessidade comprovada para prender o acusado, o juiz deve deixá-lo em liberdade, mas pode estabelecer algumas restrições

Essa é a famosa liberdade provisória. Provisória porque, apesar de não existir motivo para prender o acusado nesse momento, ele ainda está sendo investigado. Nada impede que apareça alguma justificativa para prendê-lo futuramente ou ele pode vir a ser condenado no final do processo e ter que cumprir uma pena de prisão.

Muito embora o juiz não encontre motivos para fundamentar uma prisão preventiva, ele ainda pode restringir a liberdade do acusado como uma forma de cautela. Essas restrições estão listadas nos artigos 319 e 320 do Código de Processo Penal e são conhecidas como medidas cautelares.

Você já conhece uma dessas medidas: a fiança. O juiz pode condicionar a liberdade do indivíduo a uma garantia em dinheiro.

Outras medidas cautelares muito conhecidas são o uso de tornozeleira eletrônica, a proibição de sair do país ou da cidade sem autorização do juiz, a obrigatoriedade de comparecer mensalmente perante o juiz, o impedimento de manter contato com certas pessoas, de ir a certos lugares ou de sair de casa à noite etc.

Lembrando que a liberdade aqui é provisória; se o acusado descumpre uma dessas medidas cautelares, o juiz poderá mandar prendê-lo.

Usando O *Habeas Corpus* Contra A Prisão Preventiva

Conhecendo todas as regras da prisão preventiva, é bem mais fácil saber quando o juiz está errado em decretá-la e corrigir o erro por meio do HC. Vamos estudar algumas situações práticas em que podemos aplicar esse raciocínio e mais algumas regras que ainda não comentamos:

1. Quando o juiz não ouve o acusado antes de mandar prendê-lo

O juiz é obrigado a ouvir o que o acusado tem a dizer, por intermédio do advogado, antes de ordenar a prisão. As únicas exceções a essa regra acontecem se o juiz verificar que a prisão é urgente ou que ela não terá o efeito pretendido se demorar para ser cumprida.

Porém, na maioria das situações, é imprescindível que o acusado seja intimado para ter a oportunidade de dizer por que não deve ser preso. O juiz deve dar 5 dias para que ele exponha seus argumentos.

Se o juiz prende sem ouvir o que ele tem a dizer e sem justificar o motivo dessa prisão ser urgente, o *habeas corpus* será válido para libertar o réu dessa prisão ilegal.

2. Quando o juiz manda prender o investigado sem que exista um pedido do delegado ou do Ministério Público

Apesar de as pessoas imaginarem que juízes podem sair pela rua prendendo quem bem entenderem, as coisas não funcionam assim. Juízes são juízes apenas dentro de um processo, em que eles têm o poder de julgar apenas os pedidos das partes.

Portanto, o juiz só pode prender alguém preventivamente se antes for feito um pedido formal por parte de um delegado de polícia ou de um promotor. Não é permitido que ele deixe de ser um julgador imparcial e passe a ser um acusador. A única função do juiz é decidir se aceita ou não os pedidos de prisão que chegam até ele.

Consequentemente, se uma prisão é decretada sem que um promotor ou um delegado tenha pedido antes por ela, estamos diante de uma violação da lei e podemos usar o HC para corrigir esse erro.

3. Quando não é permitido ou não é necessário prender

Aqui nós simplesmente aplicamos a 1.ª, a 2.ª e a 3.ª regra da prisão preventiva. Imagine alguns exemplos:

Um indivíduo é atacado por um assaltante e atira para se defender. Esse é um caso de legítima defesa e, portanto, não é permitido que o acusado fique preso enquanto o processo se desenrola.

Uma pessoa destrói uma estátua ou uma obra de arte com valor histórico. Esse é o crime de dano em coisa de valor artístico, arqueológico ou histórico, que está listado no artigo 165 do Código Penal e tem pena que varia de 6 meses a 2 anos. Para ser permitido prender, a pena teria que ser maior que 4 anos, ou seja, quem causou o dano tem direito a responder ao processo em liberdade e pode usar o HC para conseguir isso.

4. Quando o juiz não fundamenta a decisão, não explica os motivos que o levaram a mandar prender

Falamos desse caso quando estudamos a 3.ª regra da prisão preventiva. Volte lá se precisar recapitular.

5. Quando uma medida cautelar já é suficiente

A 4.ª regra nos diz que a pessoa deve responder em liberdade se a prisão não for necessária e que, em vez de prender, o juiz pode simplesmente restringir a liberdade do acusado por meio de medidas cautelares. Portanto, se uma medida restritiva já resolve o problema, não tem razão para que o réu fique preso.

Um exemplo dessa situação acontece nos casos de violência doméstica. Em grande parte das vezes os juízes simplesmente mandam que o acusado não se aproxime da vítima dentro de uma certa distância. Isso impede que ele continue praticando a violência e já resolve o problema sem que seja preciso prender. Até porque a prisão provavelmente geraria mais danos, já que o acusado pode ter emprego e ser a fonte de renda da família.

Também podemos pensar na hipótese de o juiz ter receio de o acusado destruir provas que estão em um computador. Basta apreender esse computador e salvar todos os arquivos ou simplesmente impedir que o réu se aproxime do local onde ele está. Não é necessário prender.

6. Quando a lei permite a prisão domiciliar

A prisão domiciliar é aquela em que o indivíduo só pode sair de casa com autorização do juiz. Normalmente se usa a tornozeleira eletrônica para fazer esse controle.

O artigo 318 do Código de Processo Penal nos traz situações em que esse tipo de prisão fica a critério do juiz. Já o artigo 318-A traz uma situação em que só é permitido prender em domicílio.

Isso significa que o juiz pode escolher entre prender em casa ou em presídio a pessoa que for:

a. maior de 80 anos; ou

b. estiver debilitado por doença grave.

Para essas duas situações, cabe ao juiz avaliar as condições de saúde do acusado e decidir qual a forma mais adequada de prisão.

Por outro lado, a prisão domiciliar é um direito e o juiz não pode mandar que a pessoa fique em presídio quando:

a. a mulher estiver gestante;

b. a mulher for mãe ou responsável por criança de até 12 anos ou pessoa com deficiência;

c. o homem for o único responsável pelos cuidados de criança de até 12 anos ou pessoa com deficiência.

A prisão domiciliar só é possível se a pessoa não cometeu crimes violentos. Quando ela é justificada pela necessidade de cuidar de alguém, não é permitida se existe suspeita de crimes praticados contra a criança ou a pessoa com deficiência.

Além disso, nada impede que o juiz também aplique outras medidas cautelares mesmo que o investigado já esteja preso em seu domicílio.

Em relação ao uso do *habeas corpus*, ele será possível tanto nos casos em que a prisão domiciliar é uma escolha do juiz quanto nos casos que é um direito do réu. A diferença é que, se estamos questionando uma escolha subjetiva do juiz, teremos que ter mais argumentos para dizer que a prisão comum não era necessária ou que prejudicaria a saúde da pessoa. Geralmente os advogados usam atestados médicos, exames e laudos para dizer que é recomendável que o preso fique em casa.

Já se o acusado é o único responsável por crianças ou pessoas com deficiência ou é mulher grávida, fica muito mais fácil justificar o pedido de substituição de uma prisão comum pela prisão domiciliar.

7. Quando não existe mais o motivo que justificou a prisão

Se o réu foi preso para não interferir nos depoimentos das testemunhas ou na busca de provas, não é justificável que ele continue preso depois que essas provas já foram realizadas.

Da mesma forma, se a prisão tinha o objetivo de impedir que ele praticasse outros crimes e, durante esse período, ele adquire uma doença que o deixa incapacitado ou com movimentos prejudicados, dificilmente ele será capaz de cometer outros delitos e não existe motivo para que continue preso.

8. Quando a pessoa já está presa por mais tempo que o razoável

Como estamos falando de prisão preventiva, ela não pode durar para sempre. Em algum momento é preciso que o juiz dê a sentença e diga de uma vez por todas se a pessoa é culpada ou inocente e, consequentemente, se ela tem que cumprir pena na cadeia ou não.

Infelizmente, a burocracia brasileira é famosa por ser lenta e ineficiente. Então não é incomum vermos pessoas que ficam presas por 3, 4, 5 anos, e até mais, sem ter uma sentença.

Antigamente a lei estabelecia o prazo de 81 dias para que o processo terminasse. Mas hoje em dia essa regra não existe mais.

De qualquer forma, muito embora não tenhamos uma regra objetiva, é possível usar o HC para libertar uma pessoa que já está presa por tempo demais sem receber uma resposta da Justiça.

A prisão preventiva não pode ir além de um tempo razoável. Para definir "razoável" podemos usar três critérios:

a. Se o caso é complexo – é muito diferente para o juiz analisar um caso de furto cometido por uma pessoa só ou um crime de corrupção que envolve várias pessoas, empresas e órgãos públicos. Logicamente, situações mais complexas precisam de mais provas e o processo demora mais;

b. Como as partes se comportam durante o processo – se o réu tenta atrasar o processo pedindo várias provas desnecessárias ou difíceis, é justo que o processo naturalmente seja mais demorado. Por outro lado, se o atraso é por causa da própria burocracia que não dá andamento nos procedimentos, não é justo que a pessoa seja prejudicada pela ineficiência dos órgãos governamentais;

c. A gravidade do crime – crimes mais graves, com pessoas perigosas ou desequilibradas que podem ameaçar testemunhas, cometer outros crimes e provocar transtornos à sociedade, justificam prisões mais longas.

Não custa lembrar: você não é obrigado a escolher só um desses argumentos. Seu HC pode falar de vários deles, desde que você consiga comprovar o que está dizendo.

Por exemplo: você pode questionar o fato de o crime ter sido cometido em legítima defesa e, além disso, o acusado ter direito à prisão domiciliar por ser cuidador do pai idoso que tem uma doença mental grave; pode ter uma prova de que estava em outro local no momento em que o crime aconteceu (álibi) e também alegar que o juiz deveria ter estabelecido uma fiança em vez de mandar prender etc. Tudo vai depender do que aconteceu em cada caso específico.

"Ok, entendi a prisão preventiva e já sei o que fazer para responder ao processo em liberdade. Mas e se mesmo assim eu for condenado no final de tudo, será que não tem mais o que fazer?"

DEFESA CONTRA ILEGALIDADES NO CUMPRIMENTO DA PENA

Já sabemos que quem é suspeito de cometer um crime será investigado pela polícia por meio de um inquérito. Depois da investigação cabe ao promotor decidir se denuncia a pessoa ao juiz, o que dá início ao processo criminal.

O acusado pode ter sido preso em flagrante ou pode ser que o juiz decrete a prisão preventiva durante o processo, mas só se isso for necessário. Do contrário, o réu responderá em liberdade.

Enquanto o processo criminal vai avançando o juiz vai colhendo provas, depoimentos e informações que vão ajudar a decidir se o acusado é culpado ou inocente, até que ele dá uma sentença condenando ou absolvendo o réu. Essa sentença ainda não é definitiva, pois ainda é possível recorrer.

Mesmo que seja obrigatório o acompanhamento de um advogado, nós sabemos que o próprio réu pode usar o HC para se defender de uma prisão ilegal.

Porém, em algum momento todos os recursos já terão acabado e a sentença se tornará definitiva. Aí não tem jeito, o réu se torna um condenado e terá que pagar a pena, perdendo sua liberdade.

E por isso nós terminamos o último tópico com uma dúvida: depois que a pessoa é condenada e presa, não tem mais nada que ela possa fazer para proteger sua liberdade?

A resposta é que tem, sim. Mesmo quem está cumprindo uma pena de prisão ainda tem direitos que precisam ser rigorosamente seguidos pelas autoridades.

Existem várias regras e benefícios que podem reduzir o tempo de pena ou dar melhores condições ao condenado. É um direito dele fazer esses pedidos ao juiz, mesmo sem ter advogado.

O juiz aqui não será o mesmo que julgou o processo. Ele é chamado de juiz da execução porque é selecionado especificamente para analisar os pedidos do condenado durante a execução penal, isto é, o cumprimento da pena.

Você deve estar se perguntando o que pode acontecer nesse período para que seja necessário um juiz só para isso.

Em primeiro lugar, o condenado precisa ser disciplinado enquanto cumpre a pena. Se praticar alguma falta poderá ser punido pela diretoria do presídio. Mas se ele não tiver cometido nenhuma infração ou se essa punição for injusta, ele poderá requerer ao juiz que ela seja revista.

Outra questão que pode surgir durante a pena é ligada aos direitos e aos benefícios do preso (o que encontramos na Lei n.º 7.210). Por exemplo: o artigo 41, que traz uma lista desses direitos, diz que o preso deve receber alimentação e vestuário adequados, além de ter oportunidade para trabalho, estudo, lazer, leitura, visitas da família, correspondência etc. Quando as autoridades não cumprem essas obrigações, o condenado pode pedir ao juiz que garanta o respeito às regras.

Já quando falamos em benefícios estamos nos referindo a casos que permitem que o condenado reduza o tempo de pena ou que saia antecipadamente da prisão respeitando certas condições. O fato é que é um direito do preso receber anualmente um atestado que diga quanto tempo de pena ele já cumpriu e quanto ainda falta. Com esse documento ele poderá saber se tem direito a algum benefício.

Mesmo que a pessoa tenha contratado advogado para defendê-la durante o processo, muitas vezes os contratos terminam quando ela é condenada definitivamente, ou seja, o preso fica sem defesa (dependendo somente da Defensoria Pública) enquanto está cumprindo a pena. Por isso é importante ter conhecimento dos direitos que se tem nessa etapa.

O nosso estudo aqui tem o objetivo de ser prático. Então vamos ver algumas situações em que uma pessoa pode se defender sozinha.

1. Pedido de progressão de regime

Quando o juiz condena alguém, ele diz quanto tempo de pena a pessoa precisa cumprir e de que forma isso vai acontecer. A forma de cumprir a pena é chamada de regime, que pode ser fechado, semiaberto ou aberto.

O regime fechado é o que nós entendemos normalmente como prisão. A pena é cumprida pelo condenado em estabelecimento de segurança máxima ou média, sem que a pessoa possa sair. O preso pode trabalhar dentro do presídio ou receber autorização para trabalhar em obras e serviços públicos ou privados, desde que tenha vigilância.

Já o regime semiaberto é aquele em que a pena é cumprida em colônias agrícolas, industriais ou similares, que são uma espécie de fazenda em que o preso fica trabalhando. Ele tem uma liberdade maior, pode transitar pelo local. Na prática o regime semiaberto quase não existe, pois o governo não investe nessas colônias penais.

Por último temos o regime aberto, que é aquele no qual o preso é livre para se locomover normalmente durante o dia, devendo buscar um emprego e somente tendo a obrigação de passar a noite em albergues públicos.

Dependendo da pena que foi aplicada e das características pessoais do réu, o juiz vai dizer se ele deve começar a cumprir a punição em regime fechado, semiaberto ou aberto. Mas ninguém fica o tempo todo no mesmo regime, pois a lei manda que a pena vá sendo abrandada gradativamente para facilitar que o preso se ressocialize. Isso é a progressão de regime, ou seja, a possibilidade de o preso passar do regime prisional que está para outro mais benéfico.

A primeira condição para que o condenado ganhe o benefício de progredir de regime é o merecimento. E isso vai ser averiguado pelo juiz a partir de um atestado de bom comportamento emitido pelo diretor do Estabelecimento Prisional no qual o preso se encontra.

A segunda condição é cumprir um determinado tempo de pena, que vai variar conforme alguns critérios: se o preso já foi condenado definitivamente por outro crime ou não (réu primário ou réu reincidente); se o crime que ele cometeu é ou não violento, ou se é um crime hediondo

Todos os crimes hediondos estão listados na Lei 8.072/90 e são aqueles que são considerados mais graves. Alguns exemplos são o homicídio qualificado, roubo com arma de fogo ou que cause lesão grave ou morte, estupro e exploração de prostituição infantil.

O cálculo funciona da seguinte forma: para cada uma das condições acima, a fração de pena a ser cumprida para progressão é diferente, sendo que pode variar de 16% até 70%. Veja a tabela completa no artigo 112 da Lei n.º 7.210.

Para clarear, imagine que um indivíduo foi condenado a 5 anos por ter cometido um furto. Ele nunca foi condenado por outro crime, então sabemos que é réu primário. Como o furto não é um crime violento e muito menos um crime hediondo, vamos aplicar a regra do inciso I do artigo 112, o que significa que ele poderá progredir de regime depois de cumprir 16% da pena, ou seja, 3 meses e 20 dias.

Agora vamos pensar num sujeito que é um conhecido criminoso que já foi condenado por vários roubos à mão armada e morte das vítimas. Ele foi preso por esse mesmo crime mais uma vez e a pena foi de 25 anos. Aqui temos um réu reincidente na prática de crimes hediondos que levam à morte, o que nos leva ao inciso VIII do Art. 112, que diz que esses casos só permitem a progressão de regime após o cumprimento de 70% da pena. Consequentemente, ele só poderá progredir depois de 17 anos e 6 meses.

Obviamente, se o condenado que recebeu o benefício de progressão de regime cometer outro crime ou descumprir as regras disciplinares, o juiz poderá cancelar esse benefício e fazer que ele volte ao regime mais rígido.

É importante destacar que no Brasil, apesar de estar descrita na lei a forma que deve ocorrer a progressão de regime, na prática muitas coisas ocorrem de maneira diferente.

Isso porque quase não há colônias penais ou albergues públicos construídos. Dessa forma geralmente não há vagas para que todos os condenados que estejam em regime semiaberto ou aberto sejam alojados no local adequado. Por esse motivo, cada vez mais os juízes permitem que pessoas fiquem em prisão domiciliar monitorada com tornozeleira eletrônica.

Confirmando essa prática, o STF criou a Súmula Vinculante n.º 56 para deixar claro que o condenado não pode ser mantido em regime prisional mais grave simplesmente porque o governo não providenciou vaga em local adequado. Então, se a pessoa já cumpriu as condições para progredir e não existe o local correto, ela deve ir para casa.

Mas você não precisa ficar fazendo esses cálculos no papel. O CNJ criou uma Calculadora de Pena, que faz parte do Sistema Eletrônico de Execução Unificada (Seeu). Infelizmente, esse sistema não é aberto ao público, mas os familiares e o próprio preso podem pedir uma chave de acesso ao juiz da execução da pena para acompanhar e saber quando terá direito a cada benefício.

2. Pedido de livramento condicional

Livramento condicional, liberdade condicional ou simplesmente "condicional" é o benefício mais vantajoso que um preso pode conseguir. Após receber essa benesse, o condenado fica quase que totalmente livre. Nem mesmo é exigido que ele passe as noites no albergue.

As condições para ter direito à liberdade condicional são o bom comportamento e a comprovação de que o preso pode trabalhar e se compromete a conseguir um emprego.

Além disso, também existe um tempo mínimo de pena para receber o benefício:

a. 1/3 da pena para presos que não são reincidentes em crimes dolosos, ou seja, nunca foram condenados por crimes intencionais;

b. metade da pena para presos que são reincidentes em crimes dolosos; e

c. 2/3 da pena para presos que cometeram crimes hediondos, tráfico de drogas, tráfico de pessoas, tortura ou terrorismo.

Quando o condenado completa todos esses requisitos, pode pedir ao juiz para analisar se ele pode ou não sair em liberdade condicional.

Perceba que, a depender do caso, a pessoa pode ter direito ao livramento condicional mesmo antes de poder progredir de regime. Nessas situações optamos sempre pela condicional se for possível comprovar que o preso tem condições de entrar para o mercado de trabalho.

Se o juiz permitir a condicional, irá estabelecer as condições que é necessário respeitar. Sempre será obrigatório que o condenado compareça periodicamente para comprovar que está trabalhando e que não mude de endereço sem pedir autorização.

Assim como acontece com a progressão de regime, o juiz pode revogar a liberdade condicional e devolver o condenado ao sistema prisional se ele cometer outro crime ou descumprir as regras impostas como condições do livramento.

Mas a diferença é que para a progressão é permitido voltar aos regimes mais benéficos se houver bom comportamento. Por outro lado, perder o direito à condicional é muito mais grave, porque, se ele perder o benefício, será proibido recebê-lo novamente.

3. Pedido de detração ou remição

A palavra detração significa abatimento. Detração é simplesmente abater da pena o tempo que a pessoa ficou presa preventivamente.

Se o juiz não se lembrar de fazer esse abatimento, basta pedir.

Agora uma coisa interessante é que é permitido fazer a detração da pena pelo tempo de prisão preventiva em outro processo que a pessoa tenha sido absolvida. A condição para isso é que o segundo crime, que gerou a pena que ela está cumprindo agora, tenha sido cometido antes da absolvição do crime anterior.

"Como assim? Isso ficou confuso."

Explico com um exemplo: o Fulano foi acusado de roubo e, durante o processo, ficou preso preventivamente. No final do processo ele foi absolvido. Mas antes dessa absolvição já existia um outro processo contra ele, também por roubo, e dessa vez a sentença o condenou. Então ele terá direito de abater o tempo que ficou preso preventivamente no primeiro processo do tempo da pena que foi condenado no segundo.

Outro direito dos condenados é a remição. A palavra significa perdão.

O que acontece na remição é que a lei perdoa parte da pena do condenado de acordo com o tempo que ele usa para o trabalho e o estudo. A ideia é incentivar que a pessoa se eduque e esteja pronta para se ressocializar.

Para cada 12 horas de estudo é reduzido 1 dia de pena. Essas 12 horas não podem acontecer no mesmo dia; devem estar divididas por pelo menos 3 dias. As atividades podem ser de ensino fundamental, médio, superior ou profissionalizante.

Se a pessoa se forma no ensino fundamental, médio ou superior durante o cumprimento da pena, ela ganha mais 1/3 de remição.

Já para o trabalho o desconto é de 1 dia de pena para cada 3 dias trabalhados.

O tempo de trabalho e estudo durante a prisão preventiva também é contado para remição.

Quando o preso sofrer acidente e ficar impossibilitado de se manter trabalhando ou estudando continuará a se beneficiar com a remição enquanto estiver se recuperando.

Como punição ao condenado que praticar alguma falta grave, o juiz pode decidir revogar até 1/3 do tempo que ele adquiriu para remição.

Lembrando que é um direito do preso receber das autoridades um atestado do tempo de remição que já conseguiu acumular.

4. Pedido de transferência para outro presídio

O preso pode pedir transferência para um presídio em outra cidade ou em outro estado se cumprir 3 condições:

1.ª Condição: bom comportamento.

2.ª Condição: existir disponibilidade de vaga em algum estabelecimento do local desejado.

3.ª Condição: comprovar que tem familiares que moram no local, para facilitar a ressocialização.

Também é possível pedir transferência se a pessoa estiver sofrendo risco de morte.

5. Pedido de prisão domiciliar

As condições para prisão domiciliar seguem os mesmos requisitos que já estudamos na prisão preventiva.

O juiz pode conceder esse benefício a idosos, pessoas com doenças graves, gestantes e pais ou responsáveis por crianças ou pessoas com deficiência que não tenham quem cuide delas.

No caso de doença grave, é preciso comprovar por laudo médico. Também é necessário provar que o presídio não tem condições de manter o preso em tratamento.

Na prática os próprios diretores do presídio não querem se responsabilizar pelos cuidados de um doente grave. Então é comum fornecerem uma declaração dizendo que aquela cadeia não tem capacidade de oferecer o tratamento adequado, que não tem médicos suficientes ou que não atendem em tempo integral. Portanto, peça essa declaração se for preciso.

Terminamos aqui os principais benefícios e direitos dos presos na execução da pena.

Vale lembrar que esses pedidos são feitos ao juiz da execução. Se ele negar, você ainda pode usar o HC para recorrer às autoridades que estão acima. Passaremos a ver agora como fazer isso na prática.

FAZENDO UM *HABEAS CORPUS* NA PRÁTICA

O processo penal não pode correr sem um advogado. É obrigatório, pelo menos, que a pessoa esteja representada por um defensor público.

Mesmo assim, a Constituição garante que qualquer pessoa possa questionar os erros desse processo por meio de um *habeas corpus*, que é gratuito e não precisa de formalidades, muito menos de um advogado.

Ao longo deste capítulo vimos a maioria dos argumentos e defesas que você poderia usar para se livrar de uma prisão ilegal. Agora, vamos juntar a teoria com a prática e fazer o nosso próprio HC.

A primeira coisa que você tem que ter em mente é que o HC é um pedido inicial, muito parecido com qualquer outro que fazemos na Justiça.

Então, precisamos saber quem pode fazer o pedido, quem vai recebê-lo, contra quem o pedido é feito, o que dizer e o que pedir de fato, além dos documentos e provas que nos ajudarão a demonstrar para o juiz que ele precisa nos dar o que queremos.

Quem Pode Fazer Um Pedido De *Habeas corpus*?

A resposta é: qualquer pessoa!

Isso pode parecer estranho, mas qualquer pessoa pode fazer um HC pedindo a própria liberdade ou a liberdade de outra. Já falamos sobre casos em que o preso fez um *habeas corpus* num papel de pão de dentro do próprio presídio.

Os familiares e amigos do preso também podem pedir por ele.

Até desconhecidos podem pedir HC para pessoas que estão na cadeia. Inclusive, existem ONGs que se especializaram em libertar presos que estão encarcerados ilegalmente ou continuam presos por vários anos mesmo depois de terem cumprido suas penas (situação absurda que é mais comum do que você imagina).

Na linguagem dos advogados o preso é chamado de paciente. Já quem faz o pedido é chamado de impetrante.

Contra Quem Se Faz Um *Habeas corpus*?

Como estamos falando de crimes e sabemos que é o governo quem tem a função de investigar, julgar e puni-los, chegamos à conclusão de que a ordem de prisão virá de uma autoridade governamental. Mesmo na prisão em flagrante, que pode ser feita por qualquer pessoa, o acusado só fica preso se o delegado confirmar essa decisão.

Portanto, o nosso *habeas corpus* vai indicar essa autoridade como a pessoa que está violando ou ameaçando a nossa liberdade. Na prática, será um delegado, um juiz ou um tribunal (que é um grupo de juízes).

O termo jurídico para indicar quem ameaça ou decreta uma prisão ilegal é "autoridade coatora".

Quem Julga O *Habeas corpus*?

Quando fazemos essa pergunta estamos querendo saber quem tem a competência para receber o HC, ou seja, para quem devemos mandar o nosso pedido.

Aqui basta usarmos a lógica: quando algum funcionário de uma empresa comete um erro que te prejudica, você vai procurar quem seja superior a ele para corrigir. Da mesma forma, quando uma autoridade pratica uma ilegalidade contra você, procure a autoridade superior a ela.

Assim, temos a seguinte regra:

» Se a autoridade coatora é o delegado, a competência para julgar o HC é do juiz.

» Se a autoridade coatora é o juiz, a competência para julgar o HC é do tribunal.

» Se a autoridade coatora é o tribunal, a competência para julgar o HC é do Superior Tribunal de Justiça (STJ).

» Se a autoridade coatora é o STJ, a competência para julgar o HC é do Supremo Tribunal Federal (STF).

Além disso, quem nega um pedido de HC passa a ser parte do erro, ou seja, será a nova autoridade coatora e agora poderemos pedir um novo *habeas corpus* à autoridade superior a ela.

Dizendo de outra forma: se o delegado mandou te prender, você pede HC ao juiz; se o juiz negou seu pedido, peça ao tribunal, depois ao STJ e, por último, ao STF.

Outra questão importante é que precisamos diferenciar a Justiça Comum da Justiça Federal.

No caso da Justiça Comum, a primeira autoridade será um delegado de Polícia Civil. Acima dele temos o juiz de Direito e o Tribunal de Justiça do Estado.

Já na Justiça Federal temos o delegado da Polícia Federal, o juiz Federal e, acima, o Tribunal Regional Federal.

Independentemente de estarmos na Justiça Comum ou na Justiça Federal, o STJ é sempre a próxima etapa e o STF é sempre a última.

Quando Posso Pedir *Habeas corpus*?

O HC pode ser pedido a qualquer hora, mas é importante diferenciarmos dois momentos específicos para sabermos exatamente o que pedir ao juiz.

O primeiro tipo de situação que nos interessa é aquela em que o sujeito já foi preso. Nesse caso o que ele quer é ser liberado, por isso chamamos esse pedido de *habeas corpus* liberatório. Se concordar com o pedido, o juiz faz um documento para ser entregue às autoridades que estão mantendo a pessoa encarcerada: o famoso Alvará de Soltura.

Mas tem uma outra situação interessante que talvez você ainda não tenha se dado conta:

Imagine que você já sabe que a polícia está te procurando para te prender por um crime que não cometeu. O que fazer nesse caso? Você espera ser preso para pedir liberação ou já se previne e pede para não sofrer a prisão?

Essa possibilidade de se antecipar e impedir que alguém seja preso ilegalmente existe na nossa legislação. Conhecemos esse pedido como *habeas corpus* preventivo. Funciona exatamente como qualquer outro HC, com a única diferença que vamos requerer ao juiz que nos dê um Salvo-Conduto, um documento que impede que sejamos presos por um certo motivo.

Escrevendo O *Habeas corpus*

Chega de conversa! Agora é hora de colocar em prática tudo o que estudamos aqui. Vamos relembrar a história do Beltrano, lá no começo deste capítulo, e ver como podemos ajudá-lo.

Antes de mais nada, você tem que ter em mente que pode fazer um HC para libertá-lo. Não é preciso ser um advogado e nem mesmo um parente para isso.

Agora a primeira dúvida que precisamos responder é a quem vamos encaminhar o HC. Se quem fez a prisão foi um delegado de Polícia Civil (a nossa autoridade coatora), quem deve analisar o pedido é um juiz de Direito (a autoridade competente), que faz parte da Justiça Comum.

Então começamos assim:

> SENHOR JUIZ DE DIREITO DA VARA DA CIDADE DE ____

Cidades maiores têm juízes especializados em julgar apenas questões criminais. Esses juízes são chefes de Varas Criminais. Nesse caso, podemos escrever assim:

> SENHOR JUIZ DE DIREITO DA VARA CRIMINAL DA CIDADE DE ____

O próximo passo é a qualificação. Precisamos dizer ao juiz quem somos e para quem estamos pedindo o HC. Aqui devemos colocar dados como nome completo, nacionalidade, endereço e documentos. Além disso, precisamos dizer onde o nosso paciente está preso.

> Eu, NOME COMPLETO, BRASILEIRO, RESIDENTE NA RUA ..., CPF ..., RG ..., venho pedir *HABEAS CORPUS* para BELTRANO DA SILVA, BRASILEIRO, RESIDENTE NA RUA ..., CPF ..., RG ..., que está preso na Delegacia de Polícia Civil da cidade de ....

Se estamos pedindo HC para nós mesmos, o texto fica mais simples:

> "Eu, QUALIFICAÇÃO COMPLETA, atualmente preso no Presídio de ..., venho pedir *HABEAS CORPUS*."

Em seguida passamos a expor os fatos, explicando ao juiz o que aconteceu, qual a acusação, como aconteceu a prisão, quem é a autoridade coatora etc. No caso do Beltrano, podemos resumir o ocorrido dessa forma:

> O paciente BELTRANO foi preso em flagrante no dia 15 de novembro, acusado de ter matado intencionalmente FULANO atropelado. O delegado de polícia civil manteve a prisão com a justificativa de que as câmeras de segurança mostram que o carro que atropelou FULANO é de propriedade do BELTRANO e que as testemunhas disseram que eles eram inimigos.
>
> Porém, a polícia não levou em consideração que BELTRANO estava viajando desde 1.º de novembro e só retornou no dia 15. Se o crime aconteceu no dia 8, é impossível que o BELTRANO tenha sido o assassino.

Agora que fizemos a narrativa dos fatos envolvendo a prisão, precisamos mostrar por quais motivos entendemos que ela é injusta.

A primeira coisa que devemos fazer nesse momento é dar ao juiz um perfil da pessoa, para que ele veja que não se trata de um criminoso contumaz e que deixar o nosso paciente em liberdade não vai prejudicar as investigações e nem causar perigo à sociedade.

Para começar, usamos aquele velho refrão: "emprego formal, residência fixa e bom comportamento social". Mas podemos ir além disso: o nível de escolaridade, as relações familiares e outras circunstâncias que mostrem que não é necessário que a pessoa fique presa serão de grande ajuda.

> BELTRANO é uma pessoa bem conhecida e querida na cidade onde vive. Tem residência fixa, comprovada pelo recibo de IPTU pago. Tem emprego de nível superior, comprovado pela carteira de trabalho e diploma. Além disso, as pessoas que o conhecem afirmam que ele tem ótimo comportamento, inclusive assinaram declarações em cartório. Portanto, é fácil perceber que BELTRANO não oferece nenhum perigo à sociedade e não se justifica que fique preso preventivamente.

O próximo passo é colocar os outros argumentos que podem derrubar a prisão. Veja uma maneira de fazer isso para nosso vizinho fictício:

> O primeiro ponto que mostra que a prisão é injusta é que é impossível que o BELTRANO tenha cometido o crime. Os comprovantes de passagens aéreas e dos hotéis e a fatura do cartão de crédito mostram que ele esteve nos Estados Unidos entre 1.º e 15 de novembro. Além disso, quando ele chegou no Brasil percebeu que o carro tinha sido roubado, tanto que registrou um Boletim de Ocorrência.

AUTODEFESA LEGAL

> Outra questão é que o delegado alega que a prisão foi feita em flagrante, mas isso está errado. Se o crime aconteceu no dia 8 e a prisão só veio a ser realizada no dia 15, já se passou muito tempo e não existe situação de flagrante.
>
> Também não existe nenhum dos motivos que justificariam uma prisão preventiva. O paciente tem bons antecedentes, pois a certidão criminal mostra que nunca cometeu nenhum crime. Dessa forma não existe risco de que ele pratique outros delitos ou ameace as testemunhas. Como ele tem emprego e residência fixa, não fugirá e comparecerá em juízo sempre que for chamado.
>
> Por último, é importante dizer que uma medida cautelar mais branda já seria suficiente para acabar com qualquer receio que se tenha. Basta que BELTRANO seja impedido de falar com as testemunhas e de se mudar da cidade. Isso já garante que o processo prosseguirá até o fim sem problemas.

Esse é um exemplo resumido de argumentação que caberia para um HC. Temos ainda a possibilidade de nos comprometermos a dar fiança pelo BELTRANO, como forma de dar mais segurança ainda ao juiz de que o processo correrá bem.

No *habeas corpus* também é possível pedir liminar, ou seja, pedir que a pessoa seja libertada com urgência mesmo antes de o juiz receber as informações da autoridade coatora que mandou prender.

Acontece que a liberdade de alguém que está preso injustamente é sempre urgente. Então o que justificaria um pedido de liminar? É preciso que exista alguma coisa que vai ser gravemente prejudicada se a pessoa continuar presa.

Pensando na situação do BELTRANO, vamos imaginar que ele esteja com casamento marcado para o próximo fim de semana. Se ele continuar preso, todos os preparativos vão se perder e o prejuízo será enorme, sem falar no sofrimento dele e da noiva. Esse pode ser um argumento para pedir a liminar.

Finalizamos o nosso HC com o pedido:

> Com base nos argumentos expostos acima, peço a libertação de BELTRANO DA SILVA, que está preso injustamente na Delegacia de Polícia Civil da cidade de .... Peço também que seja dada liminar para que a soltura ocorra o mais rápido possível.

Fechamos colocando o local, data e assinatura de quem faz o pedido,

Lembre-se de juntar todos os documentos e provas: documentos pessoais do impetrante e do paciente, documentos da prisão, documentos que confirmem o perfil pessoal do preso e as demais provas que embasam seus argumentos.

Enfim, o *habeas corpus* está pronto!

O Que Acontece Agora?

Com o HC em mãos, você vai até o Fórum da cidade onde a pessoa está presa e procura o protocolo. Lá você vai se informar sobre como registrar o seu pedido.

É recomendável levar duas cópias do HC, pois eles ficarão com uma e deixarão um carimbo na outra com a data e hora em que o pedido foi recebido, além de informar o número do processo para você acompanhar. Depois disso o processo do *habeas corpus* vai ser encaminhado para um juiz, ou vai passar por um sorteio se existir mais de um juiz criminal na mesma cidade.

Quem receber o pedido vai notificar a autoridade coatora para que mande informações explicando os motivos da prisão e quais são as circunstâncias envolvidas. Então teremos um julgamento depois que o juiz analisar as duas versões da história.

"E agora, sentamos e esperamos?"

Ainda não! Tem mais uma coisa que podemos fazer. Os advogados chamam de "despachar com o juiz", mas é apenas ir até a sala dele para explicar melhor a história pessoalmente.

Por melhor que você seja em redação, um texto no papel sempre é muito frio e muitas vezes não consegue expressar o que é mais importante. Além do mais, os juízes hoje em dia têm tantos processos para julgar que não conseguem ver os detalhes de cada caso específico.

Entenda, você não vai conversar com o juiz para contar a ele exatamente a mesma coisa que está escrita no seu HC. O que você deve fazer é chamar a atenção dele somente para os detalhes mais importantes e que podem passar despercebidos.

No caso do BELTRANO, por exemplo, podemos focar em apenas dois pontos: explicar que ele estava viajando quando o crime aconteceu e que ele está com casamento marcado e por isso precisa que o HC seja analisado com urgência. O resto o juiz vai entender quando for ver os documentos.

Ligue na vara e pergunte qual é o horário de atendimento do juiz, se é preciso marcar para falar com ele ou não. Alguns juízes não gostam de receber pessoas, mas isso é um direito do cidadão. Mesmo assim, se ele não for receptivo, melhor não insistir.

Prepare-se para resumir bem o que tem a dizer. Não leve mais que 10 minutos e, sobretudo, seja educado.

Ainda Posso Fazer Mais Alguma Coisa Sem Advogado?

Sim! Ainda dá para fazer mais duas coisas.

A primeira delas é recorrer.

Você vai ter um advogado no processo criminal, querendo ou não. Quando vier a sentença, pode ser que você não concorde com ela mas mesmo assim o seu advogado não queira recorrer.

Se isso ocorrer, você tem o direito de recorrer por conta própria. Você terá 5 dias a partir do dia em que ficar sabendo da sentença para fazer o recurso – explicar o motivo que te faz acreditar que o juiz errou.

A segunda coisa que ainda podemos fazer é pedir a revisão criminal.

Isso significa que, mesmo depois de ter sido condenado definitivamente, se descobrirmos provas que revelem que somos inocentes, podemos pedir que o tribunal revise a sentença e retire todos os impedimentos que a pessoa teve por ter sido condenada criminalmente.

Além disso, na revisão criminal é permitido pedir uma indenização do governo por conta do erro cometido pela Justiça.

Terminamos por aqui. A partir de agora você tem as armas para defender sua própria liberdade e a de quem você ama.

POSFÁCIO

COMO SABER SE VOU GANHAR OU PERDER?

Num país como o Brasil, em que as leis nem sempre são respeitadas, a burocracia não faz seu trabalho de maneira eficiente e a própria Justiça tem vários problemas que não convém mencionar neste livro, infelizmente é impossível prever com exatidão qual será o resultado do seu processo.

Se um advogado te disser a famosa frase "sua causa é ganha", eu diria para você ficar preocupado. Confiar cegamente no resultado de algo que vai depender da opinião de uma terceira pessoa (o juiz) é a receita certa para frustração e prejuízo.

Um bom profissional é aquele que vai te explicar claramente quais são os riscos, quais são as possibilidades de vencer, quais as ferramentas para evitar o prejuízo e aumentar a probabilidade de ganho. E essa é a minha intenção com este livro.

Por isso quero te apresentar uma forma muito útil para descobrir a tendência de pensamento dos juízes que vão julgar a sua causa: a pesquisa de jurisprudência na internet.

Jurisprudência, apesar do nome complicado, é apenas aquilo que os juízes já disseram anteriormente sobre situações semelhantes à sua.

Veja bem: por mais estranho que seja o seu problema, é muito provável que outras pessoas já tiveram o mesmo conflito e já levaram à Justiça. Isso quer dizer que já conseguimos saber a opinião das pessoas que vão julgar antes mesmo de entrar com o processo. Basta acessar na internet as decisões de outros processos sobre o mesmo assunto.

A importância da jurisprudência é clara: juízes tendem a seguir o que outros juízes já disseram antes e, por isso mesmo, advogados buscam citar e usar os mesmos argumentos. Além disso, a Justiça não seria minimamente justa se casos parecidos tivessem soluções totalmente diferentes. É necessário que exista constância e coerência nos julgamentos até para que os investidores tenham segurança para empreender e gerar empregos no país.

E você também pode se aproveitar disso. Pesquisando a jurisprudência você consegue saber se a sua causa tem probabilidade de vencer e, mais ainda, quais provas são mais eficientes para fazer o juiz entender o seu ponto de vista.

Hoje em dia é muito fácil usar a internet para fazer essa pesquisa. Todos os tribunais têm *sites* com páginas específicas de busca de jurisprudência. Também podemos usar os *sites* do STJ e do STF, que têm jurisprudências que valem para o país inteiro.

A busca é praticamente idêntica a fazer uma pesquisa no Google, funciona a partir de palavras-chave. Vamos supor que você quer saber se uma pessoa que bate no veículo de outra por ter atravessado o sinal vermelho é obrigada a pagar indenização. Em vez de escrever uma pergunta, você coloca apenas as palavras-chave separadas por espaços: indenização acidente trânsito sinal vermelho.

Você ainda pode colocar expressões entre aspas para deixar a pesquisa mais certeira. Por exemplo: em vez de colocar as palavras "dano" e "moral" separadas, você escreve "dano moral".

E por falar no Google, ele também serve para começarmos a pesquisa e encontrar resultados em todo o país. Basta abri-lo no seu navegador e digitar "jurisprudência" mais o assunto que você quer consultar. A vantagem do Google é que ele consegue reconhecer sinônimos e palavras semelhantes, como "dano" e "prejuízo".

Mesmo assim, embora você comece a pesquisa a partir do Google, o ideal é pegar os resultados diretamente no *site* do tribunal do seu estado, pois é ele quem vai julgar sua causa.

Outra ferramenta interessante são os aplicativos para celular. Você pode baixar o app Jurisprudência ou o próprio aplicativo do STJ e consultar a partir deles. Existe ainda o aplicativo Informativo Jurídico que faz uma compilação das decisões mais importantes do país.

Temos que ter em mente que as leis mudam e as opiniões também. Procure sempre pelas jurisprudências mais recentes e evite considerar as que têm mais de 5 anos de publicação.

Faça o exercício de tentar pesquisar um assunto de seu interesse na página de jurisprudências do tribunal do seu estado. Veja alguns resultados e você já terá uma boa ideia do que os juízes pensam a respeito desse assunto e se uma causa teria probabilidade de ser bem-sucedida.

Se for entrar com uma ação, procure usar argumentos semelhantes aos que encontrar e preocupe-se em descobrir quais provas são consideradas mais relevantes para poder usá-las a seu favor.

COMO SABER O QUE ESTÁ ACONTECENDO NO MEU PROCESSO?

Agora que você entrou com uma ação é preciso acompanhar o andamento do processo.

Eu sei que as pessoas ficam ansiosas quando não sabem o que está acontecendo, principalmente quando o processo envolve alguma coisa realmente importante para elas. Infelizmente, advogados não costumam entender isso: nem sempre estão disponíveis para dar informações e não gostam que os clientes fiquem insistindo em perguntar se já houve alguma mudança, quando será a audiência, quando o juiz vai finalmente resolver a questão.

Por esse motivo o melhor é que você mesmo saiba como encontrar essa informação.

Quando você entra com um pedido judicial sem advogado, a própria Justiça precisa te dar os meios de acessar seu processo.

Normalmente, como a grande maioria dos processos já é digitalizada, você receberá uma senha para acessar o sistema eletrônico em que estarão todos os documentos da sua causa. À medida que o processo corre, o sistema será atualizado.

Outra forma de acompanhar o andamento da ação é por meio das publicações no Diário Oficial do tribunal. Eu não vou dizer para você ficar abrindo o diário oficial todos os dias e procurando o seu nome, existem *sites* que te ajudam a fazer isso.

O mais famoso desses *sites* é o *JusBrasil* (www.jusbrasil.com.br). Use-o para ver o que está acontecendo no seu processo clicando em "Consulta Processual" na página inicial; depois digite seu nome completo ou número do processo (inclua os traços e pontos).

Não se esqueça de que é um direito seu acessar o processo onde quer que ele esteja, seja fisicamente ou virtualmente. Se necessário, vá até o órgão da Justiça que é responsável por ele e peça uma cópia.

COMO FAZER UM ACORDO?

Vimos várias vezes neste livro que fazer um acordo pode ser muito vantajoso. Em primeiro lugar, você resolve o problema de forma extremamente rápida; em segundo lugar, a solução estará nas suas mãos e não nas do juiz, isto é, você não corre o risco de simplesmente perder tudo.

Acontece que fazer um acordo é ceder em alguma coisa. Você precisa ter a disposição de negociar se quiser solucionar o problema amigavelmente, mesmo que acredite que vai ganhar. Só conseguimos fazer um bom acordo quando tiramos o foco do conflito e colocamos na solução.

Agora que já sabe se a sua causa tem ou não probabilidade de ser vitoriosa, você pode usar essa informação para decidir se vale a pena abrir mão de uma parte maior do que acha que seria justo para evitar a possibilidade de vir a perder lá na frente.

Uma vantagem de ir à Justiça sem advogado é que você tem mais liberdade para negociar. Via de regra, o advogado fica com pelo menos 30% do valor daquilo que você venha a ganhar. Se não é necessário pagá-lo, fica fácil utilizar esse percentual como margem para um acordo.

Existem bibliotecas inteiras apenas sobre esse assunto, mas eu vou tentar resumir aqui algumas dicas rápidas para que você saiba como conseguir um bom acordo.

A primeira coisa é entender qual é o problema, saber exatamente o que gerou aquele conflito e deixar de lado todo o resto, inclusive os sentimentos ruins que vieram a partir dele.

Depois disso você precisa descobrir o que você quer e o que a outra parte quer exatamente. Será que seu interesse é receber um valor em dinheiro ou ter o seu nome limpo? Será que o interesse dele é receber uma indenização ou ter o carro consertado para que possa voltar a transitar pela cidade?

Com essas informações, tente estabelecer qual o critério de negociação. Podemos pensar em critérios como: valor, prazo de pagamento, uma obrigação a ser cumprida etc. E descobrindo os critérios mais adequados à nossa negociação poderemos ver as opções que temos. O que é melhor, um valor menor à vista ou uma quantia maior em várias parcelas?

É hora de pensar no que cada uma das partes está disposta a ceder. Imagine que você está cobrando 100 reais. Para acabar logo com a discussão, o menor valor que você aceitaria receber é 70 reais. Já a outra parte só está disposta a pagar, no máximo, 90 reais para quitar essa dívida amigavelmente.

Esse intervalo entre 70 e 90 é chamado de Zopa (Zona de Possível Acordo). A negociação só vai dar certo se ficar dentro da Zopa, do contrário, uma das partes desiste de fazer o acordo.

A maior dificuldade é que, na prática, você não sabe qual é o limite da outra parte e pode apenas fazer suposições a respeito; você só conhece o seu próprio limite. Então a grande questão é propor soluções sem fazer que a outra pessoa desista de negociar.

Um dos momentos mais importantes da negociação é a primeira proposta. Quem começa sugerindo uma solução tem vantagens e desvantagens. A vantagem é que a primeira proposta é o ponto de partida de negociação e todas as outras vão girar em torno dela, então a outra parte sabe que não pode se distanciar muito para não te fazer desistir. Por outro lado, quando você começa a negociação você dá à outra parte uma dica sobre até onde ela pode ir para tirar o máximo de vantagem do acordo. É preciso ponderar o quanto você está interessado para decidir se vale ou não a pena ser o primeiro a propor.

Não faça propostas absurdas, exageradas ou sem motivos que você consiga explicar racionalmente. Quando você baseia sua posição em argumentos lógicos e racionais, a outra parte vai se sentir compelida a negociar a partir de justificativas racionais também. Isso aumenta suas chances de conseguir um bom acordo.

As pessoas percebem quem só está tentando tirar vantagem da situação e não está sendo honesto. Um negociador eficaz sabe fazer uma boa proposta e também convencer que ela resolve o problema de forma justa e atende aos interesses de todos.

OK, MAS VOU PRECISAR DE UM ADVOGADO MESMO ASSIM. COMO ESCOLHER UM BOM PROFISSIONAL?

Eu não poderia terminar este livro sem escrever algumas linhas a respeito do que você pode fazer para encontrar um bom advogado quando for necessário. Então aí vão algumas dicas.

Apesar do que as pessoas imaginam, a qualificação do advogado não é importante. Onde ele estudou, quantos títulos ele recebeu, quantos livros ele tem na estante, nada disso faz diferença simplesmente porque todas as informações necessárias para analisar o seu caso estão disponíveis na internet de forma que até você mesmo consegue encontrar.

Aliás, sempre faça uma pesquisa, inclusive na jurisprudência, antes de ir se consultar com um advogado. Eles não gostam, mas é bom que você tenha um conhecimento prévio sobre o seu problema até para saber se o que estão te dizendo faz sentido e questionar o que não estiver coerente.

Algo que tem um peso um pouco maior são as referências. Mas o fato de um amigo seu ter gostado de um certo advogado não quer dizer que você também se dará bem com ele.

O fator que considero mais importante para encontrar um bom advogado é a experiência. Não estou dizendo para você procurar profissionais velhos, mas, sim, que você busque advogados que já trabalharam em casos parecidos com o seu.

Por isso vale a pena pesquisar na internet os processos em que ele atuou. Se não conseguir encontrar, pergunte, peça para ver alguma decisão favorável que ele conseguiu.

Outro ponto relevante é a abertura do advogado à comunicação. Alguns profissionais só te recebem pessoalmente no dia da assinatura do contrato, depois você só consegue conversar com o assistente dele. Então pode ser uma boa ideia pedir para incluir no contrato que você tem o direito de conversar diretamente com a pessoa que está contratando e que receberá informações periódicas sobre o seu processo.

Por último e não menos importante vamos falar sobre os honorários, isto é, o valor que vão te cobrar pelo serviço.

Existem várias formas de cobrança. Alguns cobram por hora de trabalho, outros cobram uma quantia logo na assinatura do contrato e outros deixam para que você pague apenas se vencer a causa. Tenha em mente que deixar o pagamento para o final vai significar pagar mais caro, mas é uma forma de reduzir o risco de prejuízo se vier a perder. Além disso, advogados inexperientes aceitam receber somente se vencerem como uma forma de atrair clientes. Pondere o que é mais importante, economizar ou ter mais segurança.

Mas o segredo para negociar os honorários com seu advogado é conhecer a tabela da OAB. A Ordem dos Advogados do Brasil de cada estado publica uma tabela na internet que diz o valor médio que se cobra por um certo tipo de serviço. Os valores não são uma regra, o profissional pode definir preços maiores ou menores, mas ela serve como um norte para você se basear.

Não se esqueça de aplicar as técnicas de negociação e analise se a sua causa é suficientemente complexa e o advogado que está contratando é suficientemente experiente para justificar pagar um valor acima da média, principalmente porque agora você tem conhecimento para resolver sozinho boa parte dos seus problemas.

MAS ISSO É JUSTO?

Como você deve ter percebido, eu fiz o máximo possível para evitar comentários pessoais a respeito do que acho certo ou errado.

Tentei fazer deste livro apenas uma caixa de ferramentas. Minha intenção aqui é te dar os instrumentos jurídicos que estão à disposição para que você se defenda e busque aquilo que acha certo.

Apesar disso, existem várias coisas que hoje são estabelecidas por lei que eu considero injustas e imorais. Eu me sentiria feliz se soubesse que, ao ler este livro, você tenha discordado em algum momento daquilo que a legislação considera um direito, porque isso significa que se importa com o que é verdadeiro e justo.

Infelizmente, o espaço de um livro é muito pequeno para que eu passasse todas as informações que gostaria e ainda fizesse uma reflexão a respeito do que é bom ou mau. Espero ter a oportunidade de expor o que penso a esse respeito em outra ocasião.

Mas a ideia central que quero que você reflita neste momento é a seguinte: não é porque algo está na lei que seja certo, justo ou bom. E cabe a cada um de nós pensar sobre a bondade e a maldade de nossos atos.

Já no primeiro século da era cristã, o grande São Paulo, em sua 1.ª Carta aos Coríntios, deixava um ensinamento que percorreu a história até se tornar tão comum a ponto de todos o conhecerem, mesmo que não conheçam o autor da frase: "Tudo me é lícito, mas nem tudo me convém".

Para ter uma ideia da importância de entendermos isso basta lembrarmos que a escravidão, a segregação racial, o assassinato de dissidentes políticos, a espoliação da propriedade, o confisco de alimentos e até as experiências com seres humanos, todas essas atrocidades já foram consideradas legais e, discreta ou abertamente, promovidas por diversos governos e regimes.

Por fim, lembro que você não é obrigado a entrar em um conflito; sempre pode escolher seguir o exemplo de Cristo e perdoar: "Se teu irmão pecar, repreende-o; se se arrepender, perdoa-lhe. Se pecar sete vezes no dia contra ti e sete vezes no dia vier procurar-te, dizendo: Estou arrependido, perdoar-lhe-ás" (Lc 17, 3-4).

Peço que você use com sabedoria o que aprendeu aqui, que faça um exame de consciência e lembre-se de que "com grandes poderes vêm grandes responsabilidades".

E QUEM É VOCÊ, AFINAL? (SOBRE O AUTOR)

Acabei de falar que as qualificações de uma pessoa não são importantes. Por isso fiz questão de deixar a minha apresentação para o final para que você me conheça pelo conteúdo do livro e não por alguma medalha que eu possa ter no peito.

Falei um pouco sobre mim no prefácio, mas, para não passar em branco, vale dizer que tenho mais de uma década de experiência na área jurídica.

Já fui servidor público na Justiça do Trabalho (TRT da 18.ª Região e TRT da 9.ª Região). Desde 2014 estou no cargo de Procurador do Estado de Goiás e também exerço a advocacia privada.

Eu sinceramente não consigo dizer em quantos processos judiciais já atuei, mas com certeza o número ultrapassa os milhares.

Minha experiência me levou a concluir que qualquer pessoa, com as orientações corretas, consegue se defender sozinha de forma razoável. E foi esse o motivo que me fez escrever este livro, para desenvolver um método didático e direto de *Autodefesa Legal*.

Espero que você tenha sentido o mesmo e queira se aprofundar no assunto. Vamos continuar essa conversa nas redes sociais. Procure por @autodefesalegal.

MUITO OBRIGADO PELA COMPANHIA!

A relação entre um escritor e um leitor é uma conversa, mas uma conversa que ultrapassa os limites do tempo. Por isso agradeço a você que continuou comigo até aqui, que confiou na proposta da *Autodefesa Legal* e desejo sinceramente que tenha encontrado o que buscava.

Sou muito grato a meus pais e avós, provedores incansáveis da educação formal e moral que me trouxe até aqui, a minha esposa Jessica, que me manteve firme no propósito de concluir este trabalho e a todas as pessoas que me ajudaram nessa empreitada.

Agradeço, mais do que tudo, a Nosso Senhor Jesus Cristo, por ter me dado o conhecimento e os meios para concluir este trabalho e por tê-lo feito chegar até você.